Das Nasca-Piktogramm

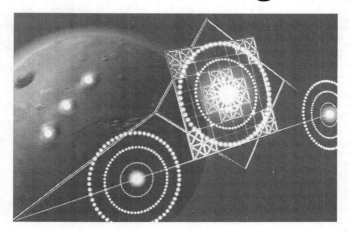

Ein geometrisches Bildzeichen erzählt.

von
Thomas Moser

*Dieses Buch ist Ellen und meiner Tochter Oriana gewidmet.
Besonderen Dank möchte ich E.v.D. aussprechen,
der als Entdecker des Piktogramms die vorliegende Arbeit ermöglicht hat.*

© 1. Auflage, Copyright 2007 by Bohmeier Verlag, Germany, 04315 Leipzig, Konstantinstr. 6, Tel.: +49 (0) 341-6812811 - Fax: +49 (0) 341-6811837, und immer erreichbar unter Fon: 0700-62442578 und über unsere Internet-Homepage: **www.magick-pur.de**

© **Coverbild und Covergesamtkonzeption von Thomas Moser.** Layout- und dessen Ausführung sowie die gesamte Buchkonzeption von Thomas Moser.

Buchherstellung (Druck): Bohmeier Verlag, Printed in Germany

Alle Rechte vorbehalten. Kein Teil des Buches darf ohne schriftliche Genehmigung des Verlages fotokopiert oder in irgendeiner anderen Form reproduziert oder in eine von Maschinen verwendbare Sprache übertragen oder übersetzt werden. Ausgenommen sind die in §§ 53, 54 URG ausdrücklich genannten Sonderfälle, wenn sie mit dem Verlag vorher vereinbart wurden. Im Einzelfall bleibt für die Nutzung fremden geistigen Eigentums die Forderung einer Gebühr vorbehalten. Das gilt für die Fotokopie ebenso wie für die Vervielfältigung durch alle anderen Verfahren einschließlich Speicherung und jede Übertragung auf Papier, Transparente, Matrizen, Filme, Bänder, Platten, Festplatten, CDs und sonstige Medien, sowohl in analoger wie digitaler Form.

ISBN 978-3-89094-533-0

Inhalt

Vorwort 5
1.0 Das Erdzeichen 10

Teil I
2.0 Nasca 13
2.1 Die Nascalinien 15
2.2 Wie alles begann 18
2.3 Die Geoglyphen 23
2.4 Das Piktogramm 26

Teil II
3.0 Der geometrische Aufbau des Piktogramms 43
3.1 Das GEN-Quadrat 54
3.2 Das Prinzip 3-6-9 59
3.3 Das PIK-Maß/ Strahlenzentrum 93

Teil III
4.0 Die Zeiger 3 und 7 105
4.1 Das Basisdreieck 117
4.2 Der Raumwürfel 122
4.3 Koran vrs. Piktogramm 128
4.4 Die Spur ins All 139

Teil IV
5.0 Der Mars und die Schildvulkane 141
5.1 Das Siebeneck 147
5.2 Die Nasca-Vulkane 156
5.3 Die Mars-Nasca-Geometrie 162

Teil V
6.0 Nasca-Gizeh 168
6.1 Die projektiven Hinweise 178
6.2 Die Höhen der Cheopskammern 182

Teil VI
7.0 HD-42807 188
7.1 Hans Jelitto, Sonne-Merkur-Venus-Erde 198
7.2 Die Hypothese 111 208

Nachtrag 218
Anhang 219
Quellenangabe 225

„*Du weinst, o Asklepios! Doch es gibt noch traurigere Dinge.*
Die Apostasie (Abfall vom Glauben) ist das schlimmste aller Übel. Man wird die Finsternis dem Licht vorziehen, man wird befinden, dass der Tod besser als das Leben ist, und niemand wird mehr zum Himmel schauen. Der Mensch, der an Gott glaubt, wird für verrückt gehalten werden, der Gottlose für weise, die Rasenden für kühn, die Niederträchtigsten für die Besten. Die Seele, mit allem, was sie betrifft - ist sie sterblich? Kann sie darauf hoffen, sich die Unsterblichkeit zu erringen? Alles, was ich dir gesagt habe und sage, wird nur zum Lachen reizen, wird bloß für Unsinn gehalten werden. Es wird sogar, glaube mir, Todesgefahr bestehen für den, der an der Pflege der Intelligenz festhalten wird. Man wird neue Rechtsordnungen, neue Gesetze erlassen, nicht ein Wort, nicht eine heilige, religiöse Überzeugung, die des Himmels würdig wäre. Bedauernswerte Scheidung zwischen Gott und den Menschen! Es bleiben nur die verdorbenen Engel, die sich unter die erbärmliche Menschheit mischen; sie legen Hand an sie, sie drängen sie zu Verbrechen, Krieg, Raub, Lüge und Verrat, zu all dem, was der Natur der Seele zuwiderläuft".

Hermes Trismegistos
(Buch der Prophezeiungen)

Vorwort

„Das Geheimnis von Nasca ist enthüllt"

Mit dieser Überschrift beginnt ein Artikel über den deutschen Archäologen Markus Reindel in der Ausgabe 1/2007 *„bild der wissenschaft"*. Die Hintergründe der Scharrbilder auf der Hochebene von Nasca, Peru, sind nach Ansicht des Forschers nun endgültig vom Nebel jeglicher esoterischer Spekulationen befreit. Nasca als Flughafen einstmaliger Außerirdischer habe somit ausgedient und Platz für eine rationale und wissenschaftliche Erklärung gemacht. Das Nasca-Piktogramm soll, so eine spezielle Mutmaßung Reindels, eine moderne Fälschung sein, ähnlich wie beim Kornkreisphänomen. Konserviert in einer der trockensten Wüsten der Erde, ruhten nach Ansicht des Archäologen die Geoglyphen (Erdbilder) ab 600 n. Chr. unberührt auf der baumlosen und lebensfeindlichen Pampa bis zu ihrer Entdeckung im Jahre 1947 durch die deutsche Mathematikerin, Maria Reiche. In einem Akt interdisziplinärer Zusammenarbeit legte Reindel von der *„Kommission für Archäologie Außereuropäischer Kulturen (KAAK)"* jetzt seinen Bericht über die Kulturgeschichte der Region vor. Reindel, Prähistoriker des Deutschen Archäologischen Instituts (DAI) in Berlin entdeckte darüber hinaus die Existenz einer bislang noch unbekannte prähistorische Kultur vor dem Erscheinen der sog. Paracaskultur, aus welcher das Volk der Nasca hervorgegangen sein sollen. Der deutsche Forscher untersuchte seit 1997 mithilfe Schweizer Unterstützung Siedlungsgebiete der Nasca-Kultur im Umkreis um den Ort Palpa. Er fand nahe den Erdzeichen (Geoglyphen) tiefe Pfostenlöcher, welche auf bis zu 10 m hohe Holzmasten schließen lassen. Grabungen brachten typische Funde einer bislang noch unbekannten Kultur zutage. Reste von Meerschweinchen, Spondylusmuscheln, Textilien und Pflanzen ergänzten auffällige Steinstapel als vermutete Altäre eines Fruchtbarkeits-, oder Wasserkultes. Besonders Fragmente der, nur an der südperuanischen Pazifikküste heimischen Spondylusmuschel, bestärken Reindel in der Annahme seiner Theorie von einer sozial differenzierten Nasca-Gesellschaft. Der Archäologe ist von der Existenz einer Elite innerhalb der Nasca-Kultur überzeugt, welche das nötige Wissen hatte, die gesamte Hochebene mit Geoglyphen bedeckt zu haben. Mithilfe modernster Digitaltechnik wurden weite Teile der Pampa in den Computer eingelesen. Dauer? Eine Woche und Nasca war *„enthüllt"*. Diese Daten waren Grundlage um Nasca virtuell begehen zu können, um den Nachweis zu erbringen, dass rund zwei Drittel aller Geoglyphen durchaus von Boden aus zu erkennen sind. In der Vergangenheit führte dies zu einer Unmenge an spekulativen und in den Augen der Wissenschaftler abstrusen Theorien. Die wohl Bekannteste dürfte die Erich v. Däniken zugeschriebene *„Ladebahnen für die Götter"* sein. Ab 600 n. Chr. raffte schließlich das uns erst heute bekannte

Klimaphänomen, El Nino, ähnlich wie in der Maya-Kultur, die Nasca schleichend dahin. Ausgehend von gefundenen Petroglyphen, also in Felsen gravierte Zeichen, übertrugen nach Ansicht Reindels die Nasca die Petroglyphen-Idee anhand kleiner Skizzens ins grosse Gelände. Im Zeitraum von 500 v. Chr. bis vermutlich 600 n. Chr. rackerten die Nasca an der Erstellung der Erdzeichnungen. Karsten Lambers, ein Mitglied der Forschergruppe ärgert sich wenn er die Aussage liest oder hört, dass man die Nasca-Geoglyphen nur aus der Luft erkennen könne. Lambers: „Wenn man im Gelände herumläuft, ist jede Glyphe am Boden sichtbar!" Doch auch er muss einschränken: „Sichtbar schon, aber nicht immer als Ganzes erkennbar." Reindel geht noch einen Schritt weiter und behauptet: „Die Geoglyphen wären gar nicht dazu dagewesen, angeschaut zu werden." Lambers betrachtet sie faktisch ebenfalls nur als „Aktionsflächen". Bodenphysikalische Messungen geben Reindel Anlass zur Theorie, dass die in den Linienbereichen liegende verdichtete Bodenschicht durch rituelle Tänze entlang der Linien entstanden sei. Fazit der Forschungsergebnisse über das Motiv zur Erstellung der riesigen Geoglyphen: „Wenn da ein Clan Geoglyphen anlegte oder veränderte, dann war das eine weithin sichtbare Machtdemonstration. Hier sind wir!" Das Nasca-Phänomen, ein primitives „geometrisches Muskelspiel" geltungssüchtiger Familienchefs?

Reindel geht weiter davon aus, dass die Nascaebene Ort kultisch-religiöser Aktivitäten war. Immerhin relativiert der Autor, Michael Zick, am Ende des Artikels Reindels „Enthüllung des Rätsels um Nasca" ein wenig: „Über die Religion, den gesellschaftlichen Aufbau und die politische Organisation der Leute von Nasca streiten die Wissenschaftler mangels exakten Wissens. Noch weniger wissen sie über die soziale Struktur der Paracasmenschen, von der neu entdeckten Kultur aus der Initialzeit ganz zu schweigen. Rätsel genug also in Südperu – immer noch."

„Das Geheimnis um Nasca, enthüllt?"

In der vorliegenden Arbeit möchte ich einen Deutungsversuch des Nasca-Piktogramms zur Diskussion stellen. Die hier vorgelegte Interpretation der Geoglyphe erhebt keinerlei Ansprüche auf einen wissenschaftlichen „Beweis". Ich werde vielmehr eine Reihe von Indizien vorlegen, welche in höchstem Masse spekulativ erscheinen werden. Angesichts des Zusammenhanges in welche ich diese stellen werde, ist dies nur zu verständlich.

Rückblick: Am 28.05.2003 druckte die renommierte Tageszeitung: „Die Zeit" einen Artikel [1] mit der Überschrift: „Kapellen auf der Landebahn" ab. In deutlich ironischen Untertönen stellte der Kolumnist, Urs Willmann, die neuesten Erkenntnisse über die „wahren" Hintergründe der Hochebene von Nasca

---

[1] http://www.zeit.de/2003/23/A-Peru (Untertitel: „Absage an die Spinner")

dar. Es sei nun endgültig die Schnapsidee vom Tisch, dass das seit 1995 von der Unesco als Weltkulturerbe deklarierte Hochland von Nasca die Landepiste außerirdischer, „grüner Männchen" sein soll. Seit 1968, als der Schweizer Hotelier Erich v. Däniken zum ersten Mal die „Idee" einer Start-, und Landebahn als Frage formulierte, (er hatte ja niemals behauptet, <u>dass</u> es solche wären!) begleitet den engagierten wie umstrittenen Forscher diese Kontroverse von Beginn an. Nach wie vor stand und steht er u. a. deswegen bis heute im Kreuzfeuer kontroverser Kritik, aber auch millionenfacher Zustimmung. Nun scheint eine neue Zeit angebrochen. Präzise Magnetbilder, erstellt mit einem der modernsten Magnetometer des deutschen Experten, Jörg Fassbinder sprechen davon, dass ein wenig unterhalb des Pampabodens die Hochebene mit zahlreichen verschütteten Siedlungen und Kapellen angefüllt sein sollen, diese also niemals den Zweck einer „Landebahn" erfüllt haben konnte.

Am 10.05.2004 ging eine Meldung durch die Presse, nachdem es Prof. Günter Wagner und seinen Kollegen vom Max-Planck-Institut für Kernphysik in Heidelberg gelungen sei, mithilfe der optisch Stimulierten Lumineszenz (OSL) [2] das Alter einiger Erdlinien bis auf 50 Jahre genau zu bestimmen. Das OSL-Verfahren misst die Menge des noch im Material verbliebenen Restlichtes und errechnet daraus das Alter. Dabei datierten sie die Erdbilder von Nasca auf ca. 2000 Jahre, und bemerkten nebenbei die gute Übereinstimmung mit aktuellen, archäologischen Daten (wie z. B. die Erkenntnisse des bayerischen Archäologen, Markus Reindel, s.o). Lt. Pressemitteilung des Max-Planck-Instituts, herrschte vor 2500 Jahren am Fuße der Anden noch ein feuchtes, lebensfreundliches Klima. Das Wasser versiegte jedoch eines Tages aufgrund eines radikalen Klimawandels. Das Land wurde durch sich ausweitende Dürren und sintflutartigen Unwettern unfruchtbar, verödete und die Nascakultur (fast zeitgleich mit den Mochè) begann, u. a. von katastrophalen Schlammlawinen bedroht, auszusterben. Um von den Göttern lebensspendendes Wasser zu erflehen, so eine der unzähligen Spekulationen, scharrte die Bevölkerung, dem Verdursten nahe, Quadratkilometer große Linienformationen in den Wüstenboden, die sie selbst während ihrer Erstellung zudem gar nicht in voller Größe sehen konnten, und machten sich darüber hinaus auch noch Gedanken über die künstlerische Ausgestaltung und die unglaublich präzise Art und Weise ihrer handwerklichen Umsetzung. Glaubten die Nasca, dass bis zu 20 km lange, schnurgerade Linien mit minimalen Toleranzen, sich günstiger in der Erhörung ihrer Bitten um Regen auswirken würde? „Den „Spinnern", wie Kolumnist Willmann von der Zeitschrift „Der Zeit" betont, wäre jedenfalls nach 36 Jahren der Wind aus den Segeln genommen." Ein wirklicher Grund zur Freude? Man kann angesichts einiger noch unerklärter Aspekte bzgl. der Nasca-Linien die professionelle Magnetometerkartierung Jörg Fassbinders und

---

[2] Pressemitteilung der Max-Planck-Gesellschaft: Licht aus fernen Zeiten:
http://www.mpg.de/bilderBerichteDokumente/dokumentation/pressemitteilungen/2002/pri0269.htm

die Bemühungen M. Reindels nur begrüßen, weil sie erstmalig eine fundierte Datengrundlage für eine Objektivierung des Phänomens Nasca`s schafft. Eine „letzte" Antwort kann und wird es aller historischen Erfahrung nach kaum geben können. Die Vorstellung, dass die Nascalinien vom Himmel aus entstanden sein könnten, beflügelt die menschliche Fantasie. Daran wird auch für viele Menschen Reindels rationales Fazit seiner Forschungen nichts ändern. „Der Irrtum ist der Vater aller Erkenntnisse", bemerkte einst Goethe treffend. Wie oft irrte sich in der historischen Vergangenheit gerade die Wissenschaft auf ihrem beschwerlichen Weg zu solidem Wissen, genauso wie die zu allen Zeiten nur allzu gerne beschimpften „inkompetenten Laien". Wenn der Mensch aufhört Fragen zu stellen, sollten wir uns im Sinne Goethes ernsthaft Sorgen machen. Fragen wir also, ohne Antworten zu erwarten. „Irren" wir uns mit Begeisterung, um vor neue Fragen gestellt zu werden. Freuen wir uns über ein neues Hinweisschild und wohin es uns auch führen mag. Ich persönlich erachte das Nasca-Piktogramm als an einen Appell an den Menschen, den Zustand seiner zivilisatorischen Entwicklung am Ende des materialistischen Zeitalters, des indischen Kali Yuga, in Frage zu stellen. Angesichts dessen, was in naher Zukunft an Folgen unserer naturunrichtigen Lebensweise uns entgegen schlagen wird, ein höchst dringlicher Appell aus der Vergangenheit, welche die Zukunft zu kennen schien. Oder möchten uns im Palpa-Piktogramm wie so oft geschehen wieder nur einmal einige boshafte Mitmenschen narren? Ich bezweifle das.

In diesem Sinne möchte ich Herrn Erich von Däniken danken, der mir freundlicherweise den fotografischen Abdruck des Piktogramms als Arbeitsgrundlage ermöglicht hat, nachdem ich ihn 2003 ihm Rahmen eines Vortrages in Baden-Württemberg kennenlernen durfte. Herzlich danken möchte ich Herrn Dr. Michael Stelzner, der mir mit seiner Zustimmung zum Abdruck einiger der Originaltextstellen seines Weltzahlengesetzes den Hintergrund für die vorliegende Arbeit gegeben hat, wie auch Herrn Dr. P. Plichta, einer der innovativsten Chemiker und Mathematiker dieser Zeit, dessen Entdeckung des Primzahlkreuzes erstaunliche Aspekte beitrug und Dr. H. Jelitto, dessen Theorie über die Pyramiden die Deutung des Nasca-Piktogramms ergänzte.

Thomas Moser, Mai 2007

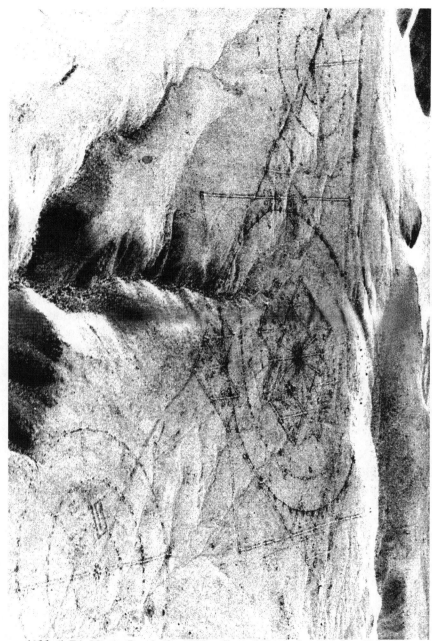

(Abb.1) Die Nasca-Geoglyphe. Bildquelle und Entdecker: **Erich v. Däniken**

Das Erdzeichen

1.0 Einleitung

In der vorliegenden Arbeit werde ich anhand einer Reihe von Indizien versuchen, zwischen zwei der größten archäologischen Weltwunder der Erde – einer Geoglyphe auf der Hochebene von Nasca, Peru, der grossen Pyramide in Giseh und sieben Schildvulkanen auf dem Mars einen Zusammenhang aufzuzeigen, hinter dem sich eine intelligente Absicht offenbart. Nach der in diesem Buch vertretenen Hypothese, scheinen sie Teil eines Konzeptes zu sein, welches sich nahtlos in die Anschauung einfügt, dass es eine zivilisatorische „Starthilfe" von aussen gegeben haben muss. Erinnerungen daran existieren in fast allen Kulturen der Erde.

„Robert Bauval" ein französischer Ingenieur und sein schottischer Verlagskollege „Adrian Gilbert, veröffentlichten 1994 ihr Buch, "Das Geheimnis des Orion" in dem Sie nach über 10 Jahren intensivem Studiums altägyptischer Texte nachweisen konnten, dass die sagenumwobenen „Belüftungsschächte" aus der Königs-, und Königinnenkammer aus kultischen Motiven auf den Gürtel des Sternbildes Orion ausgerichtet wurden. Diese Veröffentlichung erregte seinerzeit Großes, jedoch auch ein geteiltes Interesse. Wie des Öfteren in der Geschichte bedeutender Entdeckungen sind es oftmals gerade Nichtakademiker, die auf unorthodoxe Zusammenhänge stoßen. Professionelle Mathematiker wie *Dr. M Stelzner*, der Physiker *Hans Jelitto* und der Chemiker *Dr. P. Plichta* gehörten zu jenen unkonventionellen Experten, deren Forschungsergebnisse auf einige meiner Fragen hilfreiche Hinweise geben konnten.

Bauval/Gilbert zählen in dieser Hinsicht mit Sicherheit zu den *ägyptologisch* Forschenden, die mutig Neuland betreten haben, da sie z.b. mit ihrem Nachweis der Ausrichtung der Königskammerschächte auf das Sternbild des Orion, zum ersten Mal konservative Einbahnstraßen ver-lassen haben. Gleichzeitig bedeutet dies jedoch nicht das Fehlen einer methodisch-fachlichen Professionalität. Dies trifft ebenfalls auch auf *Joachim Koch,,* und *„Hans-Jürgen Kyborg"*, zwei Berliner Hobbyastronomen und Kornkreisforscher zu, die zwei Jahre später, 1996 ihr Buch, "Die Antwort des Orion", veröffentlichten. Einem ungewöhnlichen Ansatz folgend, beschrieben die beiden Autoren anhand des *Kornkreisphänomens* ein Einzigartiges und meines Wissens nach bislang nur von ihnen durchgeführtes Experiment: den Versuch einer Kommunikation mit den *Urhebern* der Kornkreise. Wie Bauval und Gilbert analysierten beide Texte des Altertums und gelangten durch die erfolgreiche Dechiffrierung von Kornkreis-Piktogrammen und ihren darauf folgenden, selbst in Kornfeldern angelegten experimentellen Antwort-Piktogrammen in den Besitz von Informationen, die ihnen den präzisen Ort am Sternenhimmel offenbarten, von dem aus das jährlich auftretende Phänomen anscheinend seinen Ursprung zu nehmen scheint. Beide Veröffentlichungen bilden durch die *geometrischen Hinweise* des *Nasca-Piktogramms* die Basis für eine, am Ende alle drei Phänomene zusammenführende Bedeutungs*möglichkeit*. Die Theorie *Orion-Nasca-Gizeh*, liefert verblüffende Anhaltspunkte für die, von mir hier vorgestellte Hypothese, dass die *große Pyramide* von Gizeh in Ägypten, das *Nasca-Piktogramm* in Peru *und* eine geologische Formation von sieben Schildvulkanen auf dem Mars durch ein intelligentes Motiv mit dem Stern *HD-42807* im *Wintersechseck* (Koch/Kyborg) miteinander in Verbindung zu stehen scheinen.

Das *Nasca-Piktogramm* liegt in einer der wohl universellsten Sprachen des Kosmos vor: der *Geometrie*. Es stellt mit großer Sicherheit eine *spirituelle Botschaft* an die Menschheit dar und beinhaltet, ausgedrückt durch *euklidische Geometrie*, zugleich bauliche Aspekte der Cheopspyramide. Diese liegen in Form *projektiver Beziehungen* der geometrischen Elemente zueinander vor. Es kündet vom Urgrund des göttlichen Planes, hingeworfen auf die gewaltige Naturtafel der peruanischen Pampa zum Verweis auf ihre Urheber. In Betrachtung dessen, was es ausdrückt, stellt es unzweifelhaft eine *Signatur,* eine Art Unterschrift dar, die auf ein universelles Bewusstsein der Piktogrammschöpfer verweist. Einfachheit in Verbindung mit archetypischen Geometriegesetzen sind dabei herausragende Merkmale dieser Geoglyphe *(Erdzeichen)*. Die hier vorliegenden, unakademischen Betrachtung legt nahe, dass die darin verwendeten geometrischen Grundlagen erst knapp zweitausend Jahre nach dem mutmaßlichen Bau der Cheopspyramide *(2450 v. Chr. in der 4. Dynastie)* von griechischen Philosophen und Mathematikern wie *Platon (427 - 347 v. Chr.), Pythagoras (580 - 500 v. Chr.) Thales von Millet (624 - 547 v. Chr.)* und *Euklid (365 - 300 v. Chr.)* z. T. entdeckt, und in *Definitionen* und *mathematische Begriffe* gefasst wurden. Im Gegensatz zum heutigen *Kornkreisphänomen* ist beim *Nasca-Piktogramm* die Möglichkeit einer neuzeitlichen Fälschung mit großer Wahrscheinlichkeit auszuschließen. Die geringste Berührung des Bodens hinterlässt für sehr lange Zeiten unübersehbare Spuren. Zudem erscheint die Piktogrammgeometrie - wie viele Nascalinien - vom Himmel herab wie mit einem riesigen Diaprojektor auf die Landschaft geworfen. Linien überqueren tiefe Schluchten und Gräben, verlaufen jedoch unbeeindruckt über diese hinweg. *Erich von Däniken*, Schweizer Erfolgsautor und Mitbegründer des Mysteryparks in Matten/Interlaken entdeckte als Erster auf seinen Erkundungsflügen zwölf Flugminuten von Nasca entfernt auf der Hochebene von Palpa diese ungewöhnliche Piktogrammfor-mation von nahezu einem Kilometer Ausdehnung, lange, nachdem die Hochebene zum Zweck ihrer Erhaltung zur Sperrzone erklärt wurde.

„Dr. Michael Stelzner", ein deutscher Zahlenforscher veröffentlichte 1996 sein Werk, „Die Weltformel der Unsterblichkeit". Stelzner ist in der Reihe mit den eingangs genannten Autoren gleichsam der tragende Pol, der *für mich* persönlich eine sinnstiftende Auslegung des *Inhaltes* des *Nasca-Piktogramms* erst möglich machte. Dr. Stelzner liefert in seinem fundierten Werk die im Grunde einfache Antwort auf die Frage, *warum* unsere Welt so *organisiert* und in dieser Weise *konzipiert* ist, wie wir sie vorfinden. Alles ist Zahl. Die Zahl er*zählt* uns vom Ursprung allen gegenständlichen und ideellen Seins. Naturwissenschaft und Religion können unter seinem Blickwinkel als eine gemeinsame Realität auf verschiedenen Ausdrucksebenen wieder zusammengeführt werden. Die Zahl gibt den Menschen eine *Gebrauchsanweisung* an die Hand und appelliert an ein Nichtlineares, konstruktives Denken und Handeln. Beide Welten, die *sichtbar Konkrete* wie die *unsichtbar Transzendente*, werden dadurch wieder zu polaren Spiegelbildern *einer* universellen Wirklichkeit vereint. Unsere Zukunft wird zwangsläufig ohne eine spirituelle Ausrichtung und Rückbesinnung (Religio) auf unsere geistigen Wurzeln konsequent im physischen und psychischen Chaos enden. Die Menschheit steht nach ihrem Gang durch Jahrtausende langen, blutigen Konflikten und in Anbetracht des sich abzeichnenden, destruktiven globalen Zukunftszenario (erneut) vor einem Scheideweg. Diese *(esoterische)* Wirklichkeit schlägt sich u. a. in einem Aufbäumen der „alten Energie" [3] der Herrschenden wider. Wissend, dass seine Zeit unweigerlich enden wird, wehrt sich der Drache mit Machtgebaren, um sich seine Herrschaft zu sichern, die er seit Urzeiten nur mit roher Gewalt erhalten konnte. Der weltweite Kinoerfolg, „Herr der Ringe" setzt z. B. die Realität der Bedrohung Mittelerde *(dto. Menschheit)* durch jene asurische Widersachermächte[3] in zeitgemäße Bilder um und ist daher so hochaktuell. Die von mir in dieser *Arbeitshypothese* interpretierte „Botschaft" des Piktogramms ist der Appell an einen universellen Schöpfer (Gott), der daraus entspringenden Urgeometrie und eine Erinnerung an die Möglichkeit des Menschen, diese Harmonie in seiner Existenz durch eine grundlegende Neuorientierung aller Lebensbereiche zu verwirklichen. Kurz vor Ende des platonischen Weltenjahres im Jahr 2012, dem Ende des Maya-Kalenders, mag das *Nasca-Piktogramm* nicht ganz unzufällig als Frage in unser Bewusstsein treten.

---

[3] *Damit sind alle autoritären und diktatorischen Gewalthierarchien gemeint, die die Freiheit und Entwicklung des Menschen aus Egoismus und Machtgier unterdrücken wollen.*

2.0 Nasca

Bildquelle: *Verein "Dr. Maria Reiche - Linien und Figuren der Nasca-Kultur in Peru" e. V.,* http://www.htw-dresden.de/nazca/ *(mit freundlicher Erlaubnis)*

Nasca. Eine Chiffre, welche inzwischen als das achte Weltwunder angesehen wird, und mit zu den rätselhaftesten archäologischen Geheimnissen der Neuzeit gezählt werden kann. Seit die Dresdner Mathematikerin, *Maria Reiche* die zahlreichen geometrischen Formationen und riesigen Bilddarstellungen in den 60er Jahren des letzten Jahrhunderts zum ersten Male der Welt präsentierte, fasziniert die kahle Hochebene von Nasca in Peru in steigendem Masse Wissenschaftler wie Laien und legte damit den Grundstein für die seriöse Erforschung eines, der jungen, archäologischen Mysterien. Bevor jedoch die Nascalinien 1926 durch zwei Archäologen, *Alfred Kroeber* und dem Peruaner *Toribio Mejia Xesspe*, entdeckt werden konnten, musste ironischerweise zuvor erst einmal das Flugzeug erfunden werden. Und selbst, als der Pan-americana-Highway mitten durch die Hochebene gebaut wurde, hatte kaum jemand die Linien bemerkt und die, die es taten, nahmen keine sonderliche Notiz davon. Alles was man (noch) über Nasca aus div. Quellen zusammenfassen kann liest sich in Kurzform etwa so:

„*Die nach seiner Stadt benannte vorkolumbianische Nasca-Kultur in Peru entwickelte sich um 200 v. Chr., wurde berühmt durch Tongefäße, Textilien und Goldschmuck, verlor im 8. Jh. n. Chr. aber wieder an Bedeutung. In der Wüste um Nasca sind Tierbilder (bis 130 m im Durchmesser) und kilometerlange Liniensysteme eingezeichnet, deren Herkunft und Bedeutung noch unbekannt sind.*"

Tatsächlich wird Peru im westlichen Bewusstsein meist mit mythischen Begriffsbildern wie „*Indio*", „*Mayakultur*" oder „*Macchu Picchu*" verknüpft. Umgeben von den Staaten Ecuador, Kolumbien, Brasilien und Bolivien leben auf einer Landesfläche von ca. 1,1 Mio. km² rund 23 Mio. Menschen in zum Teil erbärmlicher Infrastruktur von denen ein Großteil sich in zunehmenden Masse in die urbanen Ballungszentren wie z. B. *Lima* oder *Cuzco* flüchtet. Über 15 % der Bevölkerung sind Analphabeten. Peru feiert alljährlich seine Unabhängigkeit von Spanien am 28. Juli 1821. Peru ist seit 1980 eine präsidiale Republik. 1993 wurde eine gültige Ver-fassung konstituiert, die bis heute Bestand hat. Amtssprache ist Span-isch und Quechua. Weitläufige Gebirgsketten der Anden durchziehen Peru von Norden nach Süden und gliedern es in drei klimatisch unter-schiedliche Großlandschaften: die Küstenzone *(Costa)*, die Anden *(Sier-ra)* und die tropische Gebirgswaldzone *(Montaña)*. Die Costa umfasst das bis 55 km breite westliche Andenvorland, das durch die vom Hum-boldtstrom verursachte Trockenheit größtenteils Wüsten- oder Steppen-charakter erhält. Im Norden öffnet es sich zu einem flachen, halb-inselartigem Tiefland. Bei mittleren Temperaturen zwischen 17 ° und 24 ° C ist es nur mäßig heiß. Die *Sierra* ist ein gebirgiges Hochland mit einer durchschnittlichen Höhe von 4.000 m. Im Westen erhebt sich die, steil aus der Küstenzone auf über 6000 m ansteigende *Westkordillere*. Das zwischen ihr und der *Ostkordillere* liegende, dünn besiedelte Hochland ist in mehrere Hochebenen gegliedert. Die Sierra wird von der *Zentralkordillere* durchschnitten, die besonders im Süden hervortritt (über 6.000 m) und z.T. vulkanisch ist. Im Südosten liegt der 8.299 km² große *Titicacasee*, der zu zwei Dritteln zu peruanischem Staatsgebiet gehört. In 3.800 m Höhe gelegen, ist er der größte und bekannteste Hochgebirgssee der Erde. Die Montaña prägt das üppig bewaldete *Andenvorland* im Osten des Landes. Sie verläuft nach Norden durch den tropischen Regenwald des oberen Amazonasbeckens. In diesem fast unerschlossenen und schwer zugänglichen Urwaldgebiet herrscht durchwegs tropisches Klima. Die wichtigsten Flüsse sind der *Rio Ucayali* (1.899 km lang, davon 1.380 km schiffbar), der *Rio Napo*, der *Rio Marañon* (1.310 km) und der *Rio Putumayo*. Die höchsten Erhebungen Perus sind der *Huascarán* mit 6768 m, der *Yerupajá* mit 6630 m und der *Coropuña* mit 6 615 m Höhe.

2.1 Die Nascalinien

Die Nascalinien bestehen aus flachen Vertiefungen und entstehen durch das Wegfegen oder Wegscharren *(Scharrbilder)* der dunkleren, oxidierten Schicht des staubtrockenen Oberbodens. Nasca-Reisende, welche die Hochebene persönlich vor Ort erforschten, berichten von einem dunklen Teppich aus feinen bis maiskorngroßen Steinen, der die Oberfläche der Pampa bedeckt. Unter dieser Schicht tritt das nur wenige Millimeter bis Zentimeter messende, hellgelbe Grundmaterial zutage. Immer wieder machen Nascaforscher persönlich vor Ort die Erfahrung, wenn sie sich nur wenige Meter von einer dieser Linien entfernten, verschwanden diese aufgrund perspektivischer Überlagerungen wie durch Geisterhand. An manchen Tagen, je nach Lichtverhältnissen, verschwinden nach Berichten einheimischer Piloten sogar komplette Geoglyphen *(Erdzeichen)* um einige Zeit später wieder wie aus dem Nichts zu erscheinen. Ca. 70 % der Scharrbilder sind nach neuesten Ergebnissen des deutschen Archäologen M. Reindel zumindestens ansatzweise vom Boden aus zu erkennen. Der Rest ist nur aus der

Bildquelle: Verein "Dr. Maria Reiche - Linien und Figuren der Nasca-Kultur in Peru" e. V., http://www.htw-dresden.de/nazca/ *(mit freundlicher Erlaubnis)*

Luft zu erkennen. So erscheinen sie von einem Flugzeug aus betrachtet bewusst geplant und konstruiert, und werfen (aus Sicht des Autors) die spannende und bislang weiterhin unbeantwortete Frage auf, für *wen* oder *was* diese merkwürdigen Kunstwerke eigentlich gedacht waren. Für die in fast allen Kulturen der Erde erwähnten *Götter* etwa? Wenn ja, für welche? *Erich von Däniken*, der 1968 die *Möglichkeit* eines außerirdischen Zusammenhanges mit den Nasca vermutete, obwohl er dies nie als zentrale Behauptung festgeschrieben hatte, wird bis heute darauf festgelegt. Er machte damals lediglich auf die NASA aufmerksam die in Vorbereitung zu den Space-Shuttle Flügen die Wüste in Nevada mit kilometerlangen Linien gekennzeichnet hatte, um den Raumgleitern sicher ihre Landepiste anzuzeigen.

Das Auftauchen von Linien ist an sich nicht ungewöhnlich. In mehr oder weniger ausgeprägter Form finden wir sie sogar auch an uns Menschen. Dort am allernächsten in unserer eigenen Handinnenfläche, wenn auch nicht so präzise wie mit dem Lineal gezogen, so zeugen sie doch ebenfalls von geheimnisvollen „Prägungen" wie sie u. a. seit Jahrhunderten Arbeitsobjekt von Chirologen (umgangssprachlich: *Handleser*) sind. Dass der Mensch z. B. für seine „Lebens-, oder „Schicksalslinie" ebenso wenig eine *rationale* Erklärung hat, wie für die *„Lineas de Pampa"* gehört gleichermaßen zum Bereich unerklärter Phänomene.

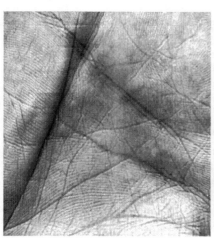 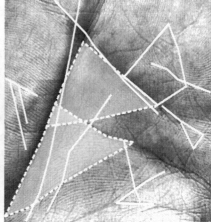

2.2 Wie alles begann...

Zwölf Jahre nach ihrer Entdeckung und zahlreichen Berichten der ersten Piloten die über die Pampa geflogen waren, untersuchte 1941 Professor *Paul Kosok,* ein studierter Historiker der Long Island Universität in New York systematisch die Linien, der später *Maria Reiche (s.Abb. links)* [4] dazu anregen sollte sich des Rätsels anzunehmen. Er machte u. a. bei seinen Reisen in die Pampa die Beobachtung, dass die Sonne am 22. Juni - dem Zeitpunkt der Sommersonnwende in der südlichen Hemisphäre genau am Ende einer der Linien unter-, und am nächsten Morgen an dem gegenüberliegenden Ende wieder aufging. Bei hereinbrechender Nacht folgte er eines Tages in Ermangelung einer Taschenlampe einer der Linien, die ihn im Dunkeln wieder sicher zu seinem Ausgangspunkt zurückbrachte. Im Zusammenhang mit anderen Beobachtungen kam er zur Auffassung, dass die Linien *astronomische Konstellationen* markierten mussten. Seinen Worten nach stellte es *das „größte Astronomiebuch der Welt"* dar. *Carmen Rohrbach,* Dokumentarfilmerin, Wissenschaftsjournalistin und Herausgeberin der lesenswerten Reisebeschreibung, *„Botschaften im Sand"* weiß über Maria Reiche kurz vor Ausbruch des zweiten Weltkrieges zu berichten: Maria Reiche entdeckte in einer Wochenzeitschrift...

> *„(...) das Inserat eines Geschäftsmannes aus Cuzco, eines Brauereibesitzers und Deutschen Konsuls. (...) Dieser Konsul, Tabel hieß er, suchte für seine zwei Kinder eine deutsche Erzieherin und Maria hatte schon lange den Wunsch, eine Stellung im Ausland anzunehmen.(...) Diese Reise wurde für meine Schwester der Beginn eines neuen Lebens, eines Lebens, wie sie es sich erträumt hatte."* [CR1]

Von den Forschungsergebnissen des deutschen Kollegen *Rolf Müller* angeregt, emigrierte Maria Reiche nach Peru. Müller zog die Möglichkeit in Betracht, dass zwischen der Kathedrale in Cuzco und dem Sonnentempel der Inkas eine Art von *Beziehung* bestünde, die sich durch *Linien* ausdrückte. Seiner Meinung nach planten die Inkas ihre Gebäude im Hinblick auf die Sommersonnwende und lehnte sich damit Kosok`s Auffassung an, die „Lineas de Pampa" seien als *„Konstruktionshilfe"* anzusehen. Maria Reiche nahm später zusammen mit Paul Kosok die Erforschung der mysteriösen Linien in akribischer Vermessungsarbeit auf und zog später, nach jahrelangem Hausen in primitiven Verhältnissen in ein, vom peruanischen Staat auf Lebenszeit bezahlten Hotel-

---

[4] Bildquelle: Verein "Dr. Maria Reiche - Linien und Figuren der Nasca-Kultur in Peru" e.V,. http://www.htw-dresden.de/nazca/ *(mit freundlicher Erlaubnis)*

zimmer in ein nahe gelegenes Dorf namens *Ingenio*. Dort widmete sie sich für den Rest ihres Lebens den Linien und Mustern. Ihren Lebensunterhalt verdiente sie sich bis zuletzt mit unzähligen Privatvorträgen über den Stand ihrer Forschung. Mit Besen, Schaufel und einer kleinen Stehleiter ausgerüstet, reinigte sie in unerschütterlicher Ausdauer tagtäglich die, von dunklen Oberflächenstaub bedeckten Linien und machte viele der großartigen Figuren überhaupt erst wieder sichtbar. Kosok ging nach einiger Zeit in den Ruhestand und verstarb 1959. Unbeirrt setzte Maria Reiche ihre selbstgestellte Lebensaufgabe fort, stand in der angenehmeren Morgenkühle vor Sonnenaufgang auf um die Linien zu vermessen und zu kartografieren [5]. Während ihrer 40-Jährigen, unermüdlichen Tätigkeit die fast wie eine Besessenheit anmutete - sie verlor am Ende ihres Lebens sogar das Augenlicht - setzte sie sich erfolgreich für den Erhalt und Erforschung der Nascalinien bis hinauf in politische Ebenen ein, erreichte dadurch den Schutz der Pampa vor weiterer Zerstörung. Bis zu ihrem Tode hielt sie an der Überzeugung fest, dass es sich bei den Nascalinien um einen riesigen *Kalender* handeln müsse. Er diente ihrer Auffassung nach als *Aussaat- und Erntezeitkalender*. Die Linien stünden in Bezug zu den Sternen und gäben wichtige Hinweise darauf. Sie glaubte u. a. in der Verlängerung einer der Hauptlinien der „Spinne", die damalige Ausrichtung auf das Sternbild des grossen Bären erkannt zu haben. Maria Reiches *Kalendertheorie* wurde inzwischen durch neuere Erkenntnisse relativiert, bzw. schied als Erklärung völlig aus. Der englischer Autor, *Tony Morrison*, der sich mit den Pampalinien beschäftigte kam zum Schluss, dass nur ein völlig neuer „*Gedankenansatz*" das Rätsel lösen könne. Doch wie genau dieser aussehen müsse, vermochte auch er nicht zu sagen. Obwohl heute bekannt ist, dass Geoglyphen ähnlich der Nascalinien auch in anderen Teilen der Erde - wenn auch nur vereinzelt und einfacher gestaltet – vorkommen, bleibt bis heute für viele Forscher nach wie vor die Frage nach dem *Warum* und *Wieso* offen. Die Präzision der Linien sind derart genau, dass sie im Durchschnitt auf

---

[5] *Bildquelle: Verein "Dr. Maria Reiche - Linien und Figuren der Nasca-Kultur in Peru" e.V,. http://www.htw-dresden.de/nazca/ (mit freundlicher Erlaubnis)*

einen Kilometer gerade einmal 1 m von der Ideallinie abweichen obwohl sie sich oftmals in verschiedenen Teilen der Wüste befinden, tiefe Schluchten überqueren oder an und absteigenden Geländeerhebungen folgen, als gäbe es sie überhaupt nicht. Fast mutet es an, als wären sie wie mit einem riesigen Diaprojektor vom Himmel direkt auf die Hochebene *projiziert* und auf geheimnisvolle Art *„eingraviert"* [6]. Die Parallele zum Kornkreisphänomen liegt daher durchaus sehr nahe. Wie und welche Maßstäbe Kritiker auch immer anlegen, eines blieb und bleibt auch heute noch in allen Berichten Nasca-Reisender unumstritten: Die Schönheit und beeindruckenden Dimensionen der geometrischen Muster und Bilder, die sich zum Teil bis über den Horizont hinaus ausdehnen, und sich irgendwo in der endlosen Weite verlieren. Die offizielle Fachwelt nahm bislang an, dass es sich bei den Nascalinien um

einen kulturellen Ausdruck einer ehemals hoch stehenden Zivilisation, dem *Volk der Nasca*, möglicherweise auch der *Mochè* handeln könnte, die in einem unbeschreiblichem Aufwand diese riesigen Zeugnisse angelegt, und inhaltlich mit zeremoniellen Riten verknüpft haben sollen. Zeugnisse dieser Annahme scheinen die Ergebnisse M. Reindels zu bestätigen, doch steht eine umfassende Erforschung von Nasca durchaus noch am Anfang. *„Leylines"*, geomantische Kraftlinien, wie sie aus der englischen *Megalithkultur* bekannt sind, wurden ebenso als Erklärung für das Entstehen der Linienmuster in Betracht gezogen, wie angelegte *Festplätze*, *Wasserkulte* oder *Wettkampfarenen*, bei denen die Nasca die Linien angeblich abgespurtet haben sollen. Dutzende verschiedenster Erklärungstheorien, teils glaubwürdig bis humorvoll absurd umranken fantasievoll die *Linieas de Nasca*. Carmen Rohrbach schildert in ihrer Reisebeschreibung:

„Am meisten hat mich die „Beschäftigungstherapie" amüsiert, die sich der amerikanische Anthropologe William H. Isbell ausdachte: Während der Trockenzeit, wenn die Arbeit auf den Feldern ruhte, hätten die

---

[6] *Bildquelle: Verein "Dr. Maria Reiche - Linien und Figuren der Nasca-Kultur in Peru" e.V,. http://www.htw-dresden.de/nazca/ (mit freundlicher Erlaubnis)*

Menschen nichts zu tun gehabt, sich gelangweilt und mit Streitereien begonnen. Deshalb hätten sich Priester und Stammesfürsten für ihre Untertanen die Arbeit auf der Pampa einfallen lassen." CR2

Die von *Anthony F. Aveni* in seinem Buch „*Das Rätsel von Nasca*" publizierte Theorie, bei den Nascalinien handelte es sich um Oberflächenmarkierungen eines *unterirdischen Bewässerungssystems*, stellt eine der Praktischen und im Verhältnis zu Isbells „Langeweile Theorie" geradezu vernünftig klingenden Erklärungsansatz dar. Der Gedanke, dass riesige Geometrien ihr Motiv *alleinig* in einem simplen, wenngleich auch überlebensnotwendigen Kampf um die Sicherung von Trinkwasser haben soll, macht durchaus Sinn, denn die *Puquios* [7] *(s.li.)*, die spiralförmig angelegten Tiefbrunnen, die unmittelbar über den unterirdischen Wasserläufen liegen, sind keineswegs nur einfache, wasserführende „Erdverwerfungen" wie E. v. Däniken vor Ort herausfand, sondern künstlich angelegte, weitverzweigte steinerne

Rohrsysteme. Selbst, wenn das bislang noch unerforschte unterirdischen Kanalsystem analog den Linien quer über die Hochebene angelegt worden wäre, so wäre die Frage berechtigt, warum von den gewaltigen Aushub-, und Ver-legearbeiten der, bis zu sechs Meter tief unter der Erde in schweren Granitröhren verlaufenden Kanälen *an der Oberfläche* nichts zu erkennen ist. Luftbildaufnahmen bringen es an den Tag. Ein einziges Auto, ein einziger Spaziergang eines Menschen hinterlässt für immer sichtbar seine Spuren auf der Pampa. Dazu Maria Reiche im Interview mit Car-men Rohrbach:

„Der Boden hat an seiner Oberfläche eine krustenartige Schicht aus verschiedenen großen Steinbrocken mit einem hohen Eisengehalt. Das Eisen ist durch den Kontakt mit dem Sauerstoff der Luft oxidiert, deshalb ist diese oberste Bodenschicht dunkelbraun. Darunter liegt eine gelblich-weiße Schicht aus feinem Anschwemmungsmaterial, das durch Gips gebunden ist. Wenn nun das dunkle, oxidierte Steingeröll beiseite geräumt wird, bleibt der helle Untergrund für immer sichtbar. Stellen Sie sich vor, noch heute sind die Fußspuren von Kosok zu sehen, die er vor fast 50 Jahren auf dem Boden hinterlassen hat." CR3

---

[7] Bildquelle: Verein "Dr. Maria Reiche - Linien und Figuren der Nasca-Kultur in Peru" e.V., http://www.htw-dresden.de/nazca/ *(mit freundlicher Erlaubnis)*

Auf die Frage, ob denn der Wind die Linien nicht allmählich mit Staub und Sand gänzlich zuwehen müsste, erklärte Maria Reiche:

> *„Ja, er müsste, wenn es da auf der Pampa nicht ein besonderes Phänomen gäbe: Wegen der dunklen Oberfläche wird am Boden extrem viel Wärme gespeichert. Dieser Wärmestau hat die physikalische Eigenschaft nach oben zu entweichen. Dabei entsteht eine Art Staubsaugereffekt, der alle angewehten Teilchen wieder hochreißt und in obere Luftschichten davonträgt. Das erklärt auch den guten Erhalt der Linien und Zeichen über viele Jahrhunderte hinweg. Ich muss noch dazu sagen, dass es hier so gut wie nie regnet."* [CR3]

Bei allen kontroversen Diskussionen um die wahrscheinlichsten Theorien, und die immer wieder gestellte Frage, ob die „Götter" dabei ihre Hände im Spiel hatten oder nicht, wird sicherlich eine plausible Antwort noch auf unbestimmte Zeit auf sich warten lassen. Wer auch immer für dieses Piktogramm verantwortlich ist, sie hinterließen ein, über die Bedeutung aller anderen Geoglyphen der Pampa weit hinausgehenden *Zeichens: Das Nasca-Piktogramm*.

Im Vorgriff auf die, bereits in der Gegenwart unternommenen wissenschaftlichen Untersuchungen der Pampa, wird die im Jahre 2006 erstmalig veröffentlichte stille Sensation eines noch weitaus gigantischeren Liniensystems in Zentral-Argentinien, bereits heute schon das Nascaphänomen in ein völlig neues Licht rücken. Perfekt angeordnete Gitterliniensysteme von mehreren tausend Quadratkilometern Fläche, deren Linien sich vereinzelt bis über 500 Kilometer (!) erstrecken, werden meiner bisherigen Einschätzung nach in naher Zukunft eine völlig Neubewertung des Nasca-Phänomens erfordern.

2.3 Die Geoglyphen [8]

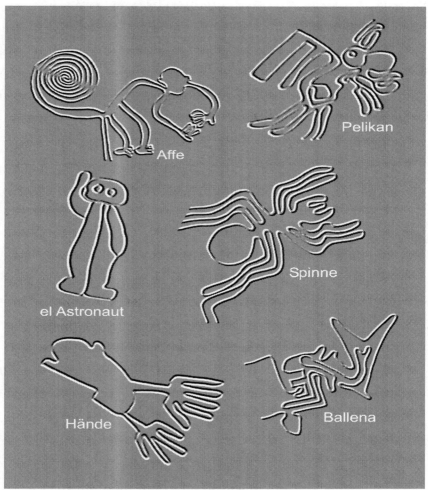

(Abb.2) Eine kleine Auswahl der bekanntesten Geoglyphen

Drei Kategorien von Geoglyphen werden unterschieden. Die erste beinhaltet eine Sammlung geometrischer Strukturen wie jene schnurgerade *Linien, Winkel, Kreuzungen,* oder *trapezoider Flächen,* die sich zum Teil übereinander schichten und durchdringen, ohne sich dabei gegenseitig zu zerstören. Flächenmäßig bilden sie mit fast 63 % *(Aveni)* den größten

---

[8] *Erdzeichen, Bodenzeichnung*

Anteil in der gesamten Pampa. In der Zweiten findet man die bis heute Gefundenen, rund 1 - 2 Dutzend *Tierabbildungen*, wie z. B. die *Spinne*, den *Kolibri*, den *Affen* oder zwei *Walfisch*abbildungen. Die dritte Kategorie beinhaltet *kulturelle Symboliken*, wie *Spiralen*, labyrinthartige Muster oder recht seltsam anmutende Zeichen wie z. B. die *Hände*, an welchen sich an der rechten Hand nur *vier Finger* befinden, oder skurrile Mischwesen aus Mensch und Tier.

Die Blütezeit der *Nascakultur* umfasste nach *bisheriger* archäologischer Schätzungen der *Universität von California* etwa den Zeitraum von 400 v. Chr. bis 600 n. Chr. Ausgegrabene präkolumbianische Keramiken gehören in Südamerika mit zu den faszinierenden Zeugnissen einer Kulturepoche die keine Schrift kannte, und doch für die gewaltigen Zeichnungen auf der Pampa verantwortlich sein soll, wie z. B. den Geoglyphen zweier *Walfische* in einer Wüstengegend, die offenkundig mit dem Meer keinen *unmittelbaren* Kontakt besessen hatte. *(Funde der Spondylusmuscheln lassen aber jedoch heute vermuten, dass eine Land-Meer Verbindung bestanden haben muss)* Duncan Masson, ein schottischer Ingenieur kam 1929 nach Nasca und kannte die Linien schon einige Jahre früher als Maria Reiche. Masson fiel beim Überfliegen der Hochebene auf, dass viele der riesigen Figuren die abstrakten geometrischen Muster oftmals ohne einen sichtbaren Zusammenhang wahllos durchkreuzten und überlagerten, so als wären die Tier- und Figurenabbildungen erst viel später *über* die Linien gescharrt worden. Besonders die Darstellung des „Affen" verwunderte Masson sehr. Wenn es je Affen in dieser unwirtlichen Wüste gegeben haben sollte, ließe dies zwei mögliche Schlussfolgerungen zu: a) die Nascahochebene war einst mit einem tropischen Regenwald bedeckt oder b) dass z. B. durchreisende Nomaden die Nascabevölkerung mit exotischen Tierarten fasziniert und zur Darstellung in „Übergröße" angeregt hätten. Da inzwischen zum Erhalt der Pampa das Betreten mit mehreren Jahren Gefängnis bestraft wird, werden weitere unabhängige archäologische Forschungen, die dieses Dilemma erhellen könnten, vorerst aufgrund des Bestandschutzes nur zögernd vorangehen. Maria Reiche, selbst Mathematikerin, hielt die Nasca jedenfalls für fähig in Abstraktionen zu denken und schrieb ihnen arithmetische und topografische Fähigkeiten zu. Die Zeichnungen vermittelten ihrer Einschätzung nach einen Einblick in die Denkvorgänge und den intellektuellen Status dieser Menschen. Ebenso wie beim *Kornkreisphänomen* stellt sich beim Be-trachten der Zeichnungen unwillkürlich die Frage, *wie* sie erstellt wurden. Wenn davon ausgegangen werden kann, dass die Nasca *keine* Fluggeräte besaßen und dennoch „himmlische„ Bilder für uns unbekannte Zwecke schufen, liegt bereits ein „logisches" Problem vor, bevor man überhaupt darüber nachdenken kann, mit *welchen* Mitteln die Nasca dieses unglaubliche Werk geschaffen haben sollen. *Falls* sie es geschaffen haben. Darstellungen mit Ausdehnungen von bis zu einem Quadratkilometer Fläche anzufertigen ohne dass man vom Boden aus die Zeich-nung *in voller Größe* sehen kann, provozieren zwangsläufig facettenreiche Theorien zu ihrer Entstehung. Auch Maria Reiche, jahrzehntelang vor Ort, konnte das Rätsel um Nasca nicht lösen. Jede neu hinzukommende Erkenntnis scheint eine *schlüssige* Antwort nur in noch weitere Ferne zu rücken, sofern man mit der Antwort des Archäologen Reindels nicht zufrieden ist. Es liegt auf der Hand: die Lösung scheint nicht alleine in der *Pampa de Nasca* zu liegen. Erich von Däniken stellte einmal dar, dass sein in Jahrzehnten angewachsenes Bilderarchiv der ungelösten Rätsel der Welt, einer der wichtigsten Zeitzeugen eines vergangenen Zu-standes geworden ist, welches die alten Kulturstätten in ihrem noch unberührten Zustand für die Nachwelt dokumentiert. Einem jener Bilddokumente, das 1997 in seinem Buch, *„Zeichen für die Ewigkeit"* er-schien ist es nun zu verdanken, dass ich im Sommer`03 darauf aufmerk-sam geworden bin.

2.4 Das Piktogramm [9]

Zum ersten Male kam ich mit dem *Nasca-Piktogramm* in Berührung, als ich im Jahre 2003 anlässlich der Eröffnung des Mysteryparks in Matten/Schweiz besuchte. Im Kinobereich des *„Nascapavillions"* präsentierte man eine halbstündliche Filmvorführung, in der auf einer riesigen Leinwand ein beeindruckender Flug über die Hochebene von Nasca dargeboten wurde. Dass Publikum saß auf einem dicken Glasboden und sah unter sich mittels eines Spezialeffektes die Nascaebene virtuell aus der Flugzeugperspektive. Im letzten Drittel des Filmes zog eine Geoglyphe über die Leinwand, die mich schlagartig elektrisierte. Eine präzis gestaltete geometrische Komposition aus *drei dreilagigen Kreisen*, einem *spitzen Dreieck* und zwei, den mittleren Kreis umschreibenden *Quadraten,* von denen eines um 45° um seinen Mittelpunkt gedreht war. Ich kannte zwar schon früher einige Scharrbilder aus Bücher und Doku-mentarfilmen, aber beim Anblick *dieser* komplexen Struktur war *mir* unerklärlicherweise sofort klar, dass diese Formation mehr darstellte, als nur eines unter vielen ungelösten Linienphänomenen der Pampa. Die abstrakte Formation unterschied sich durch ihren klar strukturier-ten euklidischen Aufbau. Als schließlich Erich von Däniken im Film noch kommentierte, dass man versucht, habe diese Erdzeichnung zu „vermessen", die Vermessungsarbeiten jedoch aufgrund unüberwind-licher Schwierigkeiten abgebrochen werden mussten, steigerte noch meine Aufmerksamkeit. Spätestens als er noch hinzufügte, dass der Kreis innerhalb des großen Quadrates in **60** Markierungen eingeteilt sei, war mir irgendwie klar - ohne es rational begründen zu können - dass die Sache mit der Unvermessbarkeit *so* nicht stimmen konnte. Konnte man von einer schriftlosen Kultur wirklich annehmen, dass sie zu derart geometrischen Konstruktionen fähig waren? Schrift und Zahl sind Grundvoraussetzungen eines geistig-mathematischen Bewusst-seins. Zudem welches erst kurz vor Christi Geburt auf der anderen Seite des Erdballs in ihren Gesetzmäßigkeiten von erlesenen antiken Geistesgrößen in Worte und Definitionen gefasst wurden? In diesem Augenblick nahm ich an, dass E.v. Däniken sich mit der „Unvermess-barkeit" auf das staatlich verordnete Zutrittsverbot zur Pampa bezog, die eine Vermessung, die extreme Topografie des Geländes hinzukom-mend, erschwerte. Dreimal hintereinander besuchte ich in steigender Bewegtheit die Filmvorführ-rung. Von Mal zu Mal wurde dieses Gefühl etwas „Bekanntem" zu begegnen grösser. Geometrie und Mathematik sind als Transportmittel in ihrer Substanz ewig und unterliegen nicht dem Hauch von

---

[9] *Bildzeichen; abstrahiert auch: Signet*

„Entropie" [10] oder „Evolution". Sollte dies der Fall sein, so stellte das Piktogramm ein Meisterstück an Dauerhaftigkeit, In-formationsdichte und Unverfälschtheit dar. Solange *unser Sonnensystem* besteht, wird z. B. ein rechter Winkel (90 °) ein rechter Winkel bleiben, gleich, welche Zivilisation in ihr existieren wird, da er unveränderbarer Teil der Schöpfung selbst ist. Durch den anschließenden Besuch im *Pyramidenpavillion* angeregt, stellte sich der Gedanke ein, dass die professionelle Pyramidenforschung in Ägypten u. a. gerade *über Anhaltspunkte in der materiellen Bausubstanz der Monumente* zu *„Hinweisen"* über die Art und Weise ihrer (geistig-planerischen) Entstehung zu gelangen versucht. Warum sollten entsprechende Botschaften als Pendant nicht ebenfalls in einer Geometrie wie dem des *Nasca-Piktogramm*s zu finden sein?

Unvermutet tauchte eine längst vergessene Begebenheit aus den Tiefen meiner Kindheitserinnerung auf. Ich mochte gerade sieben oder acht Jahre gewesen sein, da begann ich aus unerfindlichen Gründen, statt die üblichen Bagger oder Flugzeuge zu malen, mit dem Lineal erstellte bunte Linien kreuz und quer über das Blatt zu werfen. Die Schnitt- und Kreuzungspunkte hob ich durch dicke Punkte hervor und gab ihnen beliebige Buchstaben und Zahlenwerte. Wie von fremder Hand geführt, zeichnete ich immer neue Verbindungen, Kreuzungen und Linienkonstellationen. Irgendetwas drängte mich, wie von „außen" kommend an, dies zu tun. Doch ich wusste nicht, *was* und vor allem, *warum*. Meine Mutter verwirrte dies natürlich noch viel mehr. Mehrere Wochen dauerte diese merkwürdige Phase an, bevor sie so unerwartet schnell zu Ende ging, wie sie gekommen war. Schließlich ließ sie die sich inzwischen stapelnden Blätter auf nimmer wieder sehen im Papierkorb verschwinden und irgendwann schien auch ich zu begreifen, dass wohl kein tieferer „Sinn" dahintersteckte. Dieses Erlebnis wurde vierunddreißig Jahre danach erneut wachgerufen, als ich im Sommer 2002 „zufällig" einen Bericht über Maria Reiche auf Video gesehen hatte. Nach dem dritten oder vierten Durchlauf des Berichtes machte es in einer kurzen Sequenz in meinem Kopf plötzlich *„Klick"*, in der sie eine ihrer großen Pergamentrollen behutsam aus einem Archivschrank zog und langsam vor der Kamera ausbreitete. Die archivierten Linien Maria Reiches ähnelten derart frappierend meinen eigenen, bis heute unverständlichen Linienzeichnungen aus meiner Kindheit, dass es fast schon

---

[10] *Physikalischer Begriff zur Beschreibung des Zustandes eines Systems und dessen Änderung n. dem 2ten Hauptsatz der Thermodynamik. Der Zustand eines geordneten Systems strebt ohne einen von außen einwirkenden Impuls, immer den Zustand einer niedrigeren Ordnung an. Wasser, z.b. wird niemals ohne Einwirkung einer äußeren Hitzequelle oder Änderung der chemischen Struktureigenschaften von alleine „heiß" werden. Ein unaufgeräumtes Zimmer wird niemals einen aufgeräumten Zustand anstreben. Mathematik und Geometrie als höchste Ordnung ist unveränderbar, da sie metaphysisch, in ihrer Substanz, nicht-physisch sind, obwohl sie durch die Materie manifest werden kann. Aus diesem Grunde unterliegen beide auch keiner Evolution.*

unheimlich war. Konnte es tatsächlich sein, das ich damals ohne es zu ahnen, von Nasca „inspiriert", diese möglicherweise „medial kopierte?" Befand ich mich damals etwa unbewusst im Zustand einer Art „*Remote-Viewing?*" [11] Eine fantastische und vielleicht auch sehr weit hergeholte Mutmaßung, sicherlich. Für mich persönlich ist es jedoch bis

heute eine erlebbare Realität. In den 60er Jahren erlebte Maria Reiche ihre Blütezeit in Ihrer Aktivität um die der Er-forschung der Linien. Ich ver-warf zunächst diesen ungewöhnlichen Gedanken, begegnete ihm aber im Sommer 2003 im Kino des Mystery-parks mit „Nachdruck" erneut. Obwohl der massive Skeptiker in mir zunächst siegte, schien diese Möglichkeit unglaublich stimmig. Meine Linienmuster aus jungen Jahren ergaben offenbar doch einen *Sinn*. Sie *erinnerten* mich.

Zurück auf dem Parkplatz des Mysteryparks und eine Tasse Kaffee später, versuchte ich mich selbst davon zu überzeugen wohl etwas zu „überspannt" reagiert zu haben. Ich bin kein Paläoarchäologe, habe weder eine akademische Ausbildung noch hatte ich Nasca wenigstens selbst einmal persönlich bereist. Ich hatte wenig vorzuweisen. Bis auf die Kenntnis einer Reihe von Luftbildaufnahmen, wusste ich eigentlich kaum etwas über das Nasca-Phänomen.

Zurück in Deutschland fesselte mich das Mandala in steigendem Maße. Spontane Euphorien kommen und gehen. Aber dieses intensive Interesse blieb, verstärkte sich zunehmend von Tag zu Tag. Schließlich fasste ich den Entschluss, der ganzen Angelegenheit, ob nun Amateur oder nicht, mit den Mitteln die mir zur Verfügung standen, auf den Grund zu gehen. Außer das Ich mich irren könnte, stand ja weiter nichts auf dem Spiel.

Drei Nachtschichten später lag das Piktogramm, eingescannt und mit einem CAD-Programm in seiner Rohform digitalisiert vor mir. Die Anspannung wich einer ersten bestätigenden Ahnung, dass diese Geo-

---

[11] *Fernwahrnehmung: eine spirituell-mentale Technik, die experimentell in Militärlabors der USA und UdssR angewandt wurde, um Informationen der Gegenseite ohne technische Hilfsmittel zu erlangen, wie z.b. einen U-Bootstandort oder eine neue Waffenfabrik etc.*

glyphe in der Tat Ungewöhn zu sein schien. So besonders, dass sie bereits zwei Monate später einen atemberaubenden Bogen zu einem Ort schlug, den ich in meinen kühnsten Träumen nicht erwartet hätte: zum *Mars*. Seit knapp zwei Jahren beschäftigte ich mich in unzähligen Arbeitsstunden nach Feierabend mit der „Hobby-Digitalarchäologie". Dabei stieß ich u. a. auf bemerkenswerte Artefakte auf dem Mars. [12] Es schien, als wären die vergangenen zwei Jahre eine zwingende Vorbereitung auf die Reise durch das Piktogramms gewesen, denn ohne die Bildanalysen der Marsfotos der NASA wäre der Zusammenhang zwischen beiden sicherlich nicht offenbar gewerden. Ich durchstöberte das Internet, die mir zugängliche Literatur und recherchierte, ob ähnliche Erdzeichen dieser Art in Nasca bereits entdeckt wurden. Es fand sich außer einem, ebenfalls von Däniken in unmittelbarer Nähe entdeckten „*Schachbrettmusters*" aus regelmäßigen 36 x 15 Raster aus Punkt- und Strichreihen nichts Vergleichbares. Meine ersten Recherchen erbrachten, dass diese Geoglyphe in einschlägigen Kreisen zwar bekannt, in ein paar grenzwissenschaftlichen Magazinen diskutiert, künstlerisch bearbeitet, von Fälschern ins Kornfeld getrampelt, aber bislang das Piktogramm selbst noch nicht tiefer thematisiert wurde. Ich stieß auf *Gilbert de Jong*, einen niederländischen Landschaftsarchitekten der vor ein paar Jahren nach Peru reiste, um die Geoglyphe zu untersuchen. De Jong`s veröffentlichte Daten waren ein Segen für mich, objektivierte diese doch meine Arbeitsgrundlagen. Aufbauend auf dem mir zur Verfügung steh-enden Materials und de Jong`s Vermessungen, begann die fast zwei Jahre während *innere Reise durch die Geometrie* des *Nasca-Piktogramms*.

---

[12] *Lateinisch: Kunsterzeugnis, von (vorgeschichtlichen) Menschen geschaffene Gegenstände.*

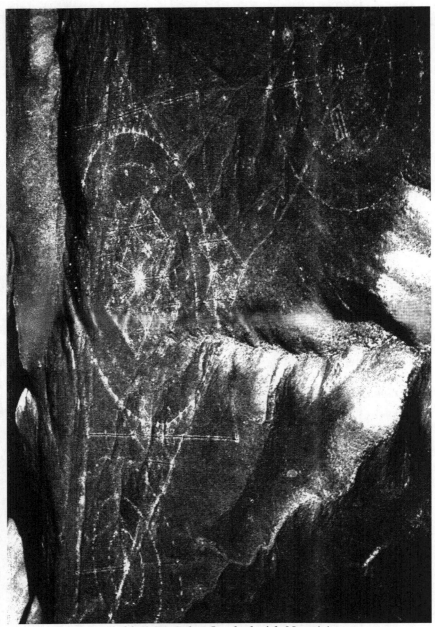

(Abb.3) Die Palpa-Geoglyphe (als Negativ)

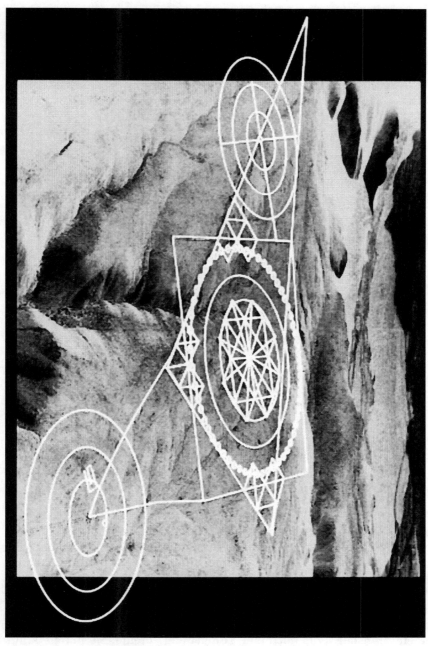

(Abb.4) Das Nasca-Piktogramm als perspektivisch unkorrigierte Rohfassung.

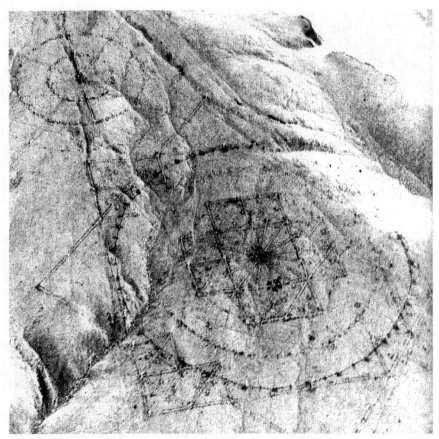

(Abb.5) Das Piktogramm mit dem klar strukturierten Zentrumskreuz. Seitlich nach links unten verläuft der von Erich v. Däniken erwähnte Graben, über den die Linien unbeeinflusst hinweggehen. Der von der Dreieckbasis aus gesehene linke und rechte Kreisteil besteht, bei eingehender Bildanalyse, aus je drei Kreisringen.

(Bild: E. v Däniken)

So präzise wie möglich ging ich nun daran, anhand des vorliegenden, gedruckten Fotos den genauen Verlauf, die Anzahl der Ringe, die Winkel etc. manuell im CAD-Programm unter Berücksichtigung der *perspektivischen Verzerrungen* zu rekonstruieren. „Echte" Masse waren ja daraus nicht abzuleiten, wie ich im Mysterypark gehört hatte, sosehr ich es auch im Stillen annäherungsweise wenigstens gehofft hatte. So brütete ich erste, endlos lange Stunden über dem Foto, suchte nach einem „Einstieg", bis mich eine „Eingebung" ereilte. Sie mutete kühn an. Handelte es sich denn nicht um *archetypische, symmetrische* Figuren wie *Kreise, Quadrate*...? Alle vier Seiten eines Quadrates sind gleich lang. Jeder Punkt auf dem Kreisumfang ist gleich weit vom vom Mittelpunkt entfernt! Diese simpelste aller nur denkbaren Schulweisheiten – sollte ich das ernsthaft annehmen? Doch was spräche dagegen? Quadrat und Kreis besitzen ein identisches, geometrisches Zentrum! Erhielt ich da-

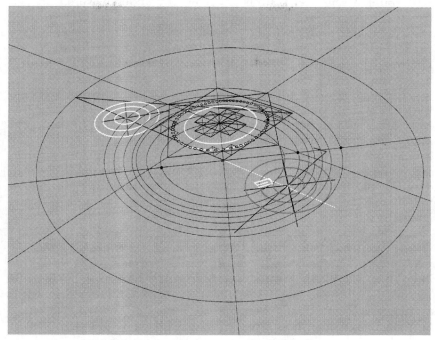

(Abb.6) Eine der anfänglichen Restaurationsskizzen...

durch nicht bereits zwei grundlegende Anhaltspunkte: *Symmetrie* und *Proportion* in Bezug auf einen *gemeinsamen Mittelpunkt*? Blieben nicht - gleich wie groß oder klein - die *Eigenschaften* von Kreis und Quadrat, unabhängig von einem Maßstab, denn nicht stets gleich? Der erste Schritt war, wie sooft, der schwierigste und Folgenreichste. An ihm würde sich alles Weitere entscheiden. Methodisch konnte ich mir zu diesem Zeitpunkt natürlich noch nicht darüber klar sein, wie ich überhaupt vorgehen sollte. Also *zählte* ich erst einmal die auffälligsten geometrischen Elemente des Quadrates.

Das Große, senkrecht auf der Hypotenuse des Basisdreiecks stehende **Grundquadrat** setzte sich aus einem **8 x 8** Gitter zusammen, bestand in seiner Flächenaufteilung also aus **64** *Teilquadraten*. Ferner waren innerhalb des Quadrates ***drei Kreise*** zu erkennen, die aus einer losen

Aneinanderreihung von einzelnen *Scharrpunkten* gebildet wurden. Der Größte von Ihnen wies nach E.v.D. **60** Markierungen auf. Das linke Kreisduo stellte sich bei genauer Betrachtung – wie das rechte - als Kreis*trio* heraus. Der äußerste der drei linken Kreisringe fiel nicht sofort ins Auge, da seine Punktabstände wesentlich größer, und seine Scharrpunkte sehr viel kontrastärmer als die anderen waren. In den vier Ecken zeigten sich je **3** Teilquadrate in Gestalt eines *„Hakens"*, die wie-derum mit *Diagonalen* und *Punkten* in den *Diagonaldreieckspitzen* ver-sehen waren. Ich nannte sie deshalb **Eckhakenquadrate**. Im Zentrum lag ein **Strahlenbüschel** *aus sechzehn Linien*. Das Grundquadrat ruhte auf der Hypotenuse eines spitzwinkligen **Basisdreiecks**, auf welcher auch die drei Kreisgruppen lagen. Das, was ich im weiteren Verlauf dann vermeinte zu erkennen, war das allmähliche Erscheinen einer Art „Ge-länders", das mich durch das Piktogramm „führen", und mich an darin verborgenen Informationen lenken würde. Die geometrische Komposi-tion selbst schien alles andere als nur ein rein dekoratives Element im Formenreigen der Nasca-Geoglyphen darzustellen. Kühner als zuvor unterstellte ich, dass die Information nur in den *Beziehungen der geome-trischen Elemente zueinander* liegen konnte!

Aus dieser Idee gingen nun konkretere Überlegungen hervor. Warum wurde von den Urhebern dieser Geoglyphe z. B. gerade das **8 x 8** Raster gewählt? Wo endete die Spitze des großen Dreiecks und was bestimmte ihren Winkel? Was legte die *Lage* der beiden Kreiskombinationen? Warum lag das auf der Hypotenuse liegende Grundquadrat leicht asymmetrisch versetzt? Bald rauchte der Kopf. Ein Ansatz fehlte, einer, der einen sinnvollen Bezug der einzelnen Elemente untereinander in Aussicht stellte. Sollte mein Interpretationsversuch nicht völlig willkürlich ausarten, müsste der geometrische Aufbau des Piktogramms sich an bestehenden Gesetzen messen lassen. Träger *und* Inhalt einer möglichen Information sollten für alle *lesbar* sein.

Am deutlichsten war/ist z.B. die Gliederung in drei Hauptbereiche: das *Mitten-*, oder wie ich es nannte **Grundquadrat** mit seinen drei eingeschriebenen Kreisen, den beiden **Kreistrios** und das große, spitzwinklig **Basisdreieck**, auf dessen Hypotenuse die *Kreiszentren* lagen.

(Abb.7) *Das Piktogramm liegt n. Beschreibung E. v. Dänikens auf einer leicht gewölbten Anhöhe in den Bergen der Palpa, zwölf Flugminuten von Nasca entfernt! E.v. Däniken glaubte zunächst an eine Fälschung, doch sein Pilot, Eduardo, mit dem er die Erkundungsflüge unternahm, sagte:*

„*Das ist keine neuzeitliche Fälschung! Das Ding war schon immer da!*" [13]

---

[13] *Ev. Däniken, aus: „Zeichen für die Ewigkeit, Goldmann Verlag, S.161*

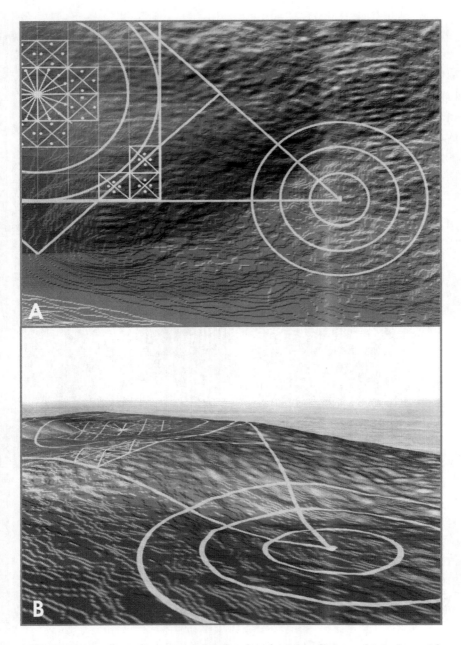

(Abb.8) Zu den bemerkenswerten Merkmalen der Nascalinien gehört, dass viele Linien den Geländeformen folgen, so, als wären sie zu ihrer Erstellung wie mit dem Diaprojektor vom Himmel auf die Hochebene hinab projiziert worden. In Bild **A**

oben ist ein 3-D Blick von oben beispielhaft zu sehen, unten in Bild **B** der gleiche Ausschnitt aus einer bodennahen Perspektive. In dieser prinzipiellen 3-D CAD Simulation eines beliebigen Geländes wird anschaulich, dass eine 90 ° Draufsicht geometrisch unverzerrt, jedoch aus einem anderen Blickwinkel heraus völlig verschieden davon aussehen kann, was die Frage nach der handwerklichen Ausführung noch rätselhafter erscheinen lässt.

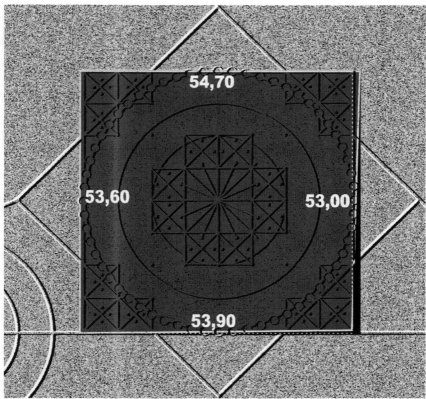

Gilbert de Jong, ein niederländischer Gartenarchitekt, vermass das *Grundquadrat* des „Mandalas" am Originalort anhand von Luftbildaufnahmen. Seine Auswertungen ergeben (s. oben), dass alle vier Seitenlängen des Quadrates verschieden lang sind (Maßstab 1:200). Das aufrechte Grundquadrat ist insgesamt leicht schief und das Quadratgitter weist in sich unregelmäßige Schwankungen auf.

Quelle: Gilbert de Jong: www.conceptgroen.nl

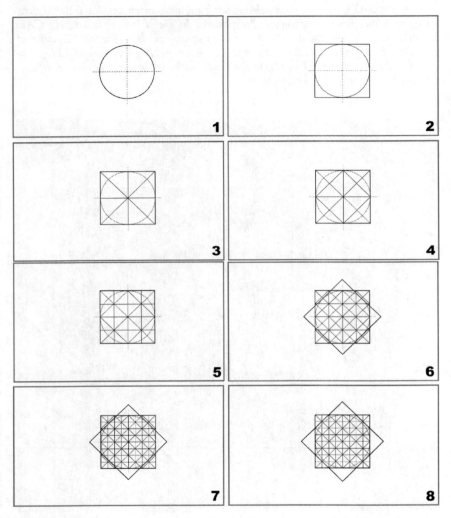

(1-16 S.42 bis 43)

Eine Übersicht über den wahrscheinlichsten Konstruktionsverlauf des Nasca-Piktogramms

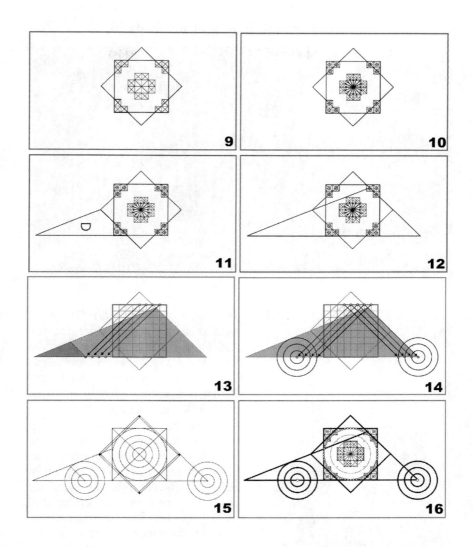

(1-16)

„Der Himmel begegnet der Erde"

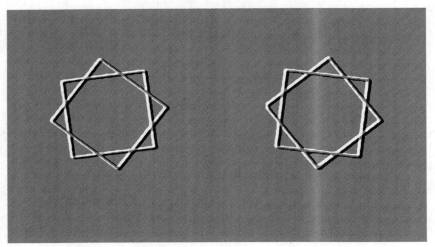

In *Malaysias esoterischer* Tradition symbolisieren zwei ineinander, um 45° Grad verdrehte Quadrate, die *Begegnung von Himmel und Erde*. Dieses *Sinnbild* wurde auch zur Konstruktionsbasis des zweithöchsten Wolkenkratzers der Welt in der Hauptstadt, Kuala Lumpur verwendet. Es besteht aus einem schlanken Zwillingsturm und misst in seiner gesamten Höhe 452 m! In diesem Gebäude befindet sich, wie sollte es anders sein, der größte und bedeutendste Sitz der einheimischen Ölindustrie. Esoterische Traditionen wurzeln gemeinhin in Jahr-hunderte, und jahrtausende altem Wissen um metaphysische Realitä-ten. Die in den beiden Türmen ver-wendete Quadrat-Quadrat-Kombi-nation finden wir auch im *Nasca-Piktogramm* wieder. Zufall, oder uraltes geometrisch-metaphysisches Wissen?

(Quelle: Autor/Fotolia)

(Abb.9) Das Nasca-Piktogramm.

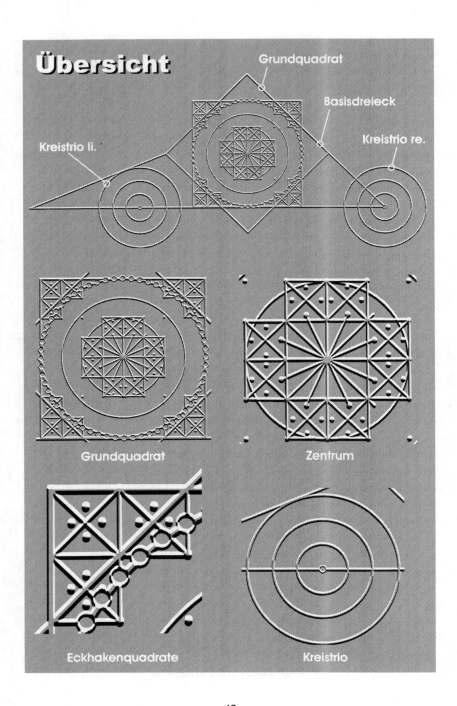

3.0 Der geometrische Aufbau des Piktogramms
Die Kreiskombination 1+2

Das Piktogramm setzt sich aus *drei* geometrischen Archetypen: *Kreis, Quadrat* und *Dreieck*, zusammen. Die neben dem *Grundquadrat* auffälligsten Elemente sind dabei die beiden *Kreiskombinationen* (A + B). Beide Kreismittelpunkte liegen auf der Hypotenuse *des spitzwinkligen Dreiecks*, dessen lange Spitze nach links ausgerichtet ist. Leider ist aus der Beschreibung E. v. Dänikens weder im Buch noch im Film zu entnehmen, nach welcher Himmelsrichtung das Piktogramm, bzw. die Dreieckspitze orientiert ist. Beide *Kreiskombinationen* besitzen gleiche Durchmesser. Ebenso sind alle *Abstände* der jeweils drei Kreisgruppen zueinander *gleich groß*.

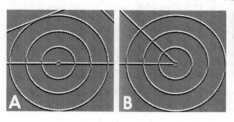

Die Kreiskombination 3, Grundquadrat.

Das *Grundquadrat* stellt das Zentrum des Piktogramms dar. Auf der Grundlage von **64** Teilquadraten, strukturiert in einem **8 x 8** Gitter, beinhaltet es die dritte Kreiskombination aus einer dritten Kreisgruppe (**A - B - C**) *(u. einem innersten, nur angedeuteten Kreis)*. Die inneren, sichtbaren Kreise **B – C** entsprechen in Maß und Radien den Kreisgruppen **1 + 2** jeweils links und rechts des Mittelquadrates.

Dem Prinzip, vom Einfachen zum Differenzierten folgend, untersuchte ich zuerst die 8 x 8 *Grundquadratfläche*, dessen markante Besonderheit in einem *Zentrumskreuz*, gebildet aus 12 Teilquadraten besteht.

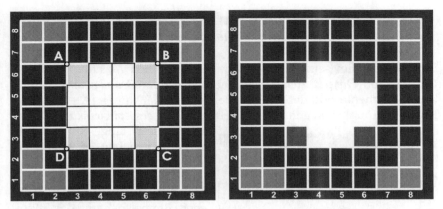

(Abb.10) Das Zentrumskreuz, zusammengesetzt aus **12** Teilquadraten innerhalb des, durch die virtuellen Punkte **A-B-C-D** umschreibbaren Innenquadrates.

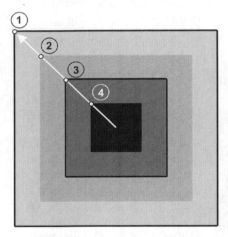

Im Inneren des Grundquadrates liegt das Flächenkreuz mit den Eckpunkten A-B-C-D. Diese vier Koordinaten sind im Piktogramm selbst nur als einzelne Markierungseckpunkte *hervorgehoben*, jedoch nicht durch Linien zum vollständigen Quadrat verbunden. Es sind allem Anschein nach „vir-tuelle" Punkte, welche innerhalb des 8 x 8 Rasters, ein 4 x 4 Qua-drat erzeugen. Dieses *Innenquadrat* enthält in seinem Zentrum das 16-strahlige Linienbüschel. Das *Zen-trumskreuz*, bestehend aus kreuzförmig um das Zentrum angeordnete Teilquadrate, sind mit zusätzlichen Diagonalen und Punkthervorheb-ungen versehen. Welche Aussage könnte damit verbunden sein? Das bemerkenswerte daran war jedoch die erstaunliche Ähnlichkeit mit einem bereits in der Antike bekannten Kultgegenstand. Es handelt sich dabei um ein magisches *Merkuramulett*, dessen Grundanlage ebenfalls das *Himmel/Erde-Quadrat* beinhaltet. Der römische Gott *Merkur* wird traditionell als schnellfüßiger Götterbote mit Flügeln und Heroldstab dargestellt, und entspricht *dem altägyptischen Merkurgott*, **Thot**.

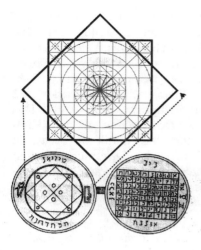

Die, in den Eckquadraten im Nasca-Piktogramm *hervor gehobenen Punkte* und Kreuzdiagonalen stimmten auffällig mit dem *Merkur-Amulett* überein. Das Grundraster 8 x 8 des Grundquadrates entspricht ebenso dem rechten Teil des Amulettes, welches ein sog. *magisches Merkurquadrat*, bestehend aus 8 x 8 Feldern abbildet. Merkur steht für das chemische Ele-ment Quecksilber. Die *magischen Merkurzahlen* sind:

8, 64, 260, 2080.

Diese Möglichkeit brachte mich auf den nahe liegenden Gedanken, die Ebene der *esoterischen Zahlenbedeutung* ins Spiel zu bringen. Diese wird naturgemäß von seriösen Mathematikern strikt abgelehnt. Es handelt sich hierbei um die *Bestimmung der Quersumme* und seine beiden Varianten.

> a) die **theosophische Reduktion** (Quersumme)
> b) die **theosophische Addition**   (Quersumme)
>
> Ein Beispiel für die theosophische **Reduktion:**
>
> 14 = 1 + 4 = **5**   435 = (4 + 3 + 5) = **12**
>
> Ein Beispiel für die theosophische **Addition:**
>
> 1 + 2 + 3 + 4 = **10**   1 + 2 + 3 + 4 + 5 + 6 = **21**

Die *Quersummenbildung* wird in traditionellen Rechensystemen wie z.b. der jüdischen *Kabbala* angewandt, in der die *Quersumme* und ihre *Zahlenqualitäten* in einem metaphysischen Zusammenhang mit dem Menschen stehen, die auf seine geistigen Bande mit dem Kosmos verweisen [14]. Die *theosophische Reduktion*, die Quersumme oder einfach **QS** genannt, verknüpft große (mehrstellige) Zahlen mit seinen kleinen (einstelligen) Grundzahlen **1 - 9**. Die *theosophische Addition* verknüpft umgekehrt eine kleine Zahl mit einer Größeren. Dabei werden zwisch-

---

[14] *Der hebräischen Überlieferung nach: Geheimlehre. Ihren stärksten Höhepunkt erlebte die Kabbala um 1200 n.Chr. in Südfrankreich. In der Numerologie werden Buchstaben in Zahlen umgewandelt. Geheimnisse der Bibel zu enträtseln, brachte die Gematrie hervor, d.h. ein Verfahren Wörter mit denselben Zahlenbedeutungen untereinander auszutauschen. Z.b. 1-4-4-0 = Mensch.*

en reduzierten (einstelligen) QS und den sog. *Meisterzahlen (zweistellig:* **11, 22, 33**) unterschieden. Beide *QS-Arten* geben Aufschluss über die, den Summen zugrunde liegenden *Zahlenindiviualitäten*. Diese Tatsache bezieht sich nicht nur auf die *sichtbare* Zahl, sondern auch auf die im Allgemeinen ebenfalls unsichtbare, *funktionelle Qualität*. [15] Die heilige Zahl **3** z.B. beinhaltet somit mehr als nur die mathematischen Ausdrücke **1 + 2** oder **5 - 2**. Sie ist zugleich Ausdruck einer metaphysischen Realität. Das *Beziehungsbild* der Quersummenzahlen wie ich es nennen möchte, kann (vermutlich) mit den Mitteln der klassischen Mathematik nicht *bewiesen* werden, ebenso wenig wie man die Existenz der *Seele* nicht mit den Mitteln der klassischen Naturwissenschaft erforschen kann. Die *Quersumme* sollte ein wichtiger Punkt in der Piktogrammanalyse werden, besonders was die von mir sog. *Matrixzahl* **9** betriff.

„Der theosophische Wert (Addition) der Vier ist Zehn. Die Zehn ist nach der theosophischen Reduktion aber Eins, d.h. die Vier entspricht der Eins auf einer anderen Ebene: 4 = 1." [MZ14]

Interessant war nun zu beobachten, ob eine gehäufte *Signifikanz*, bzw. eine unzufällige *Struktur* zu beobachten wäre. Die Zahl Neun **9** sollte sich dabei bis zum Ende als eine der überaus beständigsten Vertreter hinsichtlich dieser Hypothese erweisen.

Warum nun ein *magisches Quadrat*? Nur weil eine durchaus zufällig mögliche Übereinstimmung mit ihnen vorlag? *Walter Trump*, ein professioneller Mathematiker der sein Leben den magischen Quadraten widmet sagte mir deutlich, daß seiner Ansicht nach es sich im Piktogramm um kein magisches Quadrat handelt. Dazu fehlten typische arithmetische Strukturen, welche eine mathematische Verwandtschaft zu mag. Quadraten bestätigen könnten. Es traten über die Idee eines magischen Quadrates aber weitere Indizien auf. Ein kurzes Streiflicht zu den magischen Quadraten sei dennoch kurz eingeflochten.

Cornelius Agrippa von Nettesheim [16] schuf um ca. 1540 magische Quadrate und ordnete sie den damals bekannten Planeten zu, um die *Wirkungen der Planetenkräfte* durch die magischen Quadrate zu verstärken. Den Menschen stellte er in die Mitte eines magischen Quadrates:

---

[15] *lat.: Quale=* **wie** *etwas beschaffen ist.*
[16] **Agrippa von Nettesheim (1486 - 1535)**, *Deutscher Wundarzt, Jurist, Theologe, Philosoph und Magier. (Eigentlich Heinrich Cornelius) Er verknüpfte den Neuplatonismus, die Kabbelistik, die lullische Kunst, die Magie und den Okkultismus zu seiner geheimen Philosophie (De occulta occulta philosophia, 1510, gedruckt 1533). Er verkündete eine allgemeine Belebtheit der Welt als Grundlage eines universellen Weltbildes. Die Erkenntnis dieses inneren Beziehungsgefüges schafft die Voraussetzung für wahre Magie. In seinem Werk Declamatio de incertitudine et vanitate scientiarum et artium griff er die falsche Magie, die Astrologie, die Wissenschaften sowie Missstände in Staat und Kirche an.* http://www.philosophenlexikon.de/agripp-n.htm

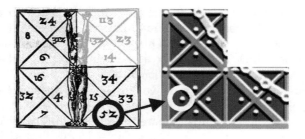

(Abb.11) Die Zuordnung magischer Quadrate zum Menschen, nach „Agrippa von Nettesheim" (1540). Die eingesetzten Zahlen entsprechen in dieser Arbeitshypothese erstaunlich prinzipiell den Positionen der Punkthervorhebungen der Dreiecke in den einzelnen Eckhakenquadraten.

Bildquelle: http://*www.hp-gramatke.de/magic_sq/german/page0020.htm*

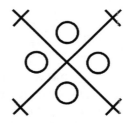

Schlüsselfigur des Natürlichen Merkur-Quadrates   Geheimzeichen des Merkur

(Abb.12) Links die Entschlüsselungsfigur und rechts das Merkur-Geheimzeichen, welches der Gestaltung der Piktogrammquadraten erstaunlich genau gleicht, obgleich es doch nichts mit einem magischen Quadrat zu tun hat.

In einem einfachen 8 x 8 *mag. Quadrat* sind eine Unmenge an Zahlenkominatinen möglich, welche in einer 55-stelligen (!) Zahl ausgedrückt werden können (10^{-54}). Da die angeblichen Urheber des Piktogrammes den Archäologen zufolge entweder dem Volk der Nasca oder genialen Fälschern zugeschrieben wird, so finden wir in beiden Annahmen keine Anhaltspunkte für eine Schrift oder eines kulturell dokumentierten Zahlensystems. Ausser *Geometrie* und dem *was man zählen* kann existiert im Nasca-Piktogramm nichts, mit was unser moderner Geist etwas anfangen könnte. Die Inkas besassen immerhin eine *Knotenschrift* und die Mayas ein *Bildschriftsystem*. In den Hinterlassenschaften der Nasca-Indianer gibt es ausser Keramiken nichts davon. Dies scheint auch der wahrscheinlichste Grund zu sein, warum bislang sich noch niemand an eine *inhaltliche Interpretation* gewagt hat. Keine Figuren welche Raumfahrer darstellen, keine Darstellung von Fluggeräten oder anderen futuristischen Abbildungen. Werden letztendlich Archäolgen das letzte Urteil sprechen? Lassen wir also im Moment die reizvolle Idee, im Nasca-Piktogramm ein magisches Quadrat vor uns zu haben und richten wir unseren Blick auf etwas, was gemeinhin von Mathematikern kaum beachtet wird: Die *Zahlenqualitäten*.

Der Einfluss der *Astrologie* z.B. war zu Beginn unserer Geschichtsschreibung ein bedeutend anderer als heute. Sie fasste das Ungreifbare in Worte, und verlieh den unsichtbaren, irrationalen Kräften der Natur und der Gestirne sinnhaften Ausdruck. Die Astrologie sah sich weniger als fragwürdige Prophetie sondern als eine konkrete *Analyse von Lagebeziehungen*, die den gesamten Kosmos umfasste.

> *„Wenn das Sternbild der Hyaden – in einer bestimmten Himmelsgegend – aufgeht, dann gibt es oft Regen, heißt es in der „Odyssee" Homers. Aus solchem rein erfahrungsmäßigen Wissensschatz über Zusammenhänge zwischen kosmischen und irdischem Leben könnte die Astrologie erst zu einem in sich geschlossenen logischen System werden, als der Menschheit eine ihrer größten Entdeckungen gelungen war, als sie im Mittelmeerkreis wie im alten China gelernt hatte, Zahlen mit* **Qualitäten** *auszustatten."* [17]

Jedes Schulkind erfährt recht bald, dass Zahlen dazu da sind, z.b. etwas zu *zählen*, zu *messen* oder zu *ordnen*. Der pragmatische Aspekt der *Menge*, der *Quantität* ist u.a. ein Grundpfeiler jeder Art von Mathematik. Die Zahl wird zum eindimensionalen Werkzeug eines abstrakten Instrumentariums mit der vor allem praktische Berufsanwendungen verknüpft werden, wie z.b. zur Berechnung der Baustatik eines Hoch-hauses oder die Flugbahn der *Mars Global Surveyor Sonde* zum Mars. Doch das ist nur *eine* Seite.

> *„Die Aufgabe: „7 Äpfel" sagt nichts über die* **Qualität** *der Früchte aus, ob sie etwa reif oder unreif sind. Diese Qualität steht in naturgesetz-lichen Beziehungen zum Raum. Der gute reife Apfel ist groß, er nimmt viel Raum ein, der Baum „hängt voll". Bei dürftiger Ernte ist er „leer". Und wieder ist die Vollendung der Wertbemessung, die Vollwertigkeit, mit einer biologisch bedingten Lageveränderung verbunden. Der un-reife Apfel gehört an den Baum, der reife fällt ab, bzw. kann gepflückt werden. Fällt bereits der unreife Apfel ab, so vollzieht er eine Lagever-änderung, die ihm nicht zusteht; denn erst der Same der reifen Frucht soll gemäß dem Kreislauf der Natur in die Erde gelangen und eine neue Pflanze entstehen lassen oder er soll nach dem Wunsch der Menschen als Nahrung dienen. Darum ist „Fallobst" minderwertig! Der unreife Apfel am Baum und der reife, der den Stamm verlassen muss, sind beide „Äpfel", aber doch nicht im Wesen*

---

[17] Johannes Vehlow, „Die Konstellationenlehre, Bd. VIII, Berlin 1955, S. 66 ff.

identisch, sondern qualitativ verschieden und das drückt sich im Preis aus." [18]

Erst das Wissen um die *Qualität* macht möglich, was seit Jahrhunderten der Astrologie seitens der rationalen Wissenschaften immer wieder aufs schärfste – und manches Male sicherlich auch nicht zu unrecht, je nachdem in welcher *„Qualität"* dieselbe betrieben wird – vorgeworfen wird: *„Prophezeiung"*. Im Falle des Apfelbeispiels von J. Velow wird nun die „Prophezeiung": *„Wenn ein rotwangiger Apfel herabsaust, wird er gut sein. Wenn nach einem Windstoß kleine unansehnliche Äpfel am Boden liegen, werden sie wurmstichig und damit „schlecht" sein"*, nicht als an den Haaren herbeigezogene Scharlatanerie, sondern als in blanker Münze sich auszahlender, *landwirtschaftlicher Erfahrung* in einen anerkannten Berufsstand eingehen. Die Zahl alleine, also ohne eine ihr zuschreibbare *Bedeutung* im Kontext des Kosmos und der irdischen Welt, vermag im Grunde wenig zu erzählen. Nehmen wir jedoch die Zahl als Gradmesser von Orten im Raum, wie Velow es vorschlägt, erhalten diese eine völlig neue Qualität, in der daraus entstehenden *Lagebeziehungen*.

„Die Ursache der Nicht-Identität, der qualitativen Verschiedenheit ziffernmäßig gleicher Zahlen liegt also in ihrer verschiedenen räumlichen Lage, gemessen an einem Achsenkreuz (Koordinatensystem). Die Zahl ist eine Funktion des Raumes geworden. Einen Raum, der nichts Gleichwertiges doppelt enthält, bezeichnet man als „Fundamentalbereich". Die Antike hat den großartigen Versuch unternommen, für die Planeten, die Tierkreiszeichen, Mondstationen, manche Fixsterne usw. Fundamentalbereiche zu entwerfen, um ihre Kräfte auch qualitativ abschätzbar zu machen. Am bekanntesten sind die „Planetenquadrate". [19]

Aus diesem Grunde ist es also nicht ohne Belang, welches *Weltbild* sich eine Kultur zueigen macht, denn darin drückt sich auch gleichermaßen die vorherrschende *Qualität der Lagebeziehungen* der Planeten im Raum, und ihre Einflüsse auf die irdischen Verhältnisse des Menschen aus. Das Piktogramm als Appell an die Acht(8)ung der in ihm eingeschriebenen Fundamentalbereiche machte somit Sinn. Und mit ihm die Quali-tät des Planeten Merkur als Träger der Gedankenwelt, der Schrift und der kombinatorischen Weisheit metaphysischer Realitäten.

Im Zeitalter des *ptolemäischen Weltbildes* ordneten schon die Araber je einen der **7** Planeten, je ein eigenes *Planetenquadrat* zu. Planetenkräfte schlugen sich somit unmittelbar auch in *Zahlenqualitäten* nieder.

---

[18] *dto. S. 66 ff.*
[19] *Velow, dto. S. 68 ff.*

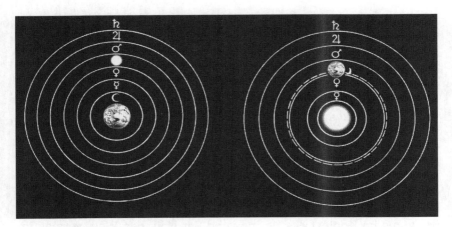

(Abb.13) Links: *das frühe <u>ptolemäische Universum</u>*. *In diesem Modell kreisen die Planeten **Mond-Merkur-Venus-Sonne-Mars-Jupiter-Saturn** um die Erde.
Rechts: das spätere <u>kopernikanische Universum</u>* [20], *bei dem die sieben Planeten um die Sonne kreisen:* **Merkur-Venus-Mond-Erde-Mars-Jupiter-Saturn**. *Beide repräsentieren vollkommen verschiedene Weltanschauungen und Denkweisen.*

Sollte es sich also im *Nasca-Piktogramm* um Teilaspekte *magischer Quadrate* bzw. Planetenquadrate handeln, so lägen unter diesem Blickwinkel insgesamt *drei* ineinander verschachtelte Quadrate vor, welche uns bekannte Himmelskörper repräsentieren würden:

```
8 x 8   Merkurquad. (64) mit der mag. Summe    S = 260
6 x 6   Sonnenquad. (36) mit der mag. Summe    S = 111
4 x 4   Jupiterquad. (16) mit der mag. Summe   S =  34

        260 + 111 + 34 = 405        QS= 9
         8  +  3  +  7 =  18        QS= 9
```

Das Quadrat der geraden Ordnung 8 besitzt die magische Summe **260**. Alle *vollständig addierten Reihensummen*, gleich ob horizontal, senkrecht oder diagonal, ergeben stets die Summe 260. Ein Merkmal des magischen Quadrates 8: werden nur die *vier Eckzahlen addiert*, erhält man die Summe **S = 130**. Immer. Addiert man z.B. beliebige vier hintereinander liegende Zahlen einer Reihe, so erhält man *zufällig oft* zwar auch die Summe 130, aber es ist kein arithmetisches Gesetz daraus abzuleiten. Insofern wäre die Wahl eines Quadrates der *Ordnung 8* tatsächlich

---

[20] *Kopernikus, Nikolaus, 1473-1543, deutschsprachiger Astronom, der in Polen seine Lehre verbreitete, dass sich die Planeten um die Sonne bewegen und nicht umgekehrt. Das kopernikanische Weltbild ersetzte das bis dato vorherrschende ptolemäische Weltbild.*

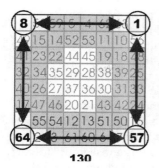

130

keine Zufälligkeit. Das Merkmal der stets gleichen Ecksumme 130 existiert eben nur beim *8 x 8 Merkurquadrat*. Aus der Subtraktion der Zahl **130** *(halbe Merkursumme)* und **34** *(Jupiterquad.)* geht die bislang noch unbeschriebene Differenz **96** hervor:

130 − 34 = **96**

Eine rationale Erklärung kann ich für diese beliebig erscheinende Rechenoperation und für manche noch folgenden Zusammenhänge nicht geben. Vielmehr ist der suchende Weg durch das Piktogramm ein unvoreingenommenes Sammeln von intuitiven Anhaltspunkten aller Art, ein spielerisch spe-kulatives Puzzel, dessen Bild sich am Ende nur offenbart, je mehr Teile gefunden und in Beziehung treten können.

Wäre nun die Frage der Altersbestimmung der Nasca-Geoglyphen mit Hilfe der optisch stimulierten Lumineszenz (OSL) durch *Prof. Günter Wagner* vom Max-Planck-Institut für Kernphysik in Heidelberg, bereits beantwortet, welche das Alter der Linien auf ca. 2000 Jahre, und somit in die *ptolemäische Zeitepoche* datiert? Selbst wenn das Piktogramm erst im Mittelalter erstellt worden wäre, so bliebe die Frage, wie das antike ptolemäische Weltbild 12.365 km (!) entfernt, auf die andere Seite der Erdkugel in einer der entlegendsten Wüsten gelangen konnte? Oder entstand das *Nasca-Piktogramm* möglicherweise doch erst viel später? Dazu Anthony F. Aveni:

> *„Persis Clarksons* überraschendste Erkenntnis war, dass die auf den Tierfiguren gefundenen Gefäße einerseits am besten in die Frühe Zwischenperiode passten (die Zeit der Scharrbilder, denen die aufgemalten Motive auch entsprechen), andererseits ordneten jedoch die spärlichen Keramikfunde aus dieser Zeit letztere dem Mittleren Horizont (600 bis 1000 n.Chr.) und der späten Zwischenperiode (**1000 − 1450 n.Chr.**) zu. Dies deutete auf ein späteres Entstehungsdatum der Linien hin, ein Ergebnis, das zu den vielen, über den Tierfiguren liegenden geraden Linien passte."* [21]

*(Amerik. Archäologin Anm.d.Verf.)

Ptolemäus lebte von von *85 - 160 n. Chr.* Er faßte die Erkenntnisse der vier Wissenschaftler *Apollonius, Eratusthenes, Poseidonis* und vor allem *Hipparch* zusammen. Er berechnete sogar die scheinbaren Umlaufbahn-

---

[21] Anthony F. Aveni, *Das Rätsel von Nasca*, Ullstein, 2000, S.224

en der Planeten. Geoglyphendatierung und ptolemäisches Zeitalter decken sich annähernd. Die im Vorwort erwähnten *projektiven Indizien* werden hingegen Fragen im Zusammenhang mit der grossen Pyramide in *Gizeh* aufwerfen. Und die Idee mit den magischen Quadraten? Zwischen *Agrippa von Nettesheim, 15. Jhr.n.Chr*, und dem Bau der Cheopspyramide *2450 v.Chr.* lägen immerhin runde 4000 Jahre! Also doch, eine *Fälschung*? Wäre nur ein moderner Zeitgenosse in der Lage, komplexes Wissen aus aller Welt in eine Geoglyphe geometrisch zu vereinen? Der deutsche Nasca-Archäologe Markus Reindel erachetet das „Mandala" jedenfalls als ein Plagiat moderner Zeitgenossen. Er folgert dies aus Luftaufnahmen von 1994, auf denen angeblich das Piktogramm (noch) nicht zu sehen sei.

Versuchsweise subtrahierte ich von der *halben Merkursumme* das Sonnenquadrat mit der mag. Summe **111** und erhielt die *Primzahl* **19**. Beide Zahlen, **96** und **19** werden uns später unter einem anderen inhaltlichen Vorzeichen begegnen. Der Aufbau der Quadratfolge *Jupiter – Sonne – Merkur* ergibt sich aus der simplen Tatsache der *geraden* Zahlen: 4 – 6 – 8. Darin liegt nichts Mystisches. Eine *naturrichtige Planetenfolge* ist ebensowenig möglich. Dennoch bestärkt es m.E. die Annahme, in den Planetenquadraten Träger einer anderen, beabsichtigten Chiffrierung zu sehen, nämlich: der Primzahl **19** und **96**.

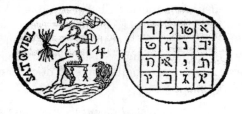

Das echte Jupiteramulett, 4 x 4, mit der magischen Summe 34, welches als mag. Jupiterquadrat im Zentrum des Piktogramms angelegt ist.
Bildquelle: http://www.hp-gramatke.de/magic_sq/german/page0020.htm

Das *Jupiterquadrat* scheint in Bezug auf die Reihenfolge der Planeten im *kopernikanischen Weltbild* fehl am Platz. Doch ein Blick in die Literatur zeigt, dass es zwei Systeme magischer Quadrate gibt. *System* **I** beginnt mit dem erdnächsten, dem Mond. *System* **II** mit dem erdfernsten, Saturn. Merkur und Jupiter sind in *beiden* Systemen mit der Quadratzahl 8 vertreten, d.h., dass das 4 x 4 Jupiterquadrat mit dem Merkurquadrat qualitativ identisch/gleichwertig ist.

Die magische Summe des Merkurquadrates $\boxed{S = 260}$ findet sich nicht ganz unzufällig auch in der Kultur der Maya, im *Mayakalender* und im asiatischen *I-Ging Orakel* wieder:

„Von hier aus führte die Richtung meines Denkens geradewegs zu Earth Ascending (Erdenaufgang, Anm. d.Ü.), einem Kompendium von Codices und Matrices. Zunächst als Text über Geomantik oder »Erd-Deutung« gedacht, war der eigentliche Ausgangspunkt für dieses Buch die Deckungsgleichheit gewesen, die Martin Schönberger zwischen dem I Ging und den **64** Grundelementen der DNS, des genetischen Codes, entdeckt bzw. wissenschaftlich oder philosophisch vertieft hatte. Mich selber brachte die gleichzeitig gemachte Entdeckung, dass jede der Reihen in Ben Franklins Magischem Quadrat von acht Waagerechten und Senkrechten eine Summe von **260** ergibt, auf den Gedanken, einen Bezug zwischen der Matrix des heiligen Kalenders der Maya, dem aus **260** Einheiten bestehenden Tzolkin, und dem I Ging herzustellen. Was folgte, war die überwältigende Erfindungsflut von Diagrammen und Ma-trices in Earth Ascending, in denen die »binäre Drillings-konfiguration«, das Kernmuster des Heiligen Kalenders der Maya, die eigentliche Hauptrolle als Schlüsselcode spielte."

José Argüelles, Aus: „Der Maya Faktor"

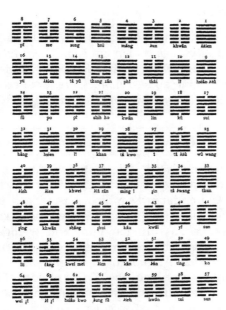

Das **64**. Zeichen bedeutet:
„Vor der Vollendung".

Chinesisches Orakel
I Ging
Bestehend aus **64** Hexagrammen

3.1 Das „Gen"- Quadrat

Die *DNS (Desoxiribonukleinsäure)* ist eines der faszinierendsten Molekülketten im menschlichen Organismus. Im Jahre 1953 entschlüsselten *James D. Watson (* 1928)* und *Francis Crick (* 1916)* die fadenförmige Struktur der DNS, die eine spiralförmige Gestalt aufweist. Im Bild einer Leiter gesprochen besteht sie aus zwei „Holmen" zwischen denen abwechselnd Zuckermoleküle und Phosphorsäureesten aneinandergereiht sind. Dort sind auch die Zuckermoleküle zu finden, an denen die "Sprossen" der Leiter hängen. Diese Sprossen setzen sich aus stickstoff-haltigen, organischen *Basen* zusammen. Es gibt 4 Basen: ***Adenin (A)*** und ***Thymin (T)*** sowie ***Cytosin (C)*** und ***Guanin (G)***. Alle Basen sind durch Wasserstoffbrücken verbunden und zu komplementären Paaren organisiert. Sie zusammen bilden den verschlüsselten, *genetischen Code*, die Sprache der Vererbung. Ein Gen wird durch einen bestimmten Abschnitt innerhalb der DNS erzeugt, in dem Informationen über den Bauplan für ein *Protein* gespeichert sind. Alles Leben baut auf der Substanz von Proteinen auf. Sie sind die Grundlage für den Aufbau von Gewebe, Organen oder dem Blut.

2. Basentripletts und Aminosäuren

Die Struktur der DNS offenbart sich in einer 4-fachen 3-heit. Drei aufeinanderfolgende Basen von vier *möglichen* bilden ein sog. *Basentriplett* und erzeugen daraus eine Aminosäure. Die jeweilige *Reihenfolge* innerhalb eines Tripletts erzeugt jeweils eine andere *Aminosäure*. Rein rechnerisch ergeben sich nun aus der *Kombination von drei Basen*, bei *vier* möglichen:

$$4^3 = 64$$

Möglichkeiten *Aminosäuren* zu verschlüsseln. Die Natur wählte beim Menschen genau jene 64 Möglichkeiten aus, welche für die physische Organisation notwendig sind. Alle anderen Kombinationsmengen ergeben entweder einen zu grossen „Überhang" oder genügen nicht. Die biologischen Gegebenheiten des Lebens bringen nun, von wenigen Sonderfällen sog. Doppelcodierungen abgesehen, rund *5000 Proteinfamilien* hervor, hingegen aber „nur" 20 Aminosäuren. Es gibt *vier* sog. Basen, die in je einer *Dreiheit* auftreten und ein sog. *Triplett* bilden. Ein Triplett produziert eine Aminosäure. Aus den vier möglichen Basenkombinationen (den Aminosäuren) können **64** mögliche *Kombinationen (Aminosäuren)* entstehen. Die vier Basen sind zudem in *Paaren* organisiert. Hierbei tritt ganz offensichtlich das Merkmal der *Ursymmetrie* in Erscheinung. Die Tatsache von vier 4 Basen, die in einer *Dreiheit*, den

Tripletts **3** auftreten, und die Grundlage von **64** Aminosäuren liefern, bestätigen den Indizienverdacht, dass diese Zahlenübereinstimmung mit dem **64**er *Nasca-Piktogramm* kein allzu weit hergeholter „Zufall", und somit im Grundquadrat gezielt angelegt sein könnte. Geht man noch von einer codierten Botschaft/Information des Piktogramms an den Menschen aus, so sollte er zwangsläufig als Empfänger dieser Nachricht auch enthalten sein. Der Hinweis auf die **64** Aminosäuren wäre dazu mehr als eindeutig.

> ## 2 - 4 - 8 - 16 - 32 - **64**
> Die *QS* der **64** Möglichkeiten ist **10**.

Stelzners Weltformel gemäß beschreiben die einstelligen Zahlen **1 - 9** den ersten Zyklus, die **10** seine Vollendung. *„Mit ihr ist alles wesentliche beschrieben"*. Die **64** repräsentiert im Lichte der Zahlenqualitäten gleichsam die *arithmetische Chiffre* für die leibliche Organisation des Menschen durch die DNS als dessen *physischer Ausdruck*.

Nehmen wird diese ungewohnte Art der Betrachtung zumindestens experimentell ein wenig ernst - Mathematiker werden mich verständlicherweise in der Luft zereissen - wird offenbar, dass die *Strukturierung des physischen Raumes* unserer Welt durch ein **360°** Grad-System keine beliebige sein kann und auch ist. Ist es wirklich verwegen anzunehmen, dass das Verhältnis des ersten vollendeten arithmetischen **10,** also der unredzierten Quersumme der **64** einen Bezug zur *räumlichen Welt* besitzt, in der der Mensch seit jeher lebt? 360 : **10** = **36** QS = **9**. Die Zahl **36** findet sich Sonnenquadrat 6 x 6 des Piktogramms, repräsentiert das edelste Metall Gold und wird die später noch zu behandelnde Summe der vier Zeigerzahlen im Zentrum des Grundquadrates darstellen.

Was nun - zum Thema zurückkehrend - die **20** Aminosäuren zum Aufbau der **5000** Proteinfamilien betrifft die dafür notwendig sind, entsteht bei den **64** möglichen Variationen ein „unwirtschaftlicher" 2/3 „*Überhang*". Trotzdem weist die Gesamtsumme aller **64** Möglichkeiten immer noch konsequent das *Dreigliederungsprinzip* auf. Dazu der geniale Chemiker und Mathematiker, *Dr. P.Plichta*:

> *„Auch der Bau der DNA hat eine frappierende Ähnlichkeit mit dem Aufbau aller Atome. Es handelt sich um 3 Grundbausteine:*
>
> ***Phosphorsäure, Zucker, Base***
>
> *Dabei treten bekanntlich* **4** *verschiedene Basen auf. Alle Atomkerne bestehen aus nur* **3** *stabilen Kernteilchen:*
>
> ***Proton, Neutron, Elektron***

*...wobei die Elektronen zwar nicht in **4** Sorten auftreten, dafür aber mit **4** Quantenzahlen. Die beiden hier beschriebenen Vergleiche zur Biochemie und Kernchemie sind in der Literatur noch nicht beschrieben und können, (...), nicht als Zufallszahlen abgetan werden".* [22]

Das 64er Piktogramm - ein ernst zu nehmender Hinweis auf die *menschliche Genetik*?

Um die *Abfolge* des genetischen Codes zu bestimmen ist ein *Hilfsmittel* entwickelt worden: die sog. *Code-Sonne*. Die Code-Sonne ist ein 360° Kreis, auf dem in 16 Segmenten alle vier Basen so angeordnet sind, dass aus dieser Schablone die Bildung von *Triplett*s abgelesen werden kann. Seine Gestalt erinnert - der Name sagt es schon - an eine *stilisierte Sonne*. Wie im *Nasca-Piktogramm* strukturieren hier die 16 Segmente die *vier* Quadranten in je *vier* Abschnitte, in denen aus den *vier Nukleotiden* die *Triplett`s* gebildet werden. Aus diesen sind die **64** möglichen Aminosäuren ablesbar.

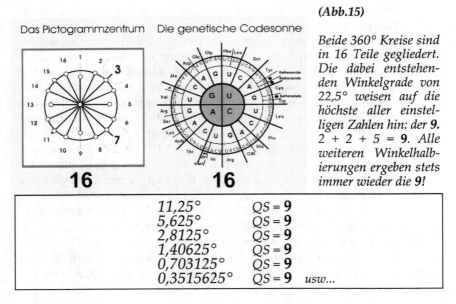

(Abb.15)

Beide 360° Kreise sind in 16 Teile gegliedert. Die dabei entstehenden Winkelgrade von 22,5° weisen auf die höchste aller einstelligen Zahlen hin: der 9. 2 + 2 + 5 = 9. Alle weiteren Winkelhalbierungen ergeben stets immer wieder die 9!

11,25°	QS = **9**
5,625°	QS = **9**
2,8125°	QS = **9**
1,40625°	QS = **9**
0,703125°	QS = **9**
0,3515625°	QS = **9** *usw...*

Erneut wird offenbar, welcher Genius hinter dem Piktogramm stehen muss, sollte sich nicht zufällig ein peruanischer Humangenetiker eines Nachts auf der Pampa nach Herzens Lust ausgetobt, und hinterher alle Fertigungsspuren wieder verwischt haben, was, wie bereits geschildert

---

[22] Peter Plichta, *Das Primzahlkreuz*, www.plichta.de

nicht möglich ist. Oder sollte womöglich die lateinamerikanische Version von *Dough&Dave* - das zur Berühmtheit avancierte britische Kornkreisfälscherduo hier „schwebend" zu Werke gegangen sein?
Aus der großen Variationsbreite an Gitterkombinationen wurde genau das **8 x 8** Verhältnis gewählt, welches in seiner **64**er Struktur auf die Zahlenverhältnismäßigkeiten in der Genetik des Menschen hinweist, wie selbige erst vor wenigen Jahrzehnten mittels aufwendiger Forschung und medizinischer High-tec entdeckt wurden. Oder anders herum: *weil* die Schöpfung auf der *Dreigliederung* beruht, ist folglich alles aus ihr Entstehende Ausdruck ihrer funktionellen Eigenschaften und bestimmt somit auch die Struktur der Zahlen – entsprechend z.b. des, durch P. Plichta erforschten Zahlenzusammenhangs hinsichtlich der **10** Isotopen, welche elementar mit der Erklärung für die Existenz der **10** Fingern des Menschen verknüpft sind. Die Zahl **64** und der in ihr enthaltene Symmetriehälfte, der **32** können wir gleichermaßen dem Menschen zuordnen. Die Zahl **32** finden wir z.b. auch in der Anlage des *menschlichen Gebisses* [23] wieder. Der erwachsene Mensch besitzt **4 x 8** Zähne *(incl. Weisheitszähne)*, zusammen also entsprechend der *symmetrischen Hälfte* der 64 möglichen Aminosäuren der DNS. Ein weiteres biologisches Merkmal des Lebens ist z.B. die *symmetrische Verdoppelung (Quadrierung)*: 2 – 4 – 8 – 16... 32... **64**... usw. Somit beinhaltete das **64**er Merkurquadrat auch den aspekt dieses Naturgesetzes.

---

[23] *32 Zähne hat das voll entwickelte Gebiss. Jeder Quadrant hat acht Zähne: zwei Schneidezähne, einen Eckzahn, zwei Vorbackenzähne und drei Backenzähne; 2-1-2-3 lautet die Bezahnungsformel.*
Quelle: http://www.kfo-online.de/lexikon/Z/zaehne.html

*„Auf einer Bergkuppe lag ein Schachbrett aus weißen Punkten und Linien, in der Verlängerung gleich noch eines. Zusammengenommen war es ein riesiges, rechteckiges Schachbrettmuster, das zusätzlich noch einen kleinen Geländeeinschnitt überzog. (...) Das „Schachbrett" bestand aus **36** Quer- und **15** Längslinien, die wie Morsezeichen angeordnet waren: in Punkten und Strichen. (...) Mir wurde schlagartig klar, dass sowohl das Schachbrettmuster als auch das große geometrische Diagramm (d.Nasca-Piktogramm, Anm.d.Verf.) nie und nimmer von denselben Indios stammen konnte, welche die Nasca-Figuren angelegt hatten. **Hier ging es um etwas völlig anderes."*** [D2]

3.2 Das Prinzip 3 – 6 - 9

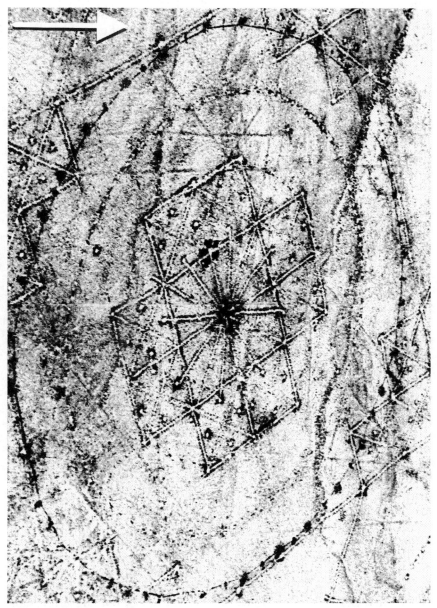

(Abb.16) Der große Zentralkreis mit den von E.v. Däniken gezählten **60** Punkten.

E.v. Däniken hatte zum Entdeckungszeitpunkt optimale Rahmenbedingungen um eine Luftaufnahme des Piktogramms zu erhalten. Dies war insofern notwenig, da bekanntermaßen verschiedene Lichtverhältnisse zum Teil gravierende Folgen für die Sichtbarkeit einer Geoglyphe haben kann. Um eine möglichst detaillierte Aufnahme des „Mandalas" zu erhalten, spielte somit die Wetterlage eine ausschlaggebende Rolle, wie *Gilbert de Jong*, ein ambitionierter niederländischer Landschaftsarchitekt und Privatforscher auf seiner Homepage: *www.conceptgroen.nl* und auf der Internetseite: *World-Mysteriies.com* bemerkt. *G. de Jong* reiste persönlich nach Nasca, um sich vor Ort mit der genauen (photographischen) Vermessung des Piktogramms zu befassen. Er erstellte eine präzise Skizze des „Mandalas" mit einem überraschenden Ergebnis. Summiert man die im Zentralkreis aufgereihten Markierungen – ergibt sich eine offenbare *Differenz* zwischen den von *E. v. D.* gezählten, und den von ihm ermittelten Punkten. *De Jong* merkt auf seiner Detailrekonstruktion des Grundquadrates an, dass er im Gegensatz zu E. v. D. nicht die Zeit und Mittel besaß, um auf perfekte Lichtbedingungen zu war-ten. Dennoch sei *ihm* mit hoher Wahrscheinlichkeit eine objektive Zähl-ung der Kreismarkierungen incl. Vermessung gelungen.

Ich legte de Jong`s Daten meiner Analyse dankbar zugrunde. Die Differenz zu *EvD's* Zählung der Zentralkreispunkte beträgt 1. Nach *de Yong`s Aufzeichnungen* kam ich auf **59**, statt **60** Punkte. Der Grund für die Differenz von einem Punkt mag – je nachdem, welche Untersuchungsmöglichkeiten man hat – strittig sein. Zum einen könnte er, wie *de Jong* andeutet, ein Erfassungsfehler in Folge ungünstiger Lichtverhältnisse sein. Doch wie wir anhand der sich im weiteren Verlauf in Erscheinung tretenden Indizien noch sehen werden, liegt hier nur vordergründig ein „Fehler" in der Punkteanzahl vor. Die Zahl 60 wird sich in *beiden* Fällen interessanterweise als stimmig erweisen. Der Grund? *De Jong* gibt **5** Punkte an, welche bei unmittelbarer Betrachtung eng zusammenliegende *Doppel-Punkte* sind, die nur aus größerer Entfernung wie ein einziger *erscheinen*. Doch warum? Offenbar wird dieser Umstand, wenn man zu den **54** *einfachen* Punkten, die **5** *Doppelten* hinzuaddiert. Die Gesamtsumme nach Gilbert de Jong`s Rekonstruktion, ergibt nämlich exakt **64.** Das Produkt aus dem 8 x 8 Merkurquadrat! Anhand der Grafik kann man bei genauer Betrachtung erkennen, dass die Punkte auf dem Kreisumfang des Zentralkreises in ihren *Abständen* untereinander unregelmäßig variieren. Die Abstände erwecken in ihrer geome trischen *Verteilung* auf dem Kreisumfang durchaus den Eindruck einer Beliebigkeit. Wie wir sehen werden, spielt das jedoch auf

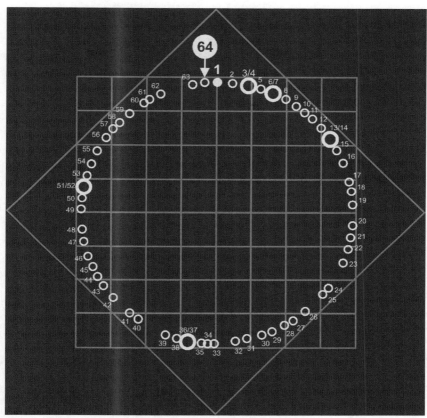

*Gilbert de Jong`s Ermittlungsergebnis der Anzahl der **59** bzw. **64** Kreispunkte.*
Quelle: *www.conceptgroen.nl*

dem Zentralkreis eine untergeordnete Rolle, wie letztlich ein etwas

u nr eg elmä s sig er

Buchstabenabstand auch nicht die lesbare *Bedeutung* des Wortes selbst - völlig auszulöschen vermag. Die Zahl **54** korrespondiert daher nicht unzufällig mit dem späteren **5/4** oder **4/5** *Fingeraffen*, bzw. dem *Händekopf*. Die folgende Darstellung meiner *arithmetischen Interpretationen* beruhen auf der Annahme eines gezielt angelegten **60**er-Systems, in welches die 64 des Piktogramms gleichermaßen mit eingewoben ist. Der 360° *Raumkreis des dreidimensionalen Raumes* in dem wir leben und die 60er-Struktur unseres *Zeit-, und Raummesssystems* bilden den Ausgangspunkt in meiner Hypothese. Sie beinhaltet die Unterteilung des Kreises *euklidische* Abschnitte, welche eine *arithmetisch-geometrische Struktur* in Erscheinung bringt. Eine 6er und 9er Gliederung, der das *Sexagesimalsystem* zugrunde liegt [24] welches vor ca. 4500 v.Chr. bei den *Babyloniern/Sumerer* gebräuchlich war und auch heute in unseren modernen Kultur immer noch ist. Um herauszufinden, ob meine Annahme brauchbare Indizien zu Tage fördern würde, teilte ich den Vollkreis von 360° durch die Anzahl der 60 Markerpunkte (60/6°). Nun fertigte ich um das Kreiszentrum eine Kreiskopie mit radialen Strahlen in 6° Grad Schritten an und *überlagerte* sie maßstabsgetreu *genordet* auf **0°** mit dem Grundquadrat. Diese **Nordung** sollte im Sinne des 360° Raumkreises folgerichtig sein. Stimmte meine Vermutung, so mussten die *radialen Segmente* ein darin liegende Prinzip *geometrisch* offenbaren. Es sollte sich etwas ergeben, dass zweifelsfrei eine Art *Struktur* oder *Einteilung* zur Folge hätte. Und..., es schien sich zu bestätigen! Die *Radialstrahlen* liefen exakt an den *Außenkanten der Hakenquadrate* an, bildeten dort *Schnittpunkte* und gliederten somit geometrisch je **4 x 6** Markerpunkte aus dem Vollkreis aus. Da mit waren zugleich die verbleibenden **36** Markerpunkte auf die vier restlichen Abschnitte verteilt. Punkteverteilung *und* der geometrische Zusammenhang lieferten einen Anhaltspunkt für eine gezielte Einteilung der 60 Marker, in *vier* 6er und *vier* 9er Abschnitte. Diese Einteilung steht zudem in einem arithmetischen Verhältnis zur den Eckquadratmerkmalen. In jeder der vier Ecken des Grundquadrates, in welches der große Zentralkreis eingeschrieben ist, befinden sich je *3 Teilquadrate* in *Hakenform*. Jedes der 12 Eckhakenquadrate ist durch *Kreuzdiagonalen* nochmals symmetrisch unterteilt und mit *Punkthervorhebungen* in den Diagonaldreieck*spitzen* betont. In jeder *Eckkombination* werden somit **12** Punkte hervorgehoben, insgesamt also **48** *(4 x 12)*.

---

[24] *Das **Sexagesimalsystem** ist ein Zahlensystem mit Basis 60. Es kam von den alten Babyloniern, die es nachweislich mindestens schon 1750 vor Christus benutzten, nach Europa. Arabische Astronomen benutzten in ihren Sternenkarten und -tabellen die Schreibweise des berühmten griechischen Astronomen Ptolemäus, eine Schreibweise, die auf sexagesimalen Brüchen basierte. Auch frühe europäische Mathematiker wie Fibonacci benutzten sexagesimale Brüche, wenn sie nicht mit ganzen Zahlen operierten konnten. Das Sexagesimalsystem wird heute noch verwendet, um Winkel und geografische Längen und Breiten anzugeben. Auch im Bereich der Zeitmessung hat es sich noch erhalten. Eine Stunde hat 60 Minuten und eine Minute je 60 Sekunden.*

(Dieser Text basiert auf dem Artikel Sexagesimalsystem aus der freien Enzyklopädie Wikipedia und steht unter der GNU Lizenz für freie Dokumentation.)

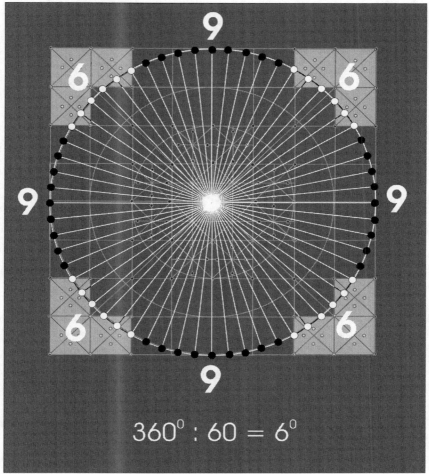

(Abb.17) 36 schwarze Punkte und 24 weiße Punkte gliedern den Kreisumfang in je 4 Sektoren à 6°. 4 x 6 = 36. QS = 9.

Die gesuchte „*Information*" schien in der zunächst nicht sichtbaren Verbindung von *Geometrie* und *Bedeutung* zu liegen. Man könnte auch sagen, dass es hierbei um eine *hermetische Verbindung* zwischen beiden handelt. Sollten sich nun weder *EvD* noch *Gilbert de Jong* „verzählt" haben, so verbindet sich hier eine *Quantität* mit *Qualität (Quale: lat., wie etwas beschaffen ist)*. Diese Art der Gliederung erzeugte wiederum Zahlen, die *qualitativ* gesehen, ohne einen Bezug zu einer Gesamtidee zunächst *eindimensional* blieben. Nach *Velow* wären in diesem Stadium

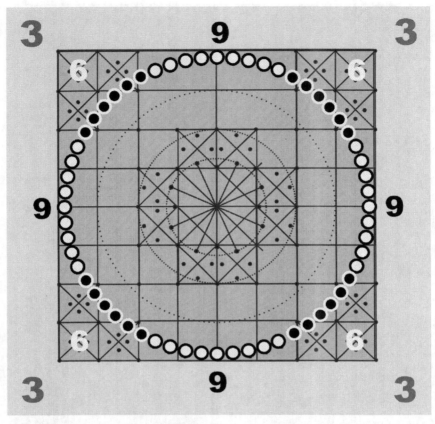

(Abb.18) Der Zentralkreis und seine Gliederung in je vier 9er und vier 6er Abschnitte.

noch keine *Lagebeziehungen*, bzw. *Lageveränderungen* abzuleiten. Für *was* sollten diese Zahlen also stehen? Für eine *mathematische Formel* etwa? Eine mathematische Formel jedoch erschien mir höchst unwahrscheinlich, denn die mutmaßliche Botschaft – so sie universeller Natur wäre – konnte nicht nur an studierte Mathematiker gerichtet sein. Dies brachte mich auf den Gedanken, sie unter dem *Qualitätsaspekt* der Weltformel *Dr. M. Stelzners* zu betrachten, der in den Zahlen **1 - 9** und dem *triadischen* **1-2-3 Prinzip** die Antwort auf den Grundbauplan der Welt gefunden und in eine wesensgemäße *Sprache* übersetzt hatte. Sollte eine derart komplexe Geometrie tatsächlich nur von hochrangigen Mathematikern entschlüsselt werden? Wer sollte sich umgekehrt eine derartige Mühe machen, nur um damit „*nichts*" zu sagen?

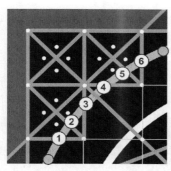 Der Zentralkreis wurde durch die geometrische 6° Gliederung in vier 6er und vier 9er Gruppen aufgeteilt. Der 6er Abschnitt wurde durch je sechs Radialstrahlen an den Eckhaken erzeugt (s.li.). Da die *Anzahl* der Eckhakenquadrate in je einer der vier Ecken 3 betrug, konnte dieses Faktum konsequenterweise ebenfalls kein „Zufall" sein. Aus diesem Grunde erweiterte ich die Einteilung und bezog die Zahl 3 nun ebenfalls mit ein. Erinnern wir uns kurz an die Funktionsbeschreibung der Zahl 6. Sie steht für den, die Polarität vereinenden *Zeugungspol*, ohne den das *(physische, geistige und seelische)* Leben sich nach dem Additionsprinzip der Schöpfung nicht manifestieren und entwickeln könnte. Leben ist unaufhörlicher *Aufbau/Zuwachs*, aber auch grundlegende Verwandlung. Die Qualität der Zahl 9 steht für eine (neutrale) zerstörerische Auflösungskraft, die aber auch gleichzeitig den neuen, universellen Erneuerungspol darstellt, ohne dessen fortwährende Impulsierung alles zur Erstarrung verdammt wäre. 6 *(Sex)* symbolisiert Vitalität, Geburt, Vereinigung, Zeugung, höchste polare Spannung, aber auch Kunst, Musik oder Literatur und schafft durch ihre vielfältige Dynamik ein facettenreiches Panoptikum üppiger Vielfalt, bringt aber auch das Polare, und unendlich viel Leiden hervor. Doch ohne das hinzukommende Prinzip der überschauenden Drei, welche den fortwährenden Trinitätskreislauf wieder durch den Nullpunkt zur Einheit, und somit zur Neugeburt zurückführt, hätte das Leben, das *Neue (Neun)*, so wie wir es kennen, keine Zukunft. Die Zahlengruppe: **3 – 6 – 9** bildete offensichtlich die *Grundlage* dieses Kreislaufs in Gestalt einer triadischen Kombination ab, und ver-*Sinn-Bild-Licht* das formauflösende (zerstörerische) Prinzip (**9**), Erneuerung und Zeugung (**6**). 6 + 9 sind das *Signum der kosmischen Dynamik*, dieses *Kreislaufs*. Die spiegelsymmetrische Anordnung beider Zahlensymbole zueinander weist in seiner *Bildhaftigkeit* auf den transzendenten Charakter der, in ihnen enthaltenen Qualitäten hin. Was nun die *Oszillation* der 9/6 Dynamik im 60er Kreis betrifft, so kann man diese auch als eine „*Plusbewegung* (+) und die *Abwärts*bewegung als eine, im neutralen Sinne zu verstehende *Negativ-Bewegung (-)* bezeichnen. Zwischen diesen beiden *triadische Oktaven schwingt* ein *Rhythmus*, pulsiert ein Auf-, und Ab. Wäre es daher nicht vorstellbar, dass in der *Zahlenbewegung* 3 – 6 – 3 – 9 usw. der Kreisbahngliederung, das Wissen um die *Wellennatur* der Schöpfung, in Form der abstrakten Darstellung einer *rhytmischen* Kreisbahn anklingt?

> 9 (-3) 6 (+3) 9 (-3) 6 (+3) 9 (-3) 6 (+3) 9 (-3) 6

Minus 3/Plus 3, zunehmend, abnehmend, aufbauend, abbauend.

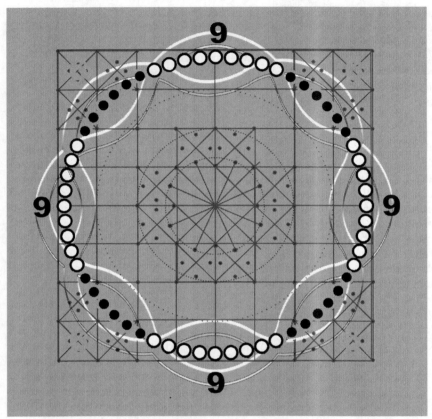

Bereits jetzt schien der „Inhalt" nach dem wenigen, dass bisher gesprochen hatte, keine *technische* Information zu sein. Begriffe wie *„Gott"* oder *„Geist"* die substanzieller Bestandteil diverser Religionen sind, mögen im Zusammenhang mit der Nascageoglyphe verwundern und den Eindruck einer fragwürdigen esoterischen Zuschreibung erwecken. Läge man denn wirklich so falsch anzunehmen, dass eine Information *an den Menschen* nicht auf einer *universellen gemeinsamen Grundlage* beruhen sollte, welche im Grunde nur in unzählige Religionsanschauungen zersplittert ist? Auf was sollten sich die im Piktogramm enthaltenen geometrischen Hinweise, wenn nicht auf das *(neutrale) Trini-*

tätsprinzip, und somit einer (göttlichen) Ganzheit beziehen? Wenn seit jeher die ehrfurchtsvolle Huldigung und (8) Achtung der Götterweisheiten in die Architektur des Menschen und seiner Monumente eingeflossen ist, so zeichnete bereits an diesem Punkt das Piktogramm als ein Symbol für eine uns noch unbekannte Wesenheit, die schon vor sehr langer Zeit umfassende Kenntnisse über ein kosmisches Wissen besaß. Selbst, wenn die restlichen Nascalinien in einen kulturellen Kontext eingebettet sind, dessen Erforschung zudem noch sehr jung ist - so neige ich zur Annahme, dass das *Nasca-Piktogramm* innerhalb des Nasca-Phänomens als *„Sonder-Geoglyphe"* betrachtet werden sollte Alles was ich bis dato über das *Wesen der Zahlen* gelesen hatte, verhalf mir hinsichtlich der Spurensuche im Piktogramm nun zu einer *inhaltlichen Orientierung*. Eine einfache *Zahl* aus einem *ungewohnten* Blickwinkel betrachtet, erwies sich plötzlich nicht mehr nur als eine abstrakte *Quantität*, sondern steht weisheitsvoll mit ihren kulturellen Qualitäten, aber auch ihren zweckmäßigen Wirkungen über die Technik mit uns in *Beziehung*. Ohne z.b. die mathematische Eigenschaft von *Primzahlen* (bzw. *Quersummen*) gäbe es in unserer Welt der Wirtschaft- und Finanzen keine Hochsicherheitsschlösser für Banktresore, die *Kryptographie* [25], oder den *Bar-Code*, mit dem die Kassiererin im Supermarkt unseren (seit der Einführung des Euro viel zu teueren) Einkauf abrechnet. Die erhabenen Künste wie Musik, Malerei und Rede am entgegengesetzten Ende des Spektrums sind es jedoch, die im Besonderen den Bezug zu den grundlegenden metaphysischen Quellen der Schöpfung herstellen. Die hohe Meisterschaft zeigte sich erst, wenn die für alle *„sichtbarste aller Künste"*, die *Architektur* [26], sich vermittels der dichtesten und schwersten tellurischen Elemente, wie z.b. den verschiedensten Arten von Gestein sich über die Erdanziehung hinwegsetzte und sich zum unergründlichen Himmel erhob. Tonnenschwerer Granit wurde zum *metaphysischen Ausdruck erkannter, kosmischer Gesetze*. Viele der ungelösten Rätsel um solche Bauwerke ranken sich deshalb um Maß, Gewicht und den unbekannten Geist, der in ihnen eingearbeitet ist. Geometrie, Form und Gestalt werden somit zu Trägern von zuschreibbaren, konkreten „Informationen" die oftmals nur deshalb als geheimnisvoll erachtet werden, weil wir die inneren Zusammenhänge nicht mehr kennen und…, weil vielleicht der Mensch von Natur aus *Rätsel* liebt.

---

[25] *Verschlüsselungstechnik, Codierung*
[26] *Griech.: archi = der Anfang*

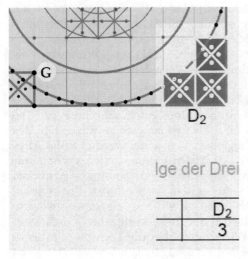

Erneut wandte ich mich der offenen Frage zu, warum die Urheber des Piktogrammes wohl eine *hakenförmige* Geometrie der Eckquadrate gewählt hatten. Was sollte damit, über die 3 - 6 - 9 Gliederung hinausgehend noch ausgerückt werden? Es musste einen Anhaltspunkt geben, der diese „*Hakenform*" erklären konnte. Aber welchen? Wenige Tage später stieß ich beim Stöbern nach Informationen im Web per „*Zu-Fall*" auf eine Mathematikseite mit einer Abhandlung über *geometrische Zahlen*. Dieser Hinweis erinnerte mich daran, dass Zahlen sich nicht nur in Ziffern, sondern auch in *geometrischen Figuren* darstellen lassen! Ich wurde auf eine grafische Darstellung aufmerksam, die ich schon einmal gesehen, es aber nicht sofort mit den *Hakenquadraten* in Verbindung brachte. Konnte es sich denn nicht auch um *Dreieckzahlen* handeln? Was sind *Dreieckszahlen*? Eine Verbindung zwischen *Arithmetik und Geometrie* wird durch so genannte „*geometrische" Zahlen* hergestellt. Damit sind natürliche Zahlen gemeint, welche als Anzahlen von Punkten (oder Kreisen oder Quadraten) in speziellen geometrischen Mustern auftreten.

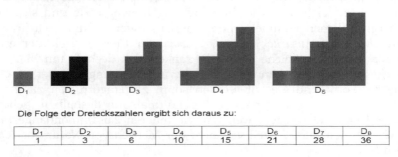

Die Folge der Dreieckszahlen ergibt sich daraus zu:

D_1	D_2	D_3	D_4	D_5	D_6	D_7	D_8
1	3	6	10	15	21	28	36

Außer der Zahl $D2 = 3$ enthält die Liste keine <u>Primzahl</u>

Primzahlen! Auffallend in Bezug zur Merkurzahl **8** und der QS **9** war zudem, dass die QS **9** in der Dreieckszahlreihe genau an **8**ter Stelle, bei der Zahl **36** auftrat. Die geometrische Darstellung der drei Quadrate in Hakenform stellte ganz offensichtlich die *Chiffre* für eine *Primzahl*, näm-

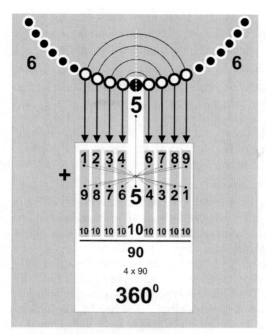

lich die **3** dar! Die heilige Zahl der *Trinität*, des *göttlichen Auges* und die *Spitze* des ersten, 1-2-3 Zyklus der Weltformel. Dreieckszahlen können gleichermaßen in entsprechender (Kugel) Anordnung zu tetraederförmigen *räumlichen* Pyramiden gelegt werden. Der Kreis, auf dem die 60 Markierungen liegen werden, wie erwähnt, durch das Schneiden der vier Eckquadratbereiche in je *vier euklidische Abschnitte* unterteilt. Zwischen den Primzahleckquadraten liegen *neun* Punkte und auf den Eckquadraten *sechs*. Im Abschnitt der **9**er Reihe tritt dabei ein interessantes Detail auf. Innerhalb jedes Neuner-Abschnittes ist es möglich von *beiden Seiten* aus bis *Fünf* zu zählen. Bemerkenswert ist der Umstand, dass die **5** die Eigenschaft einer *arithmetischen Spiegelachse* zu besitzen scheint. Die „Mitte" der *Neun* wird sozusagen von *zwei Fünfen* gebildet. Die **5** schart links und rechts neben sich aber somit auch jeweils *4 Platzhalter* mit den Werten:

1-2-3-4 *und* **6-7-8-9**
9-8-7-6 *und* **4-3-2-1**

Innerhalb der *Sechserabschnitte* gibt es hingegen keine Zahl, bei der beides, *numerischer Wert* **und** *Symmetrieachse* identisch sein kann, da diese dann ja *zwischen* 3 und 4 fiele. Der **5** (*der Zahl des Menschen*) kommt also in diesem Fall eine besondere *Bedeutung* zu und findet darüber hinaus eine plausible Beschreibung in Dr. Stelzners Abhandlung über die *eso-terischen Qualitäten* der Zahlen. Multipliziert man nämlich die Zahl des Raumkreises (**360**) mit der Zahl der Erde (**4**), so erhalten wir nicht un-zufällig ein Ergebnis, welches kabbalistisch eine grundlegende Bedeu-tung besitzt: **1440**.

> *„1 – 4 – 4 - 0 ist die Zahlenfolge des Menschen (Bibelcode). Der Mensch, selbst ein aus Materie bestehendes Wesen, muss mit der Materie den richtigen Umgang pflegen. Sie will durchschaut und verwandelt werden."* [MZ7]

Jeder der vier 6er und 9er Abschnitte kann durch entsprechende Kreise zusammengefasst werden. Die von mir sog. *„Spiegelkreise"* links und recht der Fünf erzeugen jeweils die Additions*summe*: **10**. Die *Teilsumme* jeder Spiegelseite beläuft sich dabei auf **40**. Die Summe der Spiegelachse 5/5 hinzugenommen, ergibt **90**, die Gradzahl des *rechten Winkels*. Alle *vier* **9**er Spiegelkreise addiert ergeben **360°**.

Den Raumkreis!

Die Zahl **40** (4 x 10), steht u.a. im *hebräischen Zahlencode* der *Bi-Bel* [27] für *(Mem) Wasser!* Das Wasser tritt in der Welt ebenfalls in *zweifacher* Hinsicht auf. Einmal in Form der chemischen Formel H_2O, als eines der 4 Elemente und zum anderen symbolisiert das Wasser den *Geist*. *„(...) und der Geist schwebte über den Wassern."* In der Genesis wird darauf hingewiesen, dass der Geist *über* diesem Element schwebt, und somit die qualitative Verschiedenheit seines eigenen erhöhten Betrachtungsstandpunktes von dem Objekt – also von sich selbst - beschreibt. Die Fähigkeit, sich als Individuum, d.h. *gleichzeitig* als *Objekt* und *Subjekt* wahrnehmen zu können, dafür ist die Funktionsqualität der **5** verantwortlich. M. Stelzner zur Zahl *Fünf*:

> *„Die Fünf (5) steht in ihrer Einmaligkeit wie er selbst für den Menschen. In ihr wird er sich des Gewahrwerdens der Schöpfung erst möglich. Die Quadratur des Kreises, versinnbildlicht durch den von Michelangelo eingeschriebenen Menschen in den Kreis mit seinen 5 Gliedern, zeugt durch seine transzendente, unbestimmbare Verbindung von der Vier zur Fünf vom Nichtlinearen Wirken schöpferischer Gesetze. Der Mensch steht im Bewusstwerden seines Individuums (seiner Unteilbarkeit) genau auf der Spiegelachse der Zahlen 1- 5 -10 und ist fähig auf beide Seiten der gleichen „Medaille" zu schauen."*

> *„Die besondere Position des Menschen (5) bringt eine bis dahin noch nicht sichtbare Spannung mit sich. Das Individuum Mensch befindet sich zwischen dem göttlichen Urgrund und der konkreten Welt der Elemente. Will man sich diese Spannung anschaulich machen, dann muss man nur die heraus gehobene Stellung der 5 in der linearen Zahlenreihe sehen:*

$$1\,2\,3\,4 - 5 - 6\,7\,8\,9$$

---

[27] Bi = 2, die zwei Bücher Gottes.

„Die 5 ist die Mitte alles Vorhandenen. Der Mensch ist ausgespannt zwischen den Polaritäten Himmel (6-7-8-9) und der Erde (1-2-3-4). Er steht zwischen zwei Welten. Er ist Vermittler beider Pole. (...) Die 5 erfüllt ihre Aufgabe in der Wiederholung des Prinzips der Drei." MZ5

---

1 - 5 - 9
1 2 3 4 - 5 - 6 7 8 9
(**Materie**) Erde - 5 - Himmel (**Geist**) z25

Die im alten Ägypten verehrte, vollkommene Zahl **10**, wird nun in ihrer kultischen Verehrung aus einem diesem Blickwinkel verständlich:

„Nach Durchlaufen des Zyklus (1-9) findet man zur Urenergie (Gott-/10) zurück. (...) Nach der Zusammenführung beginnt ein neuer Groß-Zyklus mit der 10. Die 10 ist Symbol der Vollendung und gleichzeitig das Auftreten der einen konstanten Energie auf höherer Ebene, denn in der 10 verbindet sich die Eins mit der Null." MZ6

Gemäß den vier Quadranten, ergeben die vier **9er** Spiegelteilsummen im Grundquadrat des Piktogramms, den *Vollkreis* mit seinen **360°** (4x90). Die wahrhaftigste (Rück)Beziehung zum Ursprung (Gott) innerhalb des 360° Raumes unserer Lebenswelt, drückt sich im <u>rechten</u>, im „guten" Winkel **90°** aus, der damit auch das Quadrat und die *euklidisch* irdischen Verhältnisse klar ordnet. Die „*Recht*sprechung" oder die Tugend der „*Aufrichtig*keit" schlagen sich z.B. darin nieder. Jede neue Winkelstellung im Raum, die auch durch Zahlen ausgedrückt werden kann, erzeugt nach Velow`s Konstellationslehre, jene *Lagebeziehungen*, aus denen heraus qualitative Erkenntnisse erwachsen können. Elementare Grundvoraussetzungen jeglichen sinnvollen Lebens und Handelns, ist die Fähigkeit in der Auseinandersetzung des Menschen mit seinen unzähligen, biografischen „*Winkelstellungen*" und der individuellen Beantwortung der Frage nach dem *Sinn* und *Aufgabe* des *eigenen* Lebens im Bezug zum Ganzen. Dieser „Raum", wird vor allem von der *Philosophie* und den *Geisteswissenschaften* belebt, die in eigenen Begrifflichkeiten den metaphysische Realitäten, eine *be*greifbare Gestalt zu verleihen suchen. Die Tatsache, an welchem Punkt man z.b. analog dazu in einem „*gesellschaftlichen Raum*" oder zu einem bestimmten *Zeitpunkt* (Position, Kompetenz, Verantwortung etc.), oder an welchem existenziellen „*Lage-punkt*" man gerade steht ist bestimmend für die *Qualität* dieser *Be-ziehung,* und vor allem richtungsgebend für zukünftige *gesellschaftliche Lageveränderungen*. Nicht ohne Grund befindet sich ein

Mensch z.B. in einer hoffnungslosen „*Lage*". Daraus folgen drei grundlegende *Zu-wachsaspekte*, die hinter der 3 - 6 - 9 Folge im Grundquadrat stehen, und in den ersten drei Großzyklen der *Weltformel* zum Ausdruck kommen.

Erkenntnis – Zeugung - Wandel		
3	**6**	**9**
1 – 2	4 – 5	7 – 8

Der Mensch (5) ist das Erkenntnisorgan Gottes. Das ist der tiefere Sinn der Pyramide." MZ9

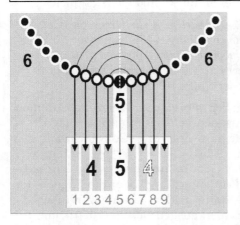

Vergegenwärtigen wir uns die, im Piktogrammkreis enthaltene 9er Reihe. Die *Mitte* der einstelligen Reihe 1 – 9 bildet die Zahl *Fünf*, die als Spiegelachse die Symmetrie zur anderen Seite herstellt. Ersetzen wir die fortlaufenden Zahlenfolge 1 - 4 und 6 - 9 durch *Platzhalter* links und rechts der Fünf, so erhalten wir je Seite die Summe 4. Die Fünf bleibt dabei mit seinem (gespiegelten 5/5) Eigenwert bestehen. Die 4 *(Erde)* und die 5 *(Mensch /Bewusstsein)* vereinen dualistisch in sich die alles erneuernde, übergeordnete **9**. Das Duo **4 + 5**, nach meiner Theorie verschlüsselt in den vier *Spiegelkreisen* des *Nasca-Piktogramm*s, könnte daher auch ein möglicher Erklärungsansatz für ein rätselhaftes Detail in der Geoglyphe eines der bekanntesten Teilzeichnungen der Pampa darstellen, dem *Affen*. Diese über achtzig Meter lange Zeichnung eines in der Pampa selbst nicht beheimateten Tieres, beinhaltet bis heute noch eine ungeklärte Besonderheit. Obwohl alle Menschenaffenarten und der Mensch selbst **10** Finger besitzen, wohlweislich an jeder Hand *fünf*, ist dieses Affenabbild aber an seiner *rechten Hand* jedoch nur mit **4** Fingern ausgestattet. Lässt sich dieser Umstand als „Schlamperei" des Künstlers, als purer „Zufall" oder einfach nur als die Erinnerung einer längst ausgestorbenen prähistorischen, uns noch unbekannten 4 – 5 Finger Affenart erklären, die hier hier für die Nachwelt verewigt wurde? Wussten die Schöpfer dieses Bildes etwa nicht was sie taten? Wohl kaum, denn in

Der Affe

Die "Hände"

vielen anderen Scharrbildern die z.b. den *Kolibri* oder die *Spinne* darstellen, herrscht bezüglich der Extremi-täten durchaus *Eindeutigkeit*. Hatten die Künstler etwa den gleichen „Fehler" *wiederholt*, als sie eine zweite, ähnliche Geoglyphe nämlicher Zählart (**4 + 5**) auf der Hochebene von Nasca anlegte: die *„Hände"*? Der Umstand, dass Maria Reiche, die Entdeckerin der Nascalinien ebenfalls durch einen Unfall an einer Hand nur vier und an der anderen fünf Finger besaß, könnte durchaus, wenn auch anekdotisch angemerkt, in einem ähnlich schicksalhaften Zusammenhang wie jener verdutze ägyptische Arbeiter stehen, der jenem Wüstenschakal in die verfallene Pyramidengruft zum legendären ägyptischen Totenbuch geführt hatte. *Gilbert de Jong,* den ich bzgl. seiner Detailrekonstruktion des Grundquadrates eingangs schon erwähnt hatte, sieht z.b. auch die Möglichkeit der Gegenüberstellung Merkmale von Alien vrs. Mensch.

*„Maria (Reiche) vermaß die Affenfigur mit Akribie. Sie spürte instinktiv, dass gerade diese Figur für ihre Arbeit von besonderer Bedeutung sein musste. Sie stellte die Abstände in der Spirale fest und fand Werte, die ihrer angenommenen Maßeinheit sehr nahe kamen. Sie ermittelte die Winkel in der Beugung der Arme, unterhalb der Ohren und in der Spitze des gebogenen Rumpfes. Sie vermaß, berechnete und verglich die Linien und Winkel miteinander und ist sicher, dass eine Fülle von Informationen in diesen Messwerten verschlüsselt ist. Auch die ungerade Zahl der **neun** Finger muss etwas zu bedeuten haben. Nur der Schlüssel zur Erkenntnis fehlt noch immer."* [28]

„Die andere Figur (die „Hände") ist sehr eigenartig. Ist sie ein Tier oder ein Kobold? Wir rätseln hin und her. Ich meine, es könnte ein

---

[28] C. Rohrbach, *Botschaften im Sand,* 1992,1 S.60 ff

*Frosch sein. Der Kopf geht ohne Halsansatz in einen kurzen Körper über, aus dem zwei Hände herausragen. An der einen Hand sind **fünf**, an den anderen nur **vier** Finger. Wegen dieser vierfingrigen Hand sieht Jacob eine Parallele zum Affen und glaubt, es könnte eine nicht fertiggestellte Affenfigur sein."* [29]

Nach Ansicht von A.F. Aveni, *Professor* für Astronomie und Anthropologie an der Colgate Universität in New York, stellt der Affe das berühmteste Scharrbild von Nasca dar. Die Länge seiner Linie ist über anderthalb Kilometer lang, und die Figur selbst über 80 m hoch. Bei dieser Tierdarstellung handelt es sich um ein sog. *Totenkopfäffchen*, welches jedoch nicht in der Pampa, sondern in den Urwäldern des Amazonas, durch hohe Berge von der Küste getrennt, beheimatet ist. Das Gebiet im Nord-Osten, auf dem sich die meisten Tierglyphen befinden, wird, neben sechs bis sieben weiteren historisch bedingten Namen, auch *Pampa de los Incas*, genannt. Die große, annähernd dreieckige Tafel der Nasca-Pampa, erstreckt sich im Norden vom Fluss Ingenio, von Süden und Westen aus ab dem Fluss Nasca, und im Nordosten von den Ausläufern der Anden begrenzt auf einer Fläche von **260** Quadratkilometern [30]. Am Fuße der Anden verläuft die bekannte Route der *Panamericana*. Zwischen diesen beiden Flüssen wird die Hochebene von sog. *Quebradas* durchschnitten. Bei den *Quebradas* handelt es sich um flache, ausgetrocknete Flussbetten und Abrissrinnen von Sturzfluten. Sie geben zum größten Teil der Pampa ihr typisches Gesicht. Die Hochebene bildet, auf dem fast viertausend Kilometer langen Küstenstreifen des südamerikanischen Kontinents, mit eines der trockensten und unwirtlichsten Gegenden ganz Südamerikas. Hier regnet es, wenn überhaupt, nur alle paar Jahre einmal mit äußerst geringen Niederschlagsmengen. Grund dafür ist die scharfe Klimagrenze, die als eine Bergkette zwischen Küste und der Wüste verläuft, zwar Dunst erzeugt, aber die Bildung von Niederschlag verhindert. Unter Geografen wird die Pampa deshalb auch die *Nebelwüste* genannt. A.F. Aveni identifizierte nach Jahrzehnten der Forschung mit Hilfe seines Team`s bis Sommer 1982 **62** *Strahlenzentren* [31], wie in der Abbildung links exemplarisch verdeutlicht zu sehen sind. Eine große Menge der 762, von Aveni

---

[29] *dto.60 ff*
[30] *Aveni, dto. S. 47 ff*
[31] *Aveni, dto. S. 201 ff, Abb:* http://www.htw-dresden.de/nazca/ *(m. frndl. Zustimmung)*

gemessenen Linien laufen eine oder mehrere der *zweiundsechzig Zentren* an, und vermitteln vielmehr eine gezielte *Ordnung*, als ein beliebiges Chaos. Diese *Beziehungsstruktur* und ihre *Lageveränderungen*, wie wir sie bereits in der Frage nach der Qualität einer Zahl bei *J. Velow* kennengelernt hatten, sind analog dazu in Form von *euklidischen Elementen*, also Geraden, Winkel oder Flächen etc. im Raum auf den Zeichnungen der „Pampa-Schreibtafel" zu finden. Bleibt in der Anschauung, so tritt ein hierarchisches, *Punkt-Umkreis „Bild"* zu Tage. Bei der Lektüre von Avenis Arbeit begann ich mir vor-zustellen, dass hier die sichtbare *Geometrie* an ein ähnliches Zahlen-konzept wie im Piktogramm geknüpft sein könnte, und kam zu einer Überlegung die durchaus den Anschein erwecken könnte, dem im Piktogramm gefundenen Weltzahlengesetz nun auch dem übrigen Nascaphänomen ein „*metaphysisches Zahlenmützchen*" überzuziehen. Das reale Phänomen war, dass bei der Betrachtung des Piktogramms die 3er Reihe und speziell die QS 9 unentwegt als „dominierend" in Er-scheinung trat. Warum? Weil die Zahl *Neun* ein Schlüssel zu unserer physischen, geistigen und arithmetischen Realität darstellt. **9** bekannte Planeten in unserem Sonnensystem oder die **9** Monate bis zur Geburt eines Menschen sind da nur zwei Beispiele. Im Falle der Linien scheint bei oberflächlichem Blick Chaos zu herrschen. Doch gibt es auch hier klare Strukturen. Was die Figuren angeht, besteht zwar bei vielen Tierabbildungen größere Eindeutigkeit, doch auch sie wurden ganz offenbar nicht in allen Fällen dazu geschaffen, ein *reales Abbild* des Tieres zu verewigen. Archäologen ordnen z.b. durch die Figuren wie-dergespiegelten Formen bestimmten Kulturepochen zu. Was wäre, so fragte ich mich, wenn man das Arrangement aus Figuren und Tieren auf etwaige *numerische Auffälligkeiten* untersuchen würde. Sollte es möglich sein, ein neues Erklärungsindiz zu finden, welches bislang nur deshalb bisher nicht denkbar war, weil man von vornherein meist davon ausgeht, dass die Linien *praktisch-kultischen Nutzen* besessen ha-ben mussten? Verfolgte denn das bisher im *Piktogramm* Gefundene und evtl. die Nascalinien selbst denn zwingend einen „*praktischen*" Zweck?

Professor *A.F. Aveni:*

> „(...) die größte Attraktion jedoch, die Geoglyphen (...) sind die Tier und Pflanzenfiguren. (...) Allein bei der ersten Zählung kam ich auf **achtzehn** Vögel (Kondore, Pelikane, Kormorane sowie zwei Kolibris), zwei Eidechsen, einen Fuchs, einen Affen, eine Spinne, vier Fische und ein Insekt, neben etlichen seltsamen Mischwesen (halb Käfer, halb Vogel, halb Katze halb Fisch). Jede Figur besteht aus einer einzigen, ununterbrochenen Umrisslinie." [32]

Die tatsächliche *Anzahl* der Scharrzeichnungen, die in Nasca und Umgebung existieren konkret zu beziffern, wird wohl erst nach einer vollständigen Erforschung möglich sein, wie es u.a. seit einiger Zeit z.b. in ersten Pionierprojekten von Deutschen und Schweizer Wissenschaftlern realisiert wird. Doch auch unscheinbare Details bergen manchmal Aufschlussreiches.

„Nascas gerade Linien (die Trapeze, Linien und verbindenden Strahlenzentren) scheinen einer gewissen Ordnung zu unterliegen, doch die spektakulären großen Tier-, und Pflanzenfiguren widersetzen sich jeder Erklärung. Einerseits liegen die meisten in der nordöstlichen Ecke der Pampa, unweit des Ingenio-Südufers. Nur wenige befinden sich an anderen Stellen. Andererseits befinden sich die meisten <u>unter</u> den Linien. Ich habe nicht eine Tierfigur entdeckt, die <u>über</u> einer Linie oder einem Trapez läge. Nur sehr wenige münden in Tierfiguren. Der **Affe ist die einzige Ausnahme**, *aber woher wissen wir, dass die Verbindung nicht später hergestellt wurde?"* [33]

Ich fragte mich, warum gerade der Affe? Was war so besonders an ihm? Natürlich! *Die* **9** *Finger!* **4 + 5**. Und die *Kopfhände*? **9** *Finger!* **4 + 5**. Wie der *Affe*! Beide Phänomene als QS addiert ergaben:

$$18 \ QS=? \ \mathbf{9}$$

Was würde als Erklärungsidee nun Sinn machen?

a) den *Affen* und die *„Kopfhände"* als *„kreative Verewigung einer Art von „Körperbehinderung"* anzunehmen

b) oder, ob möglicherweise auch bei anderen Geoglyphen ein bildlicher Hinweis auf eine *„bewusste Anomalie"* vorliegt?

Ungewöhnlich bleibt, gleich wie man diese Frage letztendlich bewertet, dass die **4 - 5** *Finger-Anlage* in den *Händen* der *Affengeoglyphe* <u>und</u> des **4 - 5** *Finger „Comic-Kopfes"* als *identisches* Faktum nur bei diesen beiden Erdzeichnungen auftritt und der Affe, nach Aveni, durch das Faktum der *Nichtdurchkreuzung* eine Sonderstellung einnimmt. In der Sprache des Piktogramms sehe ich diesen Umstand als eine *Betonung,* der darin angelegten **4 - 5** Finger-Zahlenchiffre. Die Frage war nur, *für was?* Von den ca. 30 Geoglyphen die Aveni in seinem Buch erwähnt, (leider gab er keine absolute Zahl an) zählte er davon allein **18** Vögel. [34] Da bislang für die oftmals skurrilen Tiergeoglyphen meist die Annahme eines kultisch-künstlerischen Motiv's vorherrscht, kam mir bei der Betrachtung des Piktogramms eine Idee. Was wäre, wenn die Tiermotive etwas enthielten, das über die naive Art ihrer Gestaltung hinaus ginge? Dass sie u.a. durch das Merkmal verschlungener

---

[33] *Aveni, dto. S.251 ff.*
[34] *Aveni, dto. S.53 ff.*

Ein-Liniensysteme klassischer *Labyrinthe* nahe stehen ist *eine* Seite. Labyrinthe sind uralte Ausdrucksformen und gehören zum archetypischen Schatz vieler Weltkulturen. Die Deutung der Tiergeoglyphen in einem *kulturellen Kontext* geschieht u.a. bereits durch professionelle Erkenntnisse archäologischer Ausgrabungen. Die eigentliche Anregung *meines Ansatzes* lieferte die *4 - 5 Finger-Kombination*. Könnte die *Besonderheit* nicht in der *Anzahl der Extremitäten* selbst liegen, die alle Endloslinien in ihrer Darstellungsart beschreiben. Die Anomalie der **4** und **5**, und der darin erscheinenden Quersumme **9** konsequent an zwei Geoglyphen angewandt ließ mich fragen, warum z.b. die große Menschenfigur weiter unten im Südosten, der *„el Astronaut"*, statt richtige Hände, wie es dem Menschen gemäß wäre, nur plumpe handschuhartige „Hände" erhalten hat, wenngleich bei skurrilen Mischwesen oder Tieren sehr wohl die zeichnerische Fähigkeit zur stilisierten Darstellung von menschenähnlichen Händen vorhanden war? Stammt diese Figur etwa aus einer anderen Zeit? Wurde sie von einem *infantilen* Nascaindianer erstellt? Eine mögliche Antwort auf viele offenen Fragen wie auch jene, die sich Aveni stellte als er sich fragte, ob der einzigartige „Linienanschluss" des undurchkreuzten Affen nicht vielleicht erst viel später hinzugefügt wurde, liegt möglicherweise in der Geoglyphe der *„Kopfhände"* und im *Affen*. Der Affe jedenfalls, der dem Menschen aus heutiger Sicht genetisch sehr „nahe" steht, weist eine stark verwandte Fingerkonstellation auf. Die Spezies Mensch, resp. *el Astronaut* als Hauptvertreter des **5 - 5 - 5 – 5** *(4 x 5)* Finger-Gliedmaßensystems jedoch überhaupt keine, sondern erscheint eher wie die Zeichnung eines dreijährigen Kindes. Selbst die *Eidechse* besitzt zwei eindeutige **5 - 5** Vordergliedmaßen. Spätestens hier wurde mir klar, dass auch sie keiner realen Abbildung folgt, sondern Träger einer *intelligenten Information* sein muss. Das *Kriterium* für eine Bezifferung war, dass es sich um ein <u>*eindeutiges*</u> Teil-, oder Gliedmaß des Motivs handeln musste. Die mir zur Verfügung stehenden Abbildungen der *Vögel, Spinne, Eidechse, Baum* und die von Aveni sog. *Baumknolle*, z.b. zeigten hierbei die *eindeutigsten* Gliedmaßenmerkmale. Leider muss das folgende ein <u>*allererster empirischer Versuch*</u> bleiben, der mit Sicherheit einer weiteren Vertiefung würdig wäre.

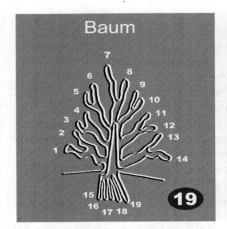
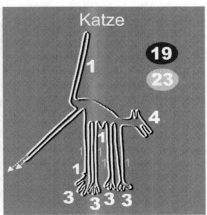
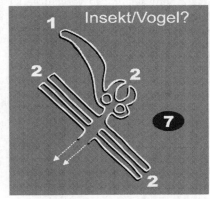
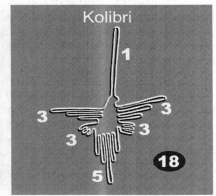
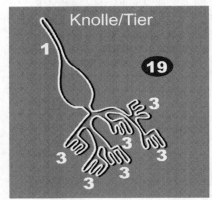
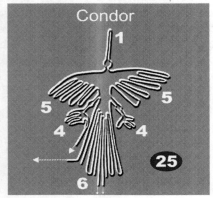

(Abb.19)

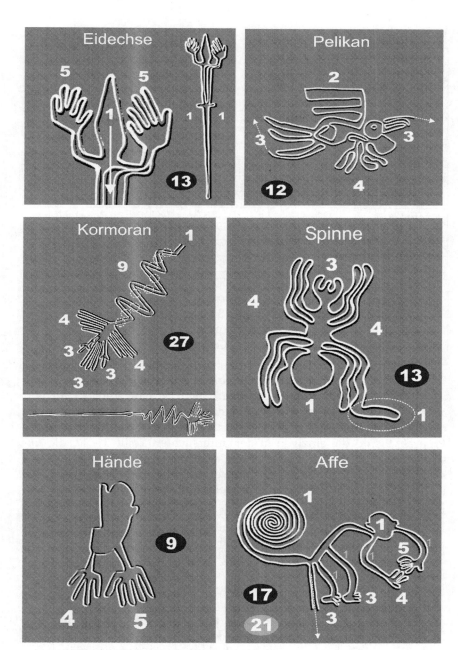

(Abb.20) Die Tierglyphen: Chiffren einer mathematischen Kultur?

Kurzauswertung:

Katze (1)	23	QS 5		**Primzahl**
Katze (2)	19	QS 1		**Primzahl**
Knolle/Tier	19	QS 1		**Primzahl**
Affe (1)	17	QS 8		**Primzahl**
Eidechse	13	QS 4		**Primzahl**
Spinne	13	QS 4		**Primzahl**
Insekt/Vogel	7	-		**Primzahl**
Kormoran	27	QS 9		
Condor	25	QS 7		*(Primzahl)*
Affe (2)	21	QS 3	(7x3)	*(Primzahl)*
Kolibri	18	QS 9		-
Pelikan	12	QS 3	(4x3)	*(Primzahl)*
Hände	9	-		-

> **7** von **12** Nascamotiven beinhalten *sichtbare Primzahlen!*
> *Zwei* Motive enthalten die *Primzahl* **3** in *versteckter* Form als die *Vielfachen* von **3**!
> *Eine* Primzahl in einstelliger Gestalt der *Quersumme* (**7**)

Im Falle des *Affen* und der *Katze* habe ich aufgrund der starken Betonung der Rumpfgliedmaßen (extreme Länge), je eine Version *mit* und *ohne* die Berücksichtigung der Beinanzahl in die Liste mit aufgenommen. Das „*Insekt/Vogel*" mit der *Primzahl* **7** und die *Hände* mit der *Nicht-Primzahl* **9** sind die einzigen in der untersuchten Reihe **1 - 12**, die *einstellig* sind. Ich verzichte, wie gesagt, wegen der Anfänglichkeit dieses spekulativen Experimentes auf eine weitere spekulative Vertiefung. Die Häufung von *Primzahlen* scheint mir jedenfalls bemerkenswert.

Ohne Wasser, und der daraus folgende Entzug ihrer Nahrungsgrundlage, war das Volk der Nasca mehr als 500 Jahre nach der Zeitrechnung Null wie es scheint zum Aussterben verdammt. Und dies lange, bevor die spanischen Konquistadoren, allen voran *Francisco Pizarro (1478 - 1541)*, ein ehemaliger Schweinehirt aus der spanischen Estremadura, mit einer kleinen Streitmacht von nur zweihundert Mann gegen das legendäre Inka-Reich im Jahre 1531 vorrückte. Doch zuvor kämpften und verloren die Nasca gegen einen unbesiegbaren Feind, *dem Wetter,* welches nicht nur in den Tälern seinen Einfluss auf die Landwirtschaft ausübte.

„Rossel Castro war der erste, der praktische Erwägungen in die Diskussion um die Nasca-Linien und das Wasser einbrachte. (...) Rossel hatte sogar eine Erklärung dafür, warum alle überdimensionalen, geometrischen Figuren an den Rändern der Flusstäler liegen: weil sie eine landwirtschaftliche Funktion gehabt hätten – es waren bebaute Fel-der." [35]

Jüngste Boden-Magnetometerprofile des deutschen Experten, *Jörg Fassbinder,* weisen auf die ehemalige Existenz von zahlreichen Holzmasten im Boden und die überraschenden Reste von zahlreichen Ansiedlung unterhalb des Wüstenbodens hin, für was auch immer sie gedient haben mögen. *Markus Reindl,* vom *Deutschen Archäologischen Institut, in der Kommission für Allgemeine und deutsche Archäologe,* sieht in seiner Arbeitshypothese die Hochebene von Nasca als eine Art *Rituallandschaft,* eine Zeremonienfläche riesigen Ausmaßes, auf der Wasserbeschwörungen, Feiern und Prozessionen für die Götter abgehalten worden sein könnten. Anlass dazu gab ein ehemaliges, vermutlich Kapellenartiges Bauwerk, welches unmittelbar neben einer Geoglyphe entdeckt wurde.

„Man hat mich gefragt: Wie konnten Menschen die Nasca-Linien bauen, wenn die Pampa unbewohnbar ist? Die Nasca-Wüste mag für einen heutigen Reisenden trostlos wirken, doch einst war sie umgeben von Flusstälern voller Leben, in denen menschliche Gesellschaften aufblühten." [36]

Auf Satellitenaufnahmen der NASA kann man auch heute noch deutlich die intensive landwirtschaftliche Nutzung des linken und rechten Uferbereichs im *Nasca-Tal* erkennen, ähnlich wie am ägyptischen Nil. Dafür spricht seiner Ansicht nach auch das weit verzweigte System der Tiefbrunnen, der *puquios.* Klimatische Katastrophen sind nach heutigem Kenntnisstand für sintflutartige Überschwemmungen und extremer Erosion mit dazwischen sich stetig ausweitenden Dürreperioden verantwortlich, die den gesamten, ohnehin schon dürftigen Pampaboden abtrugen. Neuste Forschungsergebnisse aus dem Gebiet der Mochè-Indianer, welche ca. 650 – 700 n.Chr. plötzlich vom Erdboden verschwanden belegen dies. Nach Expertenmeinung liegt der Grund in dem uns erst heute bekannte Wetterphänomen *El Nino,* welches in unregelmäßiger Folge extrem Dürre oder Flutkatastrophen abwechselnd an der Küste und im Inland erzeugte.

---

[35] *Anthoni. F. Aveni, „Das Rätsel von Nasca", Ullstein 2000, S.251 ff.*
[36] *dto. S.80 ff.*

"Eine gewaltige Flut und ein Erdbeben bereiteten der Hochkultur wahrscheinlich das Ende. Die Priester wurden im Chaos ihrer Macht beraubt und das Volk verschwand. Übrigens, der Grund, weshalb die Nasca erst zu Beginn des 20. Jahrhunderts entdeckt wurden, führt zu einem bisher ungeklärten Rätsel: Dieses geheimnisvolle Volk hat alle Bauten, Gräber usw. immer wieder mit Sand bedeckt, so dass alles Sukzessive unter der Erdoberfläche verschwand" [37]

"Als besonders interessant erwiesen sich die Datierungen einer Serie von fünf Proben aus einem eigens dafür gelegten Schnitt am Fuß der Delta-Ablagerungen eines Trockentales in La Muña. Die Oberflächenstruktur des Trockentales und die Grabungsbefunde ließen erkennen, dass an dieser Stelle einmal große Wasser und Schlammmengen niedergegangen waren, die Teile der Gebäude (...) beschädigt oder vollständig weggerissen hatten. Damit erhob sich die Frage, ob sich in der Nasca-Zeit Klimaunregelmäßigkeiten im Zusammenhang mit dem bekannten El-Niño-Phänomen ereignet haben oder ob die Bewohner sogar durch Starkniederschläge in der sonst vollkommen trockenen Wüstenregion zur Aufgabe ihrer Siedlungen gezwungen wurden." [38]

"Es hat den Anschein, als sei das gesamte Sedimentpaket (ein bestimmter, von Reindel untersuchter geologischer Querschnitt durch eine Bodenschicht der Pampa, Anm.d.Verf.) in drei Phasen, nämlich vor ca. 1600–1700 Jahren (Schicht 15), vor ca. 1000 Jahren (Schicht 11–5) und vor ca. 700 Jahren (Schicht 2), abgelagert worden. Diese Ergebnisse sind besonders bemerkenswert, weil El-Niño-Niederschlagsereignisse nach den Funden von Fischfossilien im St.-Barbara-Becken in Kalifornien <u>verstärkt um ca. 1000 n</u>. Chr. einsetzten." [39]

1000 Jahre n.Chr., als die Nasca-Kultur historisch gesehen schon 400 Jahre ausgestorben war, setzt nach archäologischen Erkenntnissen Reindels das El-Niño Phänomen erst *verstärkt* ein (2002). Im Jahr 2007 korrigiert Reindel diese Aussage vorsorglich und verwendet jetzt etwas moderater das Wort: *schleichend*.

Aktuellen Datierungen zufolge verschwand das Volk der Nasca, hervorgegangen aus der *Paracas-Kultur* der Küste, um ca. 600 n. Chr. endgültig aus der Pampa. Wenn es so wäre, daß, das El-Niño Phänomen tatsächlich erst *verstärkt* um 1000 n.Chr. die peruanische Region heimsuchte, so bliebe die Frage, warum die Nasca schon um das Jahr Null, also ca. 600 Jahre „zu früh" damit begonnen haben sollen, das riesige Liniensystem als Wasserwegweiser anzulegen. Legte man die

---

[37] Quelle: *http://www.zdf.de/ZDFde/inhalt/19/0,1872,2008947,00.html* 15-07-04

[38] *Die Arbeiten des Archäologischen Projektes Nasca-Palpa, Peru, im Jahr 2002 - Markus Reindel, Johny Isla, Karsten Lambers S.125 ff*

[39] *Die Arbeiten des Archäologischen Projektes Nasca-Palpa, Peru, im Jahr 2002 - Markus Reindel, Johny Isla, Karsten Lambers S.125 ff*

Linien an um, wie Reindel mutmasst, den anderen Familienclans zu zeigen wer hier „der Chef ist?" Ein paar hundert Jahre später fegte el Nino über die Region hinweg und plötzlich werden die Linien Gegenstand von Wasserkulten? Was stimmt nun? Die zeitlichen Datierungen, die Zuverlässigkeit der Klima- oder andere Daten? Wird die Erklärung für ein archäologisches Spezial-Phänomen dem Bedürfnis einer der Fachwelt *vermittelbaren Antwort* angepasst, wie es umgekehrt „die Esoteriker" in zahlreichen Theorien oftmals in phantasievollen Erklärungen auch getan haben? Ungewöhnlich und ungeklärt bleibt die Tatsache, dass die Nasca anscheinend trotz drohenden Todes durch mutmaßlichen Nahrungsmangel und Wasserknappheit vor ihrem endgültigen Verschwinden, noch äußerst viel Kraft, Zeit und Muße aufgewendet haben, sich (Gräber) und ihre Kulturzeugnisse sorgfältig einzugraben, bzw. mit Bodenmaterial so zu bedecken, dass sie bis ins 20. Jahrhundert von niemanden mehr entdeckt werden konnten. Ist das die „logische" Reaktion eines sterbenden Volkes?

Die Nascavolkes erscheint ca. 200 v.Chr. Demzufolge setzte die *potentzielle Möglichkeit* komplexe Geoglyphen dieser Ausmaße zu erstellen, frühestens zu diesem Zeitpunkt ein. Legt man die Ergebnisse der *OSL-Datierungmethode* der untersuchten Linien von *Prof. Günter Wagner* zugrunde, begannen die Nasca jedoch erst um Christi Geburt Linien anzulegen. Welchen Reim können wir uns darauf machen? Auch war man bislang der Ansicht, dass die Hochebenen von Nasca und Palpa recht einsame Wüstengegenden gewesen sein müssen, was jedoch auch in Frage gestellt wurde:

> *„Was liegt neben den riesigen Figuren, noch alles in der Pampa herum? Vor allem Keramikscherben. (...) 1969 erforschte Gerald Hawkings die Möglichkeit, dass die geraden Nasca-Linien eventuell auf Himmelskörper am Horizont deuten. (...) Er suchte sich ein Gebiet mit hoher Geoglyphenkonzentration aus, unmittelbar des Ingenio-Tals. Obwohl es keine zehntausend Quadratkilometer groß war, kam sein Team auf die erstaunliche geschätzte Dichte von fünfzehnhundert intakten Gefäßen pro Quadratkilometer."* [40]

Sollte dies eine grosse Anzahl an Menschen bedeuten die in der Pampa gelebt haben sollen, so frage ich mich ernsthaft, wie tausende von Nasca-Indianern während ihres Lebens unter dem Einfluß vom zunehmenden Wetterphänomen El Nino auf den Linien so konsequent herumspazieren konnten? Wenn ja, was für eine unerhörte Disziplin sich keine „Fehltritte" zu leisten und wie erstaunlich, daß die empfindliche Fläche der Hochebene bis zum Erscheinen des modernen Menschen jungfräulich

---

[40] *Aveni*, dto. S.86 ff.

geblieben sind, obwohl die hochgerechnete Zahl an Keramiken auf ein reges Treiben *dazwischen* hindeutet! Und die m.E. nicht ganz unberechtigte Frage: warum wurde die Nascahochebene selbst nicht von den Unmengen an Regen weggespült? Wie kann es sein, das El Nino in der Lage war eine Landschaft radikal zu verändern, aber 260 km^2 Linien und Figuren völlig unbeschadet ließ?

> *„Johan Reinhard hat mehr Gipfel bestiegen und mehr südamerikanische Bergkulte studiert als jeder andere, den ich kenne. Seiner Meinung nach glauben die Nascas, dass ihre Gottheiten in den Bergen wohnten und Macht über das Wetter hatten. Seine Nasca-Theorie deutet die Linien als Areal, in dem die Einheimischen ihre Wasser- und Fruchtbarkeitsrituale vollzogen. (...)"*
>
> *„Wurden die geraden unterirdischen Bewässerungskanäle in den an die Pampa angrenzenden Tälern dort erfunden oder haben die spanischen Invasoren diese Technik mitgebracht? Die Archäologin Katharina Schreiber von der University of California in Santa Barbara und der aus Nasca stammende Lehrer und Historiker Josè Lancho argumentieren, die Bauweise und das Material der Verkleidung seien ganz anders als bei europäischen Filtrierstollen. Sie datieren die Äquadukte auf die Mitte von Phase 5 der Nasca-Keramikfolge (um das 6. Nachchristliche Jahrhundert), da seit 560 n.Chr. große Dürre im Land herrschte. Diese Datierung deckt sich mit der Zeit, in der auch der grösste Teil der Pampa-Figuren entstanden ist."* [41]

Wenn es also *vor* ca. 550 n.Chr. „blühendes Leben" in Nasca gab, so wäre ein derartig gewaltiges Markierungsprojekt demzufolge gar nicht notwendig gewesen. Gab es etwa wie bei den Mayas eine Prophezeiung?

> *„Rossel verstand die Linien als unmittelbaren Bestandteil eines Bewässerungsplans. Noch heute sei das Land um Nasca in trapezförmige oder dreieckige Parzellen (auf Chuechua kollo) unterteilt, die in Form und Größe den Erdzeichnungen glichen. (Eine typische Parzelle sei, so Rossel, 850 Meter lang und bis zu hundert Meter breit). Oft endet der spitze Winkel eines solchen Dreiecks an einer Wasserquelle."* [42]

Vielleicht gab es in der Tat *etwas,* das es den Pampabewohnern ermöglichte, von höherer Warte aus, ihre Geometrien herzustellen:

> *„Anscheinend begeisterten sich die Menschen von Paracas für das Fliegen, jedenfalls schweben auf den Gefäßen immer wieder geflügelte Figuren mit dämonischen Gesichtern in flatternden, bunten Umhängen herum."* [43]

---

[41] Aveni, dto. S.254-255 ff.
[42] Aveni, dto. S.251 ff.
[43] Aveni, dto. S.78 ff.

Die Frage nach dem Motiv der Nascalinien zu klären ist natürlich nicht Anliegen des Autors. Kehren wir also wieder zu unserem eigentlichen Thema, zum **4 - 5** *Finger Affen* zurück.

Wie Aveni bemerkte, stellt der Affe eine einzigartige Ausnahme unter den Geoglyphen dar. Eine *doppelte* Ausnahme sogar, da der *Affe* nicht nur die einzige *Tier-Geoglyphe* ist, die von einer der zahlreichen Linien scheinbar absichtsvoll aspektiert wird, sondern darüber hinaus auch noch genau *die* Erdzeichnung darstellt, die eine *biologische Abnormität* aufweist und in den Kopfhänden als groteske Steigerung seine Wiederholung findet.

Die Schöpfer der Nascalinien liebten anscheinend *Rätsel*. Anscheinend auch *arithmetische Rätsel*. Für die folgenden Seiten möchte ich den Leser herzlichst um Nachsicht bitten, da meine *persönlichen arithmetischen Interpretationen* dem geschulten Mathematiker ein furchtbarer Graus sein werden, zum anderen aber sonst aus meiner Sicht die Rolle der Zahl **9** im Zusammenhang mit dem *Nasca-Piktogramm* nicht ein wenig verständlicher würde.

Die 12 repräsentativen Nascamotive und ihre auffällige Häufung von *Primzahlen* geben m.E. einen Indizienhinweis darauf, warum z.b. die *Katze*, die *Knolle* oder der *Kolibri*, mit **4** Extremitäten, je **3** Gliedmaßen (Zehen, Federn, Krallen) ausgestattet wurden. Setzt man nämlich diese Auffälligkeiten in das Verhältnis 3^4, erhalten wir eine interessante Zahl:

$$3 \times 3 \times 3 \times 3 = \mathbf{81}$$

Über die Zahl $\boxed{81}$ hatte ich bereits früher schon in einem Werk des Chemikers und Mathematikers, *Dr. P. Plichta* gelesen. Die *Primzahl* **3** ist in den Eckhakenquadraten des Piktogramms *viermal* als *geometrische Zahl* enthalten. *Peter Plichta*, Entdecker des *Primzahlkreuzes* und zahlreicher, bislang nicht herstellbarer chemischer Verbindungen wie z.b. dem zukünftigen Treibstoff *Silan*, schreibt in seinem Buch *„Gottes geheime Formel"*:

*„Die Idee dafür, dass es nur **81** stabile Elemente gibt, hatte ich aus der <u>Dreifachheit</u> der Bausteine aller Atome gewonnen. Jetzt postulierte ich, dass Materie nur in einen solchen Raum hineinpasst, der nach den gleichen Gesetzen angelegt ist wie die Materie. Indem ich nun für die Licht-geschwindigkeit den absoluten Zahlenfaktor **3** einsetzte, muss die Zahl **81** in der Einsteingleichung als eine Anzahl auftreten und reziprok als eine unendliche Dezimalzahl von der Ordnung der ganzen Zahlen. Die-se Bedingung ist deswegen erfüllt, weil mit der Zahl **4** exponenziert wird. (...) 1984 fand ich jedoch streng mathematisch den*

Beweis, dass ein Zahlenraum (Primzahlenraum) eine Zahlenausdehnungskonstante besitzt, die den Faktor 3 enthält." [PP1]

Dem Leser stellt sich natürlich sofort berechtigt die Frage, wie um Himmels willen kommt der Autor darauf, eine beliebig erscheinende Zahl mit einem beliebig erscheinenden Inhalt zu verknüpfen? Es gibt eine Unmenge an Phänomenen die, „gut gestrickt", mit beliebigen Zahlen assoziiert werden können, ohne daß sie etwas miteinander zu tun haben müssen! Das ist weder wissenschaftlich noch besonders logisch. Dieser Einwand wäre und ist selbstverständlich korrekt. Im hier vorgestellten System einer *qualitativen Zuschreibung von Zahl und physischer Erscheinung* suche ich deshalb ausschliesslich nach Indizien für einfachste *arithmetische Gemeinsamkeiten*, die sich über das Einzelindiz hinaus fortsetzen, wie es z.b. die Zahl **60** als Signum des Sexagesimalsystem unseres Raumes und Zeit es tun. Selbst die Bahn brechenden Entdeckungen des genialen Chemiker und Mathematikers *P. Plichta*, verhallten mehr oder weniger an den Dogmenmauern der konventionellen Wissenschaftswelt. Welch ein Glück also, in den Werken *M. Stelzners* und *Dr. P. Plichtas* Aspekte des Piktogramms wiederzuentdecken. Dr. Plichta erkannte hinsichtlich der *Lichtgeschwindigkeit* nicht nur eine auffällige **3**-*fachheit* sondern auch den Zusammenhang mit der Zahl **4**:

„Ich saß immer stärker isoliert in meinem Zimmer und suchte nach einem Gedanken, der mir weiterhelfen konnte. Warum bestehen die Atome aller Elemente aus 3 Kernteilchen: Proton, Neutron und Elektron? Warum besitzen die Elektronen 4 Quantenzahlen? Warum existieren genau 81 stabile Elemente? Die Zahl 81 ist das Produkt von 3x3x3x3, $3^4 = 81$. (...) Ich hatte mich immer für die Kehrwerte der Zahlen bis hundert interessiert oder besser, für die Eigentümlichkeiten dieser periodischen Brüche. Ich erinnere mich, der Kehrwert von 81 war mir besonders aufgefallen:

1:81 = 0,01234567 (?) 901234567 (?) 901..." [PP2]

Dr. Plichtas Bemühungen werden belohnt. Er entdeckt den Zusammenhang, warum in diesem periodischen Bruch die **8** fehlt und trotzdem wiederum nicht:

*„Beim periodischen Bruch 0,012345... **muss** die Zahl 8 fehlen. Auf diese Weise wird verhindert, dass der Kehrwert von 81 **sichtbar** mit allen fortlaufenden Zahlen verknüpft ist. Der Gedanke kam mir ganz wunderbar vor, denn nunmehr tritt die Zahl 81 als Kehrwert für die Ordnungszahlen der Elemente hervor. Die fehlende Acht ist eine Illusion, die mir bisher den Weg versperrte zu der neuartigen Vorstellung, dass der reziproke Wert der Ordnung der Zahlen:*

00123456789 (10)...(11)...(12)...

die Zahl:

81

ist. (...)" [PP3]

Plichta`s Erkennntisse führen ihn zum Grund der Anzahl der stabilen chemischen Elemente (**81**) und nach Jahren der Suche schließlich zur Lösung des Geheimnis um die *Primzahl* **19**:

„Da wir Menschen nun mal 10 Finger haben, rechnen wir im 10-er System. Dies würde von den Mathematikern nicht mehr leichtfertig als Zufall abgetan, wenn sie auch gleichzeitig Chemiker wären. Dann nämlich wäre ihnen geläufig, dass die stabilen chemischen Elemente grundsätzlich in 10 Sorten Isotope aufgefächert sind. (...) Bei der Division von 1 durch 81 muss bekanntlich die Ziffer 1 erst auf 100 erweitert werden (auch wenn in einem anderen System als dem Zehnersystem gerechnet würde, ginge die Division nicht ohne die Kombination mit der Ziffer 0).

$$100 : 81 = 1 + Rest\ 19$$

Mit diesen beiden Zahlen 1 und 19 hatte ich mich wegen der 20 Aminosäuren und der 20 Reinisotope 20 Jahre lang ohne nennenswerte Fortschritte beschäftigt. Vielleicht war ich hier endlich auf eine Spur gestossen. Der Restwert 19 muss wieder durch 81 dividiert werden:

$$19 : 81 = 0{,}234567...$$

Für die so entstehende chronologische Zahlenfolge des Zehnersystems (ohne die 1) ist die <u>Primzahl 19</u> verantwortlich. Bei der Rechenoperation 100 geteilt durch 81 lautete das Ergebnis:

$$1 + Rest\ 19$$ [PP4]

Multiplizierte ich gemäß dem *Drei-Hoch-Vier Prinzip* die aus den Grund-quadrat hervorgehenden *drei* Zahlen <u>**3-6-9**</u> mit sich selbst *viermal*, zeigte sich auch hier die *Quersumme* **9**:

$3 \times 3 \times 3 \times 3$ $(3^4) = 81$	$(8+1)$	$= 9$
$6 \times 6 \times 6 \times 6$ $(6^4) = 1296$	$(1+2+9+6)\ (18)$	$= 9$
$9 \times 9 \times 9 \times 9$ $(9^4) = 6561$	$(6+5+6+1)\ (18)$	$= 9$

Multipliziert man die drei Quersummen **9 - 9 - 9** miteinander, so erhält man die unscheinbare Zahl **729**. Die **9** ist in ihr **81** Mal enthalten! Die höchste aller einstelligen Zahlen in ein dreifaches Verhältnis gesetzt, beinhaltet n. Plichta: *„den reziproken Wert der Ordnung der Zahlen."*

Die Zahlen <u>1 – 2 – 3</u> stellen darüber hinaus auch den Anfang der *drei Sorten* von (Prim)Zahlen dar: nämlich jene, welche durch **1**, **2**, und **3** ohne Rest teilbar sind. Dazu *Dr. Plichta*:

1 - 5, 7	11,13,17,19,23, 5², 29, 31,.........
2 - 4, 8	10,14,16,20,22,26,28,32,...........
3 - 6, 9	12, 15, 18, 21, 24, 27, 30...........

*„Eine solche Einteilung sieht auf den ersten Blick willkürlich aus. Nur wenn die Zahlen etwas Dreifaches wären, die Menschen, die Mathematiker könnten es doch gar nicht erkennen. Zahlen sind erst einmal rein gedankliche Erfindungen. Man kann erkennen, dass eine Zahl entweder gerade oder ungerade ist, eine **Drei**fachheit ist nicht zu erkennen. Sie lässt sich nur vermuten bzw. ableiten daraus, dass in der Natur auf wundersame Weise alles dreifach angelegt ist."* [44]

Dem *Dreiheitsgedanken* weiter ausspielend, addierte ich aus den drei obigen Zahlenreihen jeweils nur die *ersten drei* Zahlen:

$$(1 + 5 + 7) + (2 + 4 + 8) + (3 + 6 + 9) = 45$$

Als **4** und **5** gelesen, schien diese Zahl nicht unzufällig in Richtung der *„Hände"-Geoglyphe* und der Umsetzung einer *arithmetischen Aussage* zu weisen, läge darin doch die Möglichkeit auf Gesetzmässigkeiten hinzuweisen, welche als Bindeglieder zu einer dahinterstehenden gemeinsamen information sein könnten. Natürlich war völlig klar, dies von einer gewöhnlichen Zahl und einer scheinbar willkürlichen Rechnung zu behaupten, jeglicher Beweiskraft entbehrt. Trotzdem werde ich wieter in bildhafter Weise davon ausgehen, daß der *trinitäre Aufbau der Welt* sich in Gestalt einer *universellen Dreiheit* beobachten lässt, wie sie der Mathematiker *Plichta* und *Stelzner* beschreiben.

Die Quersumme **9** als höchste einstellige Zahl, aufgebaut durch die *dreifache Drei*, liefert die Grundstruktur, den arithmetischen Untergrund, auf welchem der gesamte wissbare mathematischer Überbau ruht. Es ist in gewisser Weise wie in der Methodik der Archäologie. Obgleich es eine Unmenge an historisch-kulturellen Artefakten und Informationen gibt, so spezifizieren sich bestimmte Kulturepochen durch typische Merkmale. Diese treten z.B. in Form von Schrift, Keramikstilen oder geschichtlichen Mythen auf. Archäologen gehen wie selbstverständlich davon aus, finden sie z.B. in einem römischen Grab griechische Inschriften, daß es eine Verbindung zwischen beiden Zeitepochen gegeben haben muss. Wie kämen sie sonst dorthin. Ich suche also analog nach Gemeinsamkeiten und finde sie in der Tatsache, daß fast alle Zahlen oder einfache Rechenergebnisse die im Zusammenhang mit dem Piktogramm stehen, stets die *Quersumme* **9** aufweisen. Diese wiederum lässt sich in *drei* Teile zerlegen, dessen kleinste gemeinsame Zahl

---

[44] P. Plichta, Das Primzahlkreuz, S. 306

die **3** ist. Es gibt im Nasca-Piktogramm *drei* Kreistrios (9) und ein grosses spitzwinkliges Dreieck (3). Alle im Grundquadrat vorkommenden Zahlen sind ein Vielfaches von Drei usw. Diese Indizien lassen mich unzweifelhaft in Erwägung ziehen, daß mitnichten ein Zufallstornado diese Merkmale zusammengewirbelt und auf einem Kilometer Länge aus Versehen in den Pampaboden gescharrt hat. Kornkreisfälscher brauchen echte Kornkreise als *Vorlage* um sie „kopieren" zu können. Training ist notwendig und die Aussicht auf Medienrummel. Alles dies macht beim Nasca-Piktogramm keinen Sinn. Es existiert nachweislich keine Vorlage. Wenn es also nicht EvD selbst gewesen ist - was sehr böse Zungen durchaus behaupten könnten, wer wollte denn ernsthaft u.U. Jahre darauf warten bis seine geniale Fälschung am ent-legensten Ende der Welt zufällig entdeckt würde, wo doch nebenan in der Ebene von Nasca schon hunderte andere Geoglyphen liegen von denen viele bereits *deutbar* sind? Wenn das Nasca-Piktogramm mit dem Ziel geschaffen worden wäre die Welt zu narren, müsste man dann nicht davon ausgehen das seine Gestaltung nicht simplere Formen präsentierte, welche sofort den geschmähten Esoterikern und Ufologen zu wildesten Spekulationen verleitet hätten? Seltsam wenig hingegen ist diesbezüglich zu lesen. Vielleicht bin ich mit der vorliegenden Arbeit nicht ganz auf dem Holzweg. Wenn ja, so möge mein Irrtum wenigstens Anlaß für neue Inspirationen sein.

In meiner Auslegung spielt die *Piktogramm-Zahlenfolge* **3 – 6 – 9** eine elementare Rolle. Sie bildet m.E. in ihrer *Dreiheit* das *1-2-3 Trinitätsprinzip, die Weltformel M. Stelzners* ab und offenbart durch die **9** *(als Signatur)* die dreigliedrige Schöpfung.

```
1 + 2 + 3 =  6      QS = 6
4 + 5 + 6 = 15      QS = 6
7 + 8 + 9 = 24      QS = 6
12  15  18  45
3 - 6 - 9
```

„Und ich sah ein Thier aufsteigen aus der Erde; und hatte zwei Hörner gleich wie ein Lamm und redete wie ein Drache... Wer Verstand hat, berechne die Zahl des Thieres, denn es ist eines Menschen Zahl und seine Zahl ist 666."

NT, Offenbarung des Johannes

Die **666** als Chiffre für Verschwörungstheorien *(die Zahl des Thieres)* und als *Freimaurersignum* allseits unter negativem Vorzeichen seit Jahrhunderten bekannt, kehrt im *Nasca-Piktogramm* ihre Affinität zum Weltzahlengesetz hervor. Die Zahl 666 sehe ich per se nicht als das Siegel des Antichrist, sondern zeigt die bislang kaum beachtete Gegenseite dieser dualen Grundkraft: *das universelle Zeugungsprinzip*. Nichts in unserer Welt existiert für sich alleine. Selbst die negative Energie in Form von Hass, Krieg und Zerstörung bedingt ihre *duale Gegenkraft*. Da sie sich wie alles auf dem physischen Plan in dreifacher Weise manifestiert gliedert sich die „Rückseite" der 666 in folgender Weise:

1) Um die *physische Fortpflanzung* des Menschen zu gewährleisten, ein neues Erdenleben zu *zeugen,* bedarf es eines *materiellen Körpers* durch: **(Sex/Ego): 6**

3) Erlangt der irdische Mensch über sich und die Welt *Bewusstsein*, so *zeugt* er *Gedanken*: **(Genius/Kunst): 6**

4) Orientiert sich der Mensch, seine Individualität *verwandelnd* hin zur Macht durch Begrenzung, so *zeugt* er: **(Weisheit/Führung/Kultur): 6**

Die Zahl 666 enthält die QS = 9. *Potenziert* man die Sechs mit der trinitären Funktion Drei, 6^3 so erhalten wir die Zahl **216**, QS = 9. Eine Glückszahl! So nachzulesen im Lexikon der Zahlenmystik von Helmut Werner. Auf dem Fußabdruck Buddhas befinden sich 216 Glückszeichen. Nach Ansicht der Pythagoreer dauerte die Seelenwanderung 216 Jahre. Stellen wir weitere „bekloppte" Rechnungen an, so mögen wir damit zwar erneut keinen Mathematiker beglücken, doch ergänzen wird damit zunehmend unseren Indizien-Pool auf unserem „Irrweg".

Die Welt in der die Zahl 666 erscheint ist durch den physischen Raum bestimmt, welcher z.B. durch die Zahl 360° beschreibbar ist (QS = 9). *Subtrahieren* wir die „Zahl des Thieres" von dieser Raumzahl, so tritt uns eine nicht ganz unbedeutende Zahl entgegen: **144**. In der christlichen Welt wird sie besonders von den Zeugen Jehovas betont:

> „Die Zahl 144 000 in Offb 7,4 hat schon zu manchen Spekulationen Anlass gegeben. Oft wird auf Grund dieses Textes behauptet, nur 144000 gläubige Menschen würden am Ende der Welt von Christus in den Himmel aufgenommen. Dabei übersehen viele Ausleger, dass die Offenbarung in Bildern geschrieben wurde und deshalb symbolisch verstanden werden muss."
>
> *www.stimme-der-hoffnung.de*

Aus der Kabbalistik ist bekannt, daß die *Tausenderstelle* Teilfunktion des Symbolsystems ist. Dies ist wichtig um die *Hauptzahlen* von ihren „Erhöhungen" zu unterscheiden. Die 144 (als Hauptzahl) wird uns in Kürze nochmals begegnen. Ihre QS = **9**, inzwischen kaum mehr überrschend. *Addiert* man umgekehrt die Raumzahl 360 mit der errechneten 216 ergibt sich die zunächst nichtssagende Summe **576**, QS = **9**. Logisch fortgeführt im Sinne der Piktogrammsprache *dividieren* wir dieses Ergebnis anschliessend durch die sie strukturierende Matrixzahl *Neun* und erhalten – der Zufall scheint uns gnädig:

> *Die Zahl des Grundquadrates* im Nasca-Piktogramm: **64**

Die *dritte Dimension* ist theoretisch ein Charakteristikum für den irdischen Raum. Jedoch erst das Hinzutreten der 4ten Dimension, der *Zeit* [45], macht ihn zum vollständigen, realen *Lebensraum* eines sich selbst und den Kosmos reflektierenden Individuums, versinnbildlicht durch den Kreis (unendlich) im Quadrat (Begrenzung). Beides kann auf dem physischen Plan nicht unabhängig voneinander auftreten. Da die Zahlen nach Stelzner nicht nur für *Quantität*, sondern auch für *Qualitäten* stehen, enthalten sie je nach Blickwinkel eine Vielzahl anderer Aspekte, z.b. den *Übergang* zwischen beiden Zahlendimensionen:

> **Geist** - *irrational* - **Primzahl O Dezimalzahl** - *rational* - **Materie**

Da ein *ganzheitliches* Medium nur *vollkommen* sein kann, bilden Quadrat und Kreis diese Tatsache vortrefflich ab. Das Schöpfungsprinzip 1-2-3 offenbart sich für uns Menschen am unmittelbarsten innerhalb der uns sinnlich wahrnehmbaren Dimensionen. Sie äußert sich in den Erscheinungen der Dinge die uns umgeben: *Kosmos, Himmel, Erde, Tiere, Pflanzen, Menschen*. Der Weltformel entsprechend, setzt sich die Dimension *Zeit* real unentwegt in nur einer *Zuwachsrichtung (Stelzner)*, der fortwährenden *Zeugung von Zukunft* fort, (weshalb ein Baum auch nicht „rückwärts" wachsen kann. Der Volksreim: „Alle Guten Dinge sind Drei", verweist auf den Anfang aller *schöpferischen Qualitäten*, nämlich auf die von Dr. P. Plichta er-wähnten ersten drei *Primzahlen*: **1 – 2 – 3**. Bringen wir diese in einen *trinitären* Zusammenhang mit der Piktogrammfolge 3 – 6 – 9, so erhalten wir etwas Bemerkenswertes:

1 3 – 3 – 3	1 + 3 + 3 + 3 = **10**	
2 6 – 6 – 6	2 + 6 + 6 + 6 = **20**	
3 9 – 9 – 9	3 + 9 + 9 + 9 = **30**	
	60	

Die Anzahl der Kreispunkte im Grundquadrat, das Maß der Zeiteinheit und die grundlegende Zahl des Sexagesimalsystems.

---

[45] *Zeit ist an sich eine irrationale, subjektive Längeneinheit, deshalb erlebt sie jeder Mensch verschieden, auch wenn sie mit Atomuhren genauestens gemessen werden kann, weil das Zeiterleben an die empfindende Seele gebunden ist.*

„Als Pampabesucher die Theorie aufstellten, die Nasca-Linien seien ein Zeugnis der geometrischen und mathematischen Fähigkeiten ihrer Erbauer, dachten sie wahrscheinlich an dieses Gebiet. Dazu seien, so vermutet man, mit Sicherheit sorgfältige Mess-ungen und ein genauer Bauplan nötig gewesen, was auf eine technisch hoch entwickelte Kultur hindeuten würde;

...unsere Ergebnisse bewiesen allerdings das Gegenteil." [AA1]

Anthony F. Aveni

3.3 Das PIK-Maß

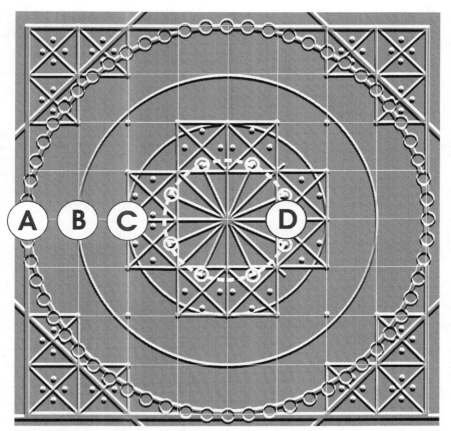

(Abb.21) Das 16-strahlige Zentrum des Grundquadratzentrums mit dem, durch 8 Enden beschreibbaren Innenkreis D.

Ein herausragendes Element, war das um **45°** *gedrehte Grundquadrat* **A**, (zur Erinnerung: der *Himmel*, welcher der Erde begegnet). Es zeigte sich, dass die *Seitenlänge des gedrehten Quadrates* um **33**,03030303 von 100 größer als die *Seitenlänge des aufrechten Grundquadrates* ist. Bei der Untersuchung fällt dieses Detail in der unmittelbaren Anschauung nicht sofort auf, da der Unterschied für das Auge quasi nicht sichtbar ist. Erst ein gegenüberstellender Vergleich machte dieses unscheinbare Detail sichtbar *(Abb.22)*.

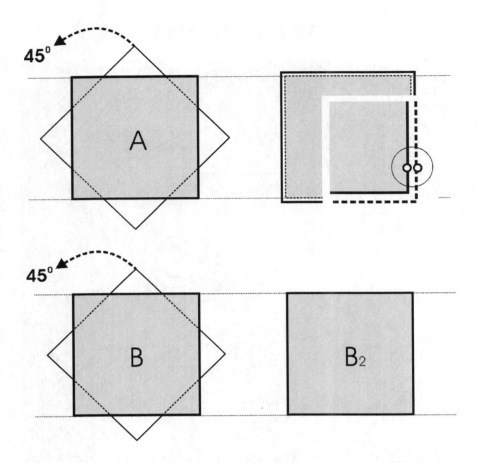

(Abb.22) Das gedrehte Grundquadrat A ist im Piktogramm etwas größer als ein vergleichbar gedrehtes, „normales" Quadrat B. Warum?

Die Antwort fand sich in der Geometrie selbst. Um eine allgemein gültige Basis zu erhalten, legte ich das Grundquadrat auf die allgemeine Bezugsgröße von 100 (%) fest. Als ich nun mit diesem neuen **PIK-Mass**, wie ich es nannte, die Seite des aufrechten Grundquadrates vermaß, passte es *real* nur noch **32,699999**-mal hinein. Die *Differenz* betrug **0,33**0303. Da die Zahl **33** (gerundet) als eine bedeutsame esoterische Zahl erachtet wird, ging ich davon aus, dass auch sie nicht ganz grundlos im Piktogramm in Erscheinung trat. Mit ihr könnte nur eine *weitere Aussage* verbunden sein. Die folgenden Grafiken illustrieren das:

In *Schritt 1* sehen wir das *Grundquadrat* mit den vier *Eckhakentrios*.

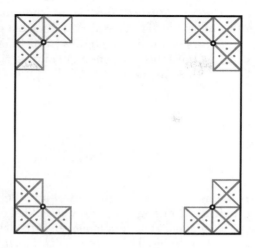

In *Schritt 2*, wird die Kopie des Grundquadrates um 45° **_unverändert_** gedreht.

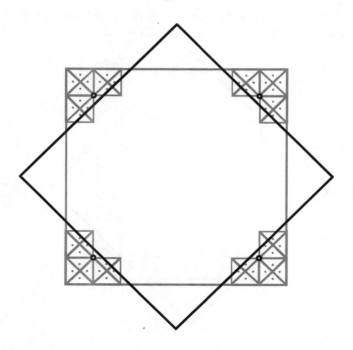

In diesem Detailausschnitt wird deutlich, dass die Umfangslinie des *gedrehten* Grundquadrates *(schwarze Diagonale)* **nicht** mit den Eckhakendiagonalen *(schwarzer Markierungspunkt)* des 8 x 8 Grundquadrates zusammenfällt. Eigentlich merkwürdig, müsste man doch ein gleich grosses erwarten. Doch dies ist nicht der Fall. Die Größe des gedrehten Quadrates wird von der 8 x 8 Geometrie des Merkurgitters bestimmt.

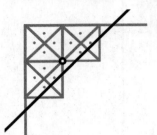

Erst, wenn in *Schritt 3* das gedrehte Grundquadrat um **106%** *proportional vergrößert* wird, fällt die Umfangslinie mit der Eckhakendiagonale wie im realen *Nasca-Piktogramm*, zusammen. Dabei wird das 6 x 6 Sonnenquadrat *(schwarze Markierungspunkte/gestrichelte Linie)* aspektiert. Erinnern wir uns kurz an das *Erde/Himmel Symbol* Malaysias, so würde hierbei die *Erde (aufrechtes. Quadr.)* durch die QS= **7** mit dem *Himmel (gedrehtes. Quadr.)* verbunden **1 + 0 + 6 = 7**.

Hier nochmals eine Ausschnittsvergrößerung: die jetzt hergestellte Deckung von Umfangslinie *und* Eckhakendiagonale.

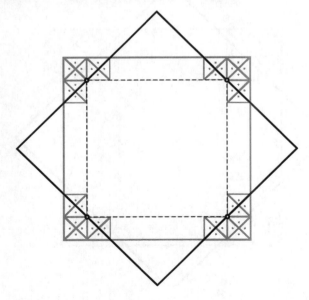

Der Detailausschnitt:

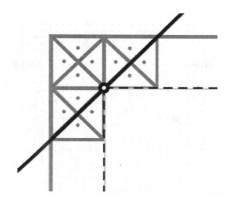

Legt man nun in **Schritt 4** nun beide, das *gedrehte normale*, und das *gedrehte vergrößerte* Quadrat übereinander, so wird jetzt die von mir sog. **PIK-Differenz** sichtbar, welche aus dem 8 x 8 Raster bestimmt wird.

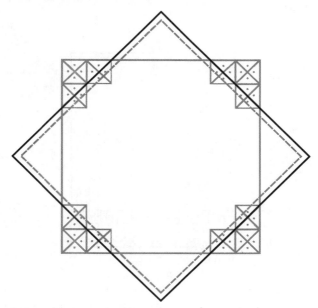

Drehen wir nun in **Schritt 5** zur besseren Sichtbarkeit *das ganze* Arrangement um 45°, so dass das bislang aufrecht stehende Grundquadrat in die Diagonale, und das Gedrehte aufrecht zu stehen kommt.

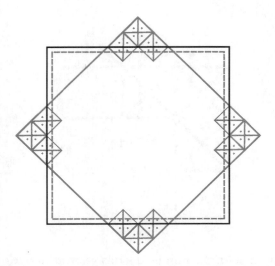

Nun setzte ich in *Schritt 6* ein kleines *Hilfsquadrat (schwarzes Quadr.)* in die Geometrie ein, welches das Maß symbolisiert. Es steht zugleich für die Flächenvergrößerung von 106%.

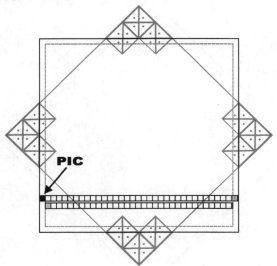

Wie die nachfolgende Grafik zeigt, reihte ich jetzt die PIK-Quadrate zu einem *Lineal* auf, und vermass die Seitenlänge beider Quadrate. Als Einheit legte ich dabei dass neu gefundene „PIK-Mass" zugrunde. Dabei stellte sich heraus, dass die PIK-Strecke des *Innenquadrates*, und die

PIK-Strecke des *gedrehten Quadrates* jeweils um **1/4**tel **PIK** *länger* als die Vielfachen von **33** waren. Im nächsten Bild in *Abb.23* ist im Kreisausschnitt rechts oben das beschriebene Detail nochmals vergrößert zu sehen. Die Teilung eines PIK in **4/4**tel ergab sich aus dem geometrischen Piktogrammkonzept. Im Sinne des Piktogrammtextes könnte dieses Indiz als die Hervorhebung der esoterischen *Meisterzahl* **33** gewertet werden.

(Abb.23)
*Das aus dem, um 45° gedrehten Grundquadrat hervorgegangene PIK-Maß, fügt sich (ideal) **33** x in das aufrechte Grundquadrat ein. Misst man genau, so sind beide Strecken jedoch um ¼ PIK länger.*

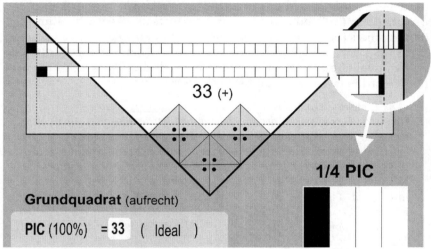

Das Verhältnis ¾ zu ¼ werden wir später im *Raumwürfel* und in der *Verteilung von Wasser- und Landfläche auf der Erde* entdecken können. Dieses Prinzip lässt sich in der damit verbundenen geometrischen Gesetzmässigkeit des *PIK-Masses* wieder finden.

Konkrete Hinweise auf die Zahl **33** lassen sich durchaus in der Menschheit finden:

> *„Die indische Religion kannte in ihrer ältesten Periode **33** Götter, von denen je **11** in der Luft, auf dem Land und im Wasser lebten. Die Buddhisten kennen **33** Lichtgottheiten, zu denen sich der Gläubige bei der Meditation erhebt. (...) Da Jesus **33** Jahre lebte, nahm der Anthroposoph Rudolf Steiner an, dass das Weltgeschehen von einem **33**-Jahre-Rhythmus geprägt ist. Auch König David regierte **33** Jahre in Jerusalem. Bei Freimaurern ist der **33**. Grad ein wahrer Meistergrad. (...)*

> *Die 33 verstärkt als Ketten- oder Meisterzahl die Symbolkraft der 3. Sie symbolisiert die Vereinigung mit Gott."* [46]

Nehmen wir diese Hinweise ernst, so wird immer deutlicher, dass die Strukturierung des Grundquadrates durch die 60, bzw. 64 Punkte des Zentralkreises definitiv keine beliebige Idee sein kann. Die Zahlenfolge 3 – 6 – 9 gewinnt dadurch ebenfalls weiter an Kontur.

> *„Die Trinität wiederholt sich, ihrem Charakter entsprechend, bis zur Neun dreimal.* [z45b]

Gehen wir weiter davon aus, dass *ähnliche Merkmale* geografisch getrennt, einer *gemeinsamen Urquelle* entspringen können, so scheint es nicht verwunderlich, in der Wahl der *Merkurquadratzahl* **8** ebenso den *Mayakalender* (**260**) oder die die architektonische Basiszahl **8** im vietnamesischen Tempel *Ankor What* wiederzufinden. Die Zahl Acht gehört im Sinne der metaphysischen Urquelle mit zu den bedeutenden Zahlen-qualitäten, denn sie erhebt sich durch die *Oktave der* **4** in einen überge-ordneten Seinszustand stabilster Ordnung.

> *„Die 8 steht für die Oktave der 4. Etwas „achten" bedeutet, ein umfassendes Bewusstsein dessen zu haben. Es repräsentiert den Verwandlungsweg von der Form zur Formel, vom Ungewissen zur Orientierung. Es bedeutet auch Macht über die Achtung und der in ihr innewohnenden 8-tung zu erlangen. Die Qualität der 8 ermöglicht die Definition. Mit der Definition (lat.: abgrenzen), der geistigen Fixierung, wird das Materielle ausgerichtet, orientiert. 8 ist die geistige Klammer für das Materielle. Sie macht das Materielle inert, d.h., sie bewahrt es vor der falschen Funktion und führt es damit der rechten zu. Die 8 ist die geistige Bindung an die Einheit. Sie bewirkt ein Funktionieren durch die rechte Verwendung von Materie."* [MZ11]
>
> *„Die Besprechung der Zahlenarchetypen 1-9 ist eine Besprechung der Polarität von Quantität und Qualität. Mit dem einen erklärt man das andere. Auf keine der beiden können wir verzichten. Der Umgang mit ihnen erstellt Maß und Ordnung. Sie sind Ausdruck des Gesetzes. Die neue Ebene 10 verkörpert dieses Gesetz. Es herrscht über die Welt der Archetypen und Formen. Alles untersteht ihm. Die Welt gehorcht ihm, ohne Bewusstheit darüber zu haben. Der Mensch hat die Fähigkeit der Schau hinzugewonnen und er besitzt damit die Möglichkeit der Reflexion des Prinzips Leben. Seine Fähigkeit ist gleichzeitig Aufgabe und Verpflichtung. In ihr hat das Gesetz ein Sollen verankert."* [MZ12]

Die Anzahl der *10 mosaischen Gebote* finden darin ihren Ursprung. Sie

---

[46] Helmut Werner, Lexikon der Numerologie und Zahlenmystik, S.172-173

stellen die erste *gesetzte Ordnung* für die Menschheit dar und beinhalten den ethischen Appell an die *göttliche Symmetrie*.

> *„Die Zahlen ab 10 setzen bei ihrer Interpretation das erlangte Wissen voraus. Das ist vor allem das Wissen um den Qualitätssprung, den Übergang von der Dreizahl zur Vierzahl, denn mit der Vierzahl beginnt das Neue, der Rhythmus."* z45b

Im folgenden Teil werden wir nun sehen, welch genial arithmetische Konzept im Piktogramms umgesetzt wurde.

Das Primzahlkreuz und das Piktogramm

Der Düsseldorfer Chemiker *Dr. Peter Plichta*, kam nach Jahren intensiver Forschung hinter das Geheimnis der *Primzahlen*. Der unkonventionelle Wissenschaftler entdeckte die mathematische Grundlage der *triadischen Gestaltungsstruktur* der Welt in den *drei Sorten Zahlen* [47] und der *Dreier* und *Viererstruktur* in der *chemischen* und *atomaren* Welt. Hier eini-ge der unzähligen Beispiele für *Dreiheiten*:

Gasförmig	Flüssig	fest
Nichtmetallisch	Halbmetallisch	metallisch
Ionenbindung	Atombindung	Metallbindung
Kohlenstoff	Stickstoff	Sauerstoff
Süß	Sauer	Salzig
Vater	Mutter	Kind
Gleichstrom	Wechselstrom	Drehstrom

Geometrie und *Zahlen* sind die beiden Vertreter des einen gemeinsamen *Schöpferprinzips,* das in der dreigegliederten Welt als irrationale Primzahlen und rationale Dezimalzahlen in Erscheinung tritt. Würde es daher verwundern, im Piktogramm das von Dr. Plichta entdeckte *Primzahlkreuz* [48] im Grundquadrat und seine Beziehung zur euklidischen *Gestaltung* der Primzahlecken wieder zu finden?

> *„Ich verfiel auf eine wunderbare Idee. Was wäre, wenn ich die Zahlen:*
>
> -**1**, 0, **1**, 2, 3, 4, **5**, 6, **7**, 8, 9, 10, **11**, 12, **13**, 14, 15, 16, **17**, 18, **19**
>
> *zu einem Kreis verknüpfen würde, wobei die erste und die letzte Zahl übereinander liegen sollen. (...) Es ist nämlich noch niemand auf die Idee gekommen, die Kette der natürlichen Zahlen nicht linear darzustellen, sondern auf Zahlenkreisen".* [49]

---

[47] ... alle Zahlen, die durch 1,2 und 3 ohne Rest teilbar sind. Alle nachfolgenden Zahlen sind daraus ableitbar.
[48] *Aus Gründen der komplexen Materie habe ich bewusst auf eine ausführliche Darstellung des Primzahlkreuzes verzichtet.*
[49] *P. Plichta, Das Primzahlkreuz, Bd. I, S. 313*

„*In meinem Kopf formte sich ein wunderschönes Kreuz mit vier Zwillingszahlensträngen, auf denen nur die Zahlen −1, +1 und ungerade Primzahlen ohne die 3 vorkommen. Alle anderen Zahlen waren einfach durch ein Raster von Punkten angedeutet. Ich sah das Kreuz vor mir, das mir in meiner Jugend immer wieder an meinem Bruder aufgefallen war. Er hatte so gern die Uniform des Johanniter-Ordens getragen. Das Primzahlkreuz erinnerte mich an die Grundlage der Chemie, das Bohrsche Atommodell, ein punktförmiger Atomkern von unvorstellbarer Kleinheit und riesige, darum liegende Elektronenschalen. Acht Elektronen besitzt eine Edelgasschale, und acht Strahlen besitzt dieses Primzahlkreuz, das die Zwillingsbedingungen erfüllt und dessen Anordnung sich auf die Zahlen*

1 und 3

zurückführen lässt. Wenn ich dieses Primzahlkreuz gedanklich rotieren lasse, entsteht ein nach allen Seiten offener, schalenförmiger Raum, dessen Konstruktion **euklidisch** *ist.*" [50]

(Dr. P. Plichta, Das Primzahlkreuz. Abdruck mit freundl. Erlaubnis)

Iinspiriert addierte ich die positiven Primzahlen des innersten Ringes im *Primzahlkreuz* und erhielt die Summe **96**, welche uns bereits im mag. Merkurquadrat begegnete. Erinnern wir uns: „*Die halbe Merkursumme minus originale Jupitersumme erzeugte eine Differenz von* **96** . Sie wird uns bald im Zusammenhang mit dem *Korancode 19* erneut beschäftigen.

---

[50] P. Plichta, Das Primzahlkreuz, Bd. I, S. 316-317 (Abdruck mit freundl. Erlaubnis)

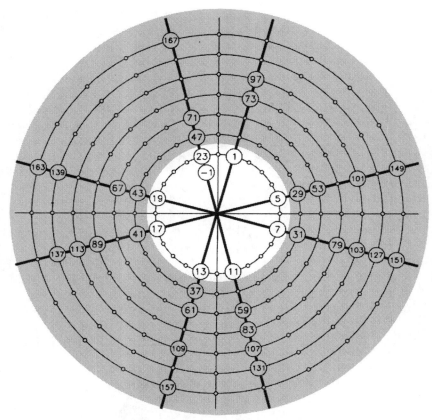

Das Primzahlkreuz
nach Dr. Peter Plichta

... das erstaunliche daran ist, dass im Piktogrammgrundquadrat die vier Primzahlenstrahlen des Primzahlkreuzes mit den vier, die Eckhakenquadrate aspektierenden Strahlen, geometrisch <u>identisch</u> sind!

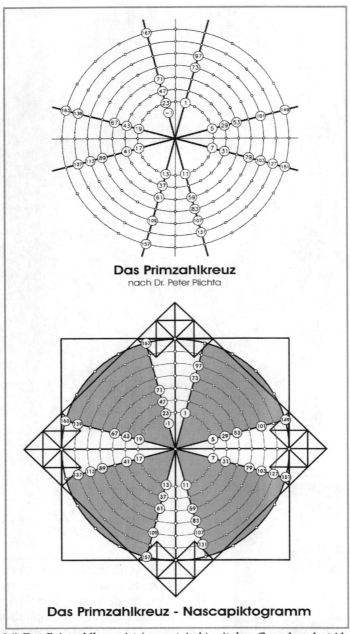

(Abb.24) Das Primzahlkreuz ist (geometrisch) mit dem Grundquadrat identisch.
(Dr. P. Plichta, Das Primzahlkreuz. Abdruck mit freundl. Erlaubnis).

4.0 Die Zeiger 3 und 7

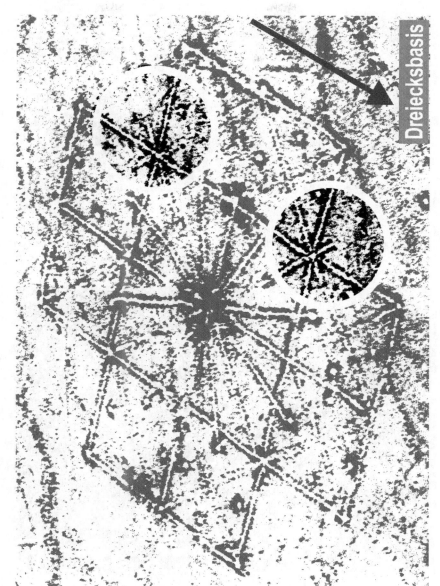

(Abb.25) Das Zentrumskreuz mit dem 16-strahligen Stern. Die Dreiecksbasis ist nach unten (Süden) bzw. nach oben (Norden) ausgerichtet.

*(Abb.26) Der **dritte** und der **siebte** Strahl, des 16-strahligen Linienbündels im Grundquadratzentrum lassen eine stummelartige Verlängerung erkennen. Die von mir erachtete Bedeutung der Zeiger (**1** = Norden) ergibt sich aus der Position im 16er Kreissegment und **betont** somit den Strahl 3 und 7.*

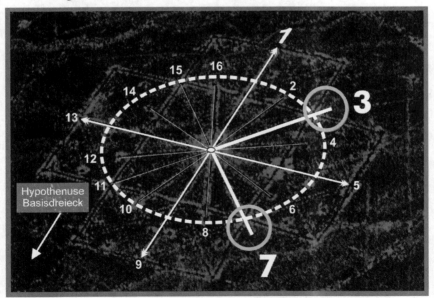

(Abb.27) Durch die Dreieckshypotenuse als „Bodenebene, resp. „unten" definiert, werden die 16 Kreispositionen genordet und somit auch numerisch ausgerichtet.

Einem äußerst unscheinbaren Detail, dem ich zunächst wenig Aufmerk-samkeit schenkte, sollte später zu geologischen Formationen von sieben Schildvulkanen auf dem Mars führen. Wie in *(Abb. 25)* zu sehen, ragen zwei Strahlenstummel wie *„Zeiger"* ein kleines Stück aus dem Flächen-kreuz hervor. In *Abb.26* ist das Zentrum nochmals vergrößert heraus-gestellt.) Deutlich sind die verlängerten Speichen zu erkennen. Was hatte es mit den ominösen *„Zeigern"* auf sich? Warum ragten sie genau an *diesen* Stellen und nicht woanders aus heraus?

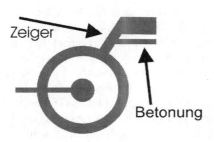

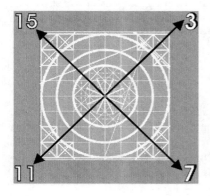

Ergebnislos „gärte" diese offene Frage fast zwei Woch-en, bis ich mich bei der erneuten Durchsicht aller Einzelheiten die bisher offenkundig geworden war-en, an die *Kornkreispiktogramme* Koch/-Kyborgs erinnerte. Sie brachten mich auf die Idee, ob nicht auch hier etwas *Ähnliches* vorlag. In ihnen kamen gleichermaßen typische *„Zeiger"* (s.li.) zur Darstellung der, in ihren *Betonungen hervorgehobenen* Planeten zur Anwendung. Sie stellen jedoch keine spezielle „Erfindung" Koch/Kyborgs dar, sondern waren Teil der abstrakten „Sprache" der Kornkreis-Piktogramme, wie sie beiden Autoren übermittelt wurde. Eine Symbolsprache. Bald wurde deutlich, dass es sich bei den beiden verlängerten Stegen *nicht* um zeich-nerische „Ausrutscher", sondern um die bewusste *Betonung des Platzes* handeln musste. Konnte eine Art *Information* damit verknüpft sein? Doch welche? Die Stummel *„zeigten"* de facto auf nichts *Konkretes*. Die *rückwärtige Verlängerung* beider Strahl-en betonten die im rechten Winkel zueinander stehenden Winkelhalb-ierenden im Grundquadrat *3 – 11 / 7 - 15*, und fügten zu der bisher ge-fundenen *Primzahl 3* in den Eckhakenquadraten jetzt *zwei neue Prim-zahlen* hinzu: die **7** und die **11**. Der im Diagonalenkreuz *gespiegelte* Ver-treter der **3** ist die **11** und der gespiegelte Vertreter der **7** die Nicht-Primzahl **15**. Da beide Strahlen durch ihr gemeinsames Merkmal des rechten Winkels zudem in einem symmetrischen Bezug zu sich und zum Zentrum standen, sollte die *Neun* als *Matrixzahl* ebenfalls zu finden sein. Und es schien sie tatsächlich zu geben:

$$3+11=14 \quad QS=5*$$
$$7+15=22 \quad QS=4*$$
$$\overline{}$$
$$36 \quad QS=9$$

> **4* + 5*!** *Ein weiteres Indiz für eine mögliche Verbindung*
> **Affengeoglyphe - Piktogramm?**

Das *Primzahlkreuz P. Plichtas* brachte mich darauf, daß das 16-er Strahlenbündel im Grundquadrat eine prinzipielle *Ähnlichkeit* mit diesem aufzuweis. Beide gruppierten in Kreisform Zahlen um ein symmetrisches Zentrum. Beide bauten ihre Zahlenkreise auf der visuellen Basis *euklidischer Gesetzmässigkeiten* auf (z.b. *Malteserkreuz = Primzahlkreuz*). Lag hier etwa eine Gemeinsamkeit vor? Diese Frage klärte sich, als in der Ausarbeitung der nächsten Grafiken sichtbar wurde, daß es sich beim 16-er Strahlenbüschel im Grundquadrat um eine dem Primzahlkreuz *ähnliche, symmetrische Strukturierung* von *Zahlen* handelte. Nur schien hier die Art *dieser* Struktur in seiner Gliederung *abgewandelt*, sodaß es hinsichtlich der darin beabsichtigten Verschlüsselung seine spezielle Aussage verleihen konnte. Die Zeiger **3 - 7** stehen zueinander im *rechten*, und in Bezug zum Koordinatenkreuz in einem **45°** Winkel. Die QS von **3 + 7** ist die **10** oder die

Das Besondere: *(Abb.28 li)*

▲ Zählt man, dem Prinzip des *Primzahlkreuzes P. Plichtas* folgend, von **1** ausgehend, die 16 Kreisteilungen über die Eins hinaus weiter fort *(also über die 3 - 7- 11 - 15)* und springt dann auf den *nächst höheren* Zahlenkreis, so erhält man *deckungsgleich* mit diesen vier Positionen *(auf dem gleichen Strahl liegend)* die Zahlen:

| 19 - 23 - 27 - 31 |

Addiert man nun diese vier Zahlen, so erhält man als *Gesamtsumme* verblüffenderweise: **100** *QS=* (*Die Einheit*)

▲ Die Zahlen: **3 - 7 - 11 - 19 - 23 - 31** sind **Primzahlen!**

(Abb.29, re.)

▲ Addiert man alle vier Zahlenpaare, welche auf dem Strahlenkreuz liegen, erhält man das Ergebnis **136**. (100 + 36)
QS= *(Die Einheit)*

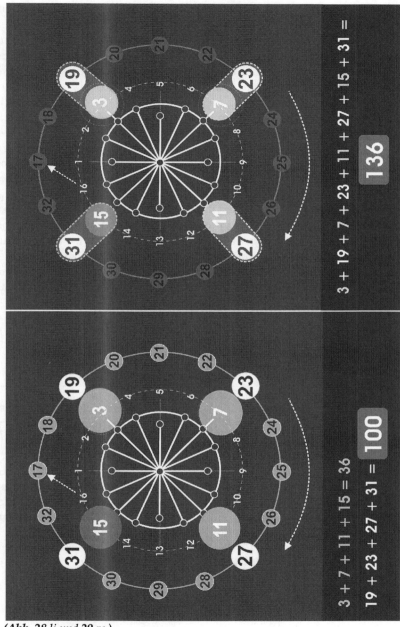

(Abb. 28 li.und 29 re.)

Obwohl das Grundquadrat in nur **16** Kreissegmente, anstatt der **24** im *Primzahlkreuz P. Plichtas* unterteilt ist, erweckt es unzweifelhaft den Anschein, als läge hierin ebenfalls eine Art *Zahlencodierung* vor. Ganz verwunderlich war das eigentlich ja nicht, lieferte die Entdeckung des *Primzahlkreuzes* durch den Düsseldorfer Mathematiker doch die Grundlage für dieses überraschende Indiz. Es ergab sich daraus nun ein wieteres Detail zur Untermauerung meiner Hypothese, dass zum einen die Schöpfer des Piktogramms eine geniale mathematisch-geometrische Passion offenbarten und zum anderen sich meine, aus einem bildhaften Zusammenhang sich ergebende Interpretation immerhin ernst zu nehmende Fakten hervorbrachte. Richtig interessant wurde es, als ich das von P. Plichta zugrunde gelegte, erweiterte *Schalenprinzip des Primzahlkreuzes* gänzlich in die *drei Kreisschalen* des Piktogramms übertrug. Der erste Blick zeigte, dass tatsächlich eine ganze Reihe von *Primzahlen* auftraten, diese sich aber nicht, wie bereits erwähnt, 1 : 1 den Primzahlpositionen des *Primzahlkreuzes Plichtas* zuordnen ließen. Die Struktur der Zahlenverteilung war hierbei etwas verschoben. Diese Verschiebung bewirkte, dass im zweiten Zahlenkreis jeweils nur noch *zwei*, und im dritten nur noch *eine* Primzahl in Erscheinung trat. Dafür geschah aber etwas äußerst erstaunliches und betraf alle drei Kreistrios:

Der **3**-te Zahlenkreis *endet* mit der *Piktogrammzahl* **64**

Weiter war festzustellen, dass alle Zahlen, welche auf den vier Zeigerstrahlen **3 - 7 - 11 - 15** lagen, *addiert* einen *gleich bleibenden* Summenabstand ergaben, d.h., die *Differenz* zur jeder *nächst höheren* Zahlenschale wurde wiederum durch ein **64**-er Abstandsverhältnis charakterisiert. Unglaublich! Nur eine einzige *Zeigerstelle* im 16-er Strahlenbüschel vor oder zurück, hätte dem gesamten, in sich schlüssig aufgebauten geometrisch-mathematisch strukturierten Gebilde, eine völlig andere Gestalt und Aussage gegeben, und damit sofort meine Hypothese zunichte gemacht. Doch das Gegenteil schien der Fall.

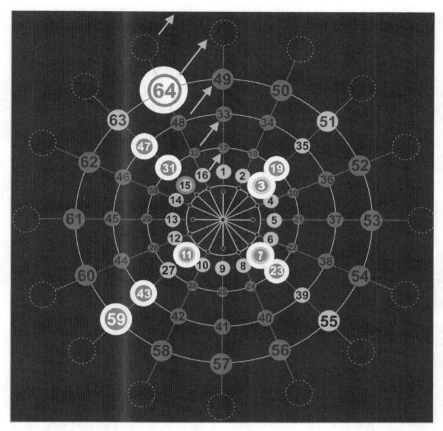

(Abb.30) Die aus dem 16-strahligen Büschel gewonnene Zahlenkreisstruktur, abgeleitet aus dem Primzahlkreuz Dr. Plichtas.

Alle drei Kreistrios im *Nasca-Piktogramm* beinhalten in ihrer Ring-Konzeption jeweils eine Codierung der Zahl 64

Der *dritte Zahlenkreis* endet vor dem (spiralförmigen) Sprung in die nächste, vierte Zahlenkreisebene exakt mit der *Merkurquadratzahl* **64**.

3 - 7 -11 -19 - 23 - 31 - 43 - 47 - 59   (9) *Primzahlen*

Wie konnte es nur möglich sein, dass die Entdeckung des Primzahlkreuzes durch P. Plichta im Konzept des *Nasca-Piktogramms* einen derart verblüffenden Niederschlag findet und fast alle voraus gelaufenen Indizien sich derart stimmig sich darin spiegelten? Im Grunde kann es nur eine plausible Schlussfolgerung daraus geben: Das *Primzahlkreuz Plichtas* wird anhand einer Jahrtausende alten Geoglyphe bestätigt. Wie sich nun herausstellte, verbarg sich in der *Piktogramm-Primzahlspirale* eine Art Progression, die sich in einem **64**-er Abstand *periodisch aufsteigend* fortsetzt. Grundquadratzahl und periodischer Zahlenabstand sind *identisch*! Einzig der hermetische **36**-er Innenkreis *(Sonne)* im Zentrum bildet davon eine Ausnahme. Solch eine Tatsache wäre selbst in der Annahme eines unwahrscheinlichen „Mega-Zufalls" wohl kaum ohne weiteres nachvollziehbar. ***(Abb. 31)***

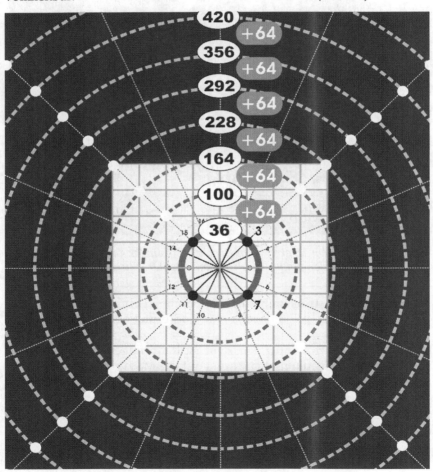

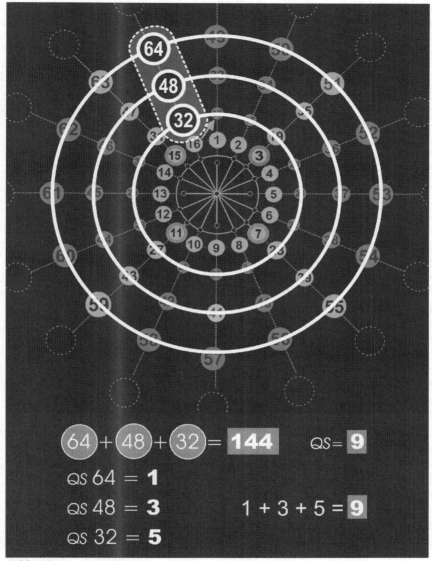

(Abb.32)
*Addiert man die drei jeweiligen Kreissummen, so verweist das Ergebnis auf die biblische Zahl des Menschen **144**. Die Zahl **9** ist wiederum **16x** (die Anzahl der Zentrumstrahlen) in **144** enthalten.*

Dr. M. Stelzners Auslegung der Zahl **144** gerinnt nun zu einem komprimierten *Appell*, der sich wie ein *Kernmotiv* der Piktogrammbotschaft anmutet:

> *„Die Zahl **144** (oder **1- 4 - 4 - 0**), die das Thema des Ebenenwechsels beschreibt, spielt in den verschiedensten religiösen Traditionen eine wichtige Rolle. **1 - 4 - 4 - 0** ist die Zahlenfolge des Menschen (Bibelcode). Der Mensch, selbst ein aus Materie bestehendes Wesen, muss mit der Materie den richtigen Umgang pflegen. Sie will durchschaut und verwandelt werden."* MZ7

Mit der *Vollendung* des *dritten Kreises* durch die Zahl **64**, *(de Jong`s Zählung von 54 ganze, plus 5 doppelte Punkte ebenso darin enthalten)* wurde jetzt die Verbindung des **64**-er Grundquadrates mit den bisher gefundenen Zusammenhängen, wie z.b. das **4³** Prinzip (Gen-Quadrat etc.) weiter untermauert. Meine Hypothese schien also doch kein völlig unbegründetes Hirngespinst zu sein.

Mit der Entschlüsselung des Zahlentrios in Abhängigkeit zum 64er Grundquadrat des Piktogramms, war es aber immer noch nicht zu Ende, gab das **16**er Strahlenbündel mit den, durch die Zeiger definierten Positionen **3 - 7** und **11 - 15,** noch etwas preis, was für das Nachfolgende von großer Bedeutung sein sollte: die bereits schon erwähnte Zahl **96**. Sie wird uns im *„Raumwürfel"* und etwas später im Zusammenhang mit dem sog. *Korancode 19* noch einmal begegnen.

Die nächste Grafik *(Abb.33)* zeigt die vier Positionen **3-7-11-15** im 16er Strahlenbündel. Aufbauend auf dem Vorherigen, fasste ich nun die auf den Strahlen befindlichen Zahlen zusammen, d.h., ich addierte in jedem Quadranten, die Kette der gemeinsamen „Zeigerzahlen". Die *Beschränkung* auf drei Kreissummen ergab sich natürlich aus der Existenz von eben nur drei Kreisen im Grundquadrat. Die dabei entstandenen *drei Teilabstände* zwischen den Zahlen **108 – 124 – 140** betrugen jeweils **16**, und der vierte Abschnitt zwischen der Zahl **156 – 108**, genau **48**. **3 x 16** ist jedoch aber auch identisch mit dem Abstand **48**!

Die drei einzelnen Abstandssummen, addiert mit dem 48er Abstand, ergibt wiederum die Zahl **96**. Die Summe der drei einzelnen Quersummen die vollkommenste *pythagoreische Zahl*: **24**. *Die Harmonie des Kosmos!* Wie bereits erwähnt, verfolgte ich die *Idee*, von **1** ausgehend, kontinuierlich *im Uhrzeigersinn* aufwärts zu zählen und zu beobachten, an welcher der vier Zeigerpositionen **3 - 7 - 11 - 15** welche Zahl zu liegen kam. In der „ersten Runde" 1-16 waren das die Zahlen **19 - 23 - 27** und **31**. Ihre *Additionssumme* betrug **100**. Wie sehr auf die Betonung des Wertes **10** oder **100** *(10 x 10)* gelegt wurde ist auch daran zu ermessen, dass die *betonten Positionen* des ersten Kreises addiert **36** ergaben.

Was für ein grandioser „Zufall", denn die **36** ist genau **10** x im **360°** *Raumkreis* enthalten!

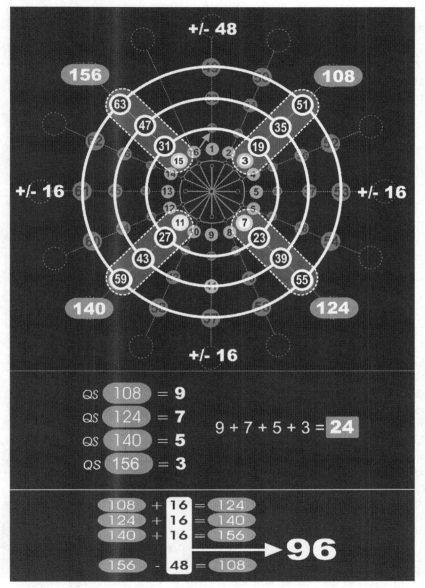

(Abb.33) Die **96** als steht in Bezug zum nachfolgenden Raumwürfel. Bemerkenswert: Die Subtraktion der 3 x 16 Abstände vom Abstand 48 ergibt die „Null"!

Jetzt lag es nahe, auf dem neu entdeckten Phänomen weiter aufzubauen. Für ein weiteres Experiment den Zahlenraum auf **100** zu *begrenzen* [51] schien jetzt folgerichtig. Aus der Reihe 1 - 100 entnahm ich mit Hilfe des *Sieb des Eratosthenes*, die *klassische Primzahlreihe*:

(1),2,3,5,7,11,13,17,19,23,29,31,37,41,43,47,53,59,61,67,71,73,79,83,89,97..

Anschließend *sortierte* ich alle Primzahlen, die sich *bis* **100** mit den vier *Kreispositionen* im Uhrzeigersinn **3 - 7 - 11 - 15** *deckten*, denselbigen zu:

3	7	11	15
19	23		31
		43	47
		59	
67	71		79
83	103	107	127

Die *erste* deckungsgleiche Primzahl, bezogen auf die Position der **3** ist die **19**.
Die *letzte*, innerhalb der Reihe bis 100 vorkommende Primzahl, bezogen auf die Position der **3**, ist die **83**.

Es war faszinierend zu erfahren, welcher Sachverhalt mit den Primzahlen **19** und **83** verknüpft ist. Hierzu bemerkt P. Plichta: *„Das höchstwertige Reinisotop des chemischen Periodensystems besitzt die Ordnungszahl* **83**. [52] Addiert man nun *Anfang* und *Ende* dieser Primreihe; **19 + 83**; so erhält man die Summe **102**. Ihre QS ist die **3**. Damit wird die Aufmerksamkeit auf genau die Zahl gelenkt, die wie keine andere das *Schöpfungsprinzip der Welt*, und den ersten *„Zeiger"* im Piktogramm repräsentiert. Subtrahiert man nun, *umgekehrt*, Ende und Anfang [53] **83 – 19**, so zeigt sich in der Umkehrung eine uns inzwischen wohl bekannte Zahl:

64
Die Summe des Merkurquadrates 8 x 8!

---

[51] *Die QS aus dem Grundquadrat 64 ist 10, oder auch „1". Das dezimale „Ganze" wird in 10 x 10, also 100 (%) gerechnet: Das „Ganze,"die „Einheit".*
[52] Peter Plichta, Das Primzahlkreuz. S. 432, (vgl. das Doppelisotop mit der Ordn.Zahl 81)
[53] *Anfang und Ende subtrahiert, ergibt die Gegenseite der positiven Merkurzahl: - 64, oder auch den transzendenten Mittelpunkt des Piktogramms:* − 64 + 64 = „**0**"

Konnte *das alles* wirklich nur absolut purer Zufall, geschweige denn etwas „Ausgedachtes" sein? Wäre diese arithmetische „Zufälligkeit" etwaigen Fälschern zuzutrauen? Wohl kaum, auch wenn von meiner Seite aus ein *mathematischer Beweis* hier nicht gegeben werden kann. Es schien, als wäre das Piktogramm tatsächlich nach einem absichtsvollen Geist konzipiert, bei der eine komplexe mathematische Struktur alles miteinander genial vernetzte. Als versinnbildlichte diese kryptische Matrix das Wesen eines *Labyrinths*, regte es mich begeistert zu weiteren Überlegungen an. *Sortiert* man z.b. die klassische Primzahlreihe – beginnend mit der 19 in *aufsteigender* Reihenfolge: also die 19 als **1te**, die 23 als **2te** usw. - so erhält man genau **10** *Primzahlen:*

1.	2.	3.	4.	5.	6.	7.	**8.**	9.	10.
19	**23**	**31**	**43**	**47**	**59**	**67**		**79**	**83**

Addiert man die obigen *Primzahlen,* so tritt exakt an **8ter Stelle** *(Merkurgrundquadrat)*, bei der Zahl **71**, $QS = 8$, eine „*Zwischensumme*" in Erscheinung, die im Kontext des Piktogramms absolut einen *Sinn* macht:

360 °
19 + 23 + 31 + 43 + 47 + 59 + 67 + 71 = **360**
Der *irdische Raumkreis* !

4.1 Das Basisdreieck

Beide Kreistrios sowie das Zentrumsquadrat beinhalten nicht nur in dreifacher Weise die Zahl 64 mit ihren besprochenen Bedeutungsmöglichkeiten, sondern auch noch sog. *„projektive Indizien"*. Das *Dreieck* als *Grundfigur* stellt hierbei die verbindende *Mitte* zwischen beiden dar. Wieder stand ich vor der Frage, *was* das Dreieck in seiner Proportion bestimmte. Besonders das linke spitzwinklige Ende war mir zunächst lange eine große Frage, da seine präzise *Länge* und der Grund für seine *Proportion* anhand der Fotovorlage nicht zu ermitteln war. Es dauerte noch fast ganze zwei Monate bis ich eine schlüssige Antwort auf diese Frage fand, auch, wenn es für den Leser auf den ersten Blick vielleicht so unglaublich simpel erscheinen mag. Den entscheidenden Hinweis gab erneut das 16-teilige Strahlenbüschel im Zentrum des Grundquadrates.

Das Strahlenbüschel teilte den 360° Kreis in 16 regelmäßige Kreisabschnitte. Eines Tages nahm ich nach zahlreichen Versuchen ein einzelnes Kreissegment aus dem 16-Eck, und *überlagerte* es mit dem rekonstruierten CAD-Dreieck des Piktogramms. Und, das kleine Wunder geschah. Es passte! Das *22,50° Segment* entsprach dem CAD-Dreieck und fügte sich - ein wichtiges Kriterium - in die bereits bestehende Konstellation im Sinne der Ursprungstreue nahtlos ein. Zudem enthielten alle drei Winkel als QS die **9**: (2 + 2 + 5)

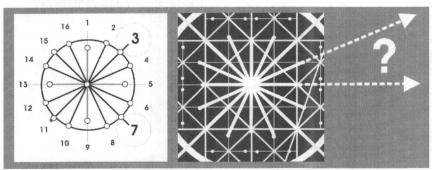

(Abb.34) Links die Segmentierung durch das 16-strahlige Büschel und seiner Winkelstellungen. Rechts die Ableitung des spitzen Dreieckwinkels. Auffällig dabei war, dass durch die Nordung der Position 1, die Hypotenuse des Dreiecks auf der Zeigerposition **5** *und die lange Kathete auf der* **4** *lag. Eine erneute Wiederholung der Kombination* **4 + 5** *(Affe)?*

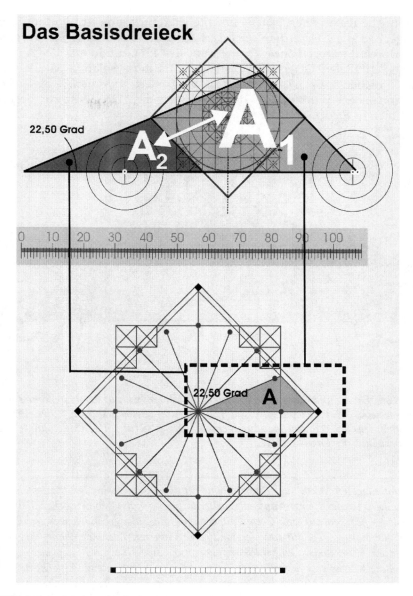

(Abb.35) Im unteren Teil: das Grundquadrat mit dem **16**-strahligen Kreissegment. Dreiecksfigur **A** entspricht den beiden, im Piktogramm möglichen Segmenten **A1** und **A2**. Somit ist die Bedingung der geometrischen „Treue" zum Zentrum erfüllt, da der spitze Dreieckswinkel 22,50° des 360° Grad Kreises gleichzeitig auch identisch mit der Matrixzahl Neun ist: *QS* = **9**.

Die Suche nach neuen Details brachte jetzt auch eine Antwort auf die Frage, *was* die *Lageposition der beiden Kreistrios* bestimmte. Sie werden u.a. durch die *proportionale Vergrößerung* des 45° Grundquadrates **A** und seiner parallelen Diagonalen festlegbar. Es muss solange parallel zu den beiden *Grundquadratseiten* vergrößert werden, bis die Diagonaleneck-punkte auf der *Basislinie* des Dreiecks zu liegen kommen *(s. Pfeile)*.

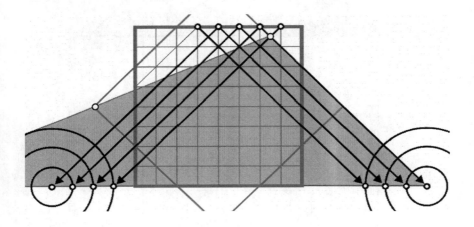

(Abb.36) Die Bestimmung der Lage der Kreistriozentren auf der Hypotenuse des Basisdreiecks. Ein Beispiel für die konsequente „Selbsterklärung" des Piktogramms. Das 8 x 8 Raster legt durch eine Diagonalisierung die Schnittpunkte mit der Basislinie des Dreiecks fest.

Da die „realen Masse" des Piktogramms für die Analyse keine Rolle zu spielen scheinen, sondern einzig und allein die darin liegenden geometrischen Prinzipien - bezogen auf eine Gesamtdimension - ausschlaggebend waren, spielte die Abbildungsgröße für das Verständnis der inneren Zusammenhänge offensichtlich keine Rolle. Ob das Piktogramm nur einen einzigen Meter oder einhundert Kilometer km groß wäre, ist demzufolge unbedeutend. Entscheidend ist in erster Linie die einheitliche, aus sich heraus abgeleitete Gesamtkonzeption. Durch die alles strukturierende triadische Drei in eine „göttliche Harmonie" gesetzt, spiegelt das Piktogramm das Wesen der Symmetrie (symmetria = Ebenmaß) wieder. Die Quersummensymmetrie der Winkel im Basisdreieck beweist dies zum wiederholten Male.

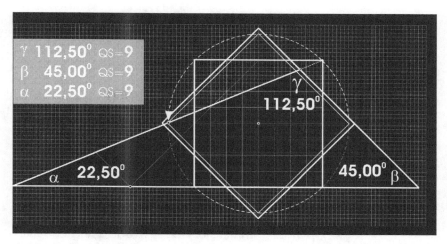

(Abb.37) *Die Codierung der Geometrie beinhaltet unzweifelhaft eine bewusste Konzeption des Piktogramms unter dem Signum der Matrixzahl 9, bzw. der 3. Sie bringt drei unterschiedliche Winkel mit der QS = 9 hervor, welche in Bezug zum Gesamten ausserhalb jeder Zufälligkeit stehen.*

Zweidimensionlität bildete bis zu diesem Punkt die *Hauptbetrachtungsebene*. Steht sie im Hinblick auf das Piktogramm für eine Form der Abstraktion menschlichen Denkens, um damit seinen (hochkomplexen) Text ohne informelle Entropie über lange Zeit zu erhalten? Wurde etwa aus diesem Grunde die Sprache der *euklidischen Geometrie* gewählt?

Ein nachweislich schriftloses Naturvolk wird aller Wahrscheinlichkeit nach die Welt nicht als ein rationales Konstrukt, sondern als eine umfassende lebendige *Ganzheit* erlebt haben. Dieser Gedanke führte mich deshalb zur Frage, ob sich das Piktogramm angesichts der in ihm codierten Zahlenstruktur wirklich nur in seiner Zweidimensionalität erschöpfte, oder, ob sich ein Bezug zur realen Räumlichkeit darin finden lassen könnte. Wenn das Piktogramm eine *Botschaft an den Menschen* darstellt, von dem ich inzwischen äußerst überzeugt war, so sollte es auch irgendeinen Hinweis auf eine *räumliche Information* beinhalten, Die Geometrie sollte eine Funktion enthalten, die unmissverständlich ein Wissen reflektierte, etwas, über welches nur ein intelligentes überschauendes Wesen verfügen konnte.

Vor meinem inneren Auge löste ich die Piktogrammgeometrie aus der Begrenztheit ihrer zwei Dimensionen heraus, erweiterte sie in die dritte Dimension, den *Raum*.

Dann war sie auf einmal da, die nächste „Brücke..."

4.2 Der Raumwürfel

Drei wesentliche Gestaltungselemente charakterisieren *im Grundquadrat* die Geoglyphe: Das **16-fache Strahlenbündel**, das aus Teilquadraten zusammengesetzte **Zentrumskreuz** und die vier **Primzahl-Hakenqua-drate**. Alle vier Ecken des Grundquadrates, markant hervorgehoben durch die Art ihrer Konzeption, liegen im realen wie im CAD-Pikto-gramm „nur" als 2-D *Fläche* in zwei Dimensionen, *Länge/Breite* vor. Da das Bildzeichen selbst in einem räumlichen Zusammenhang eingebettet ist (Palpa-Hochebene/Erde), zudem euklidischer Natur ist, sollte darin auch die *Erweiterung* in die *dritte, räumliche Dimension* denkbar sein, so meine neue Arbeitshypothese zum Mittelteil der Geoglyphe. Die *Extru-sion* der

Hakenquadrate mit der Tiefendimension „Z", würde gleichermaßen den *rechten Bezug (90°)* zum Ursprung bewahren, die Ebene der *Polarität* verlassen und einen Dimensionswechsel zur **3**, zum *Körper* vollziehen. Im links abgebildeten Beispiel einer einzelnen *Eckhakeneinheit* in 3-D wird dieser Gedanke anschaulich.

Die nächste Grafik zeigt das *Zentrumskreuz*. In der 3-D Ausdehnung zum *Volumen* wird die Beobachtung sinnenfällig, dass **24** Teilwürfel in *sechs* **4**er- Gruppen um den, aus **8** Teilwürfeln bestehenden *Innenwürfel* angeordnet worden sind. Die Gesamtsumme aller im Zentrumskreuz vorkommender Teilwürfel beträgt **32**, genau die Hälfte der Summe **64**, des 8 x 8 Grund- oder Merkurquadrates. Der *drei*dimensionale Raum, symbolisiert durch den Würfel **A** *(Abb.38)*,

repräsentiert unsere *sichtbare* Welt. Da jeder polaren, nicht-räum-lichen Fläche nach dem Symmetriegesetz auch eine *Spiegelseite* inne-wohnt - *(Ein Blatt Papier z.b. hat nicht nur eine Vorderseite sondern auch eine Rückseite, obwohl es selbst nicht als Volumen - oder Raumkörper definiert wird)* - spiegelt sie demzufolge auch die auf ihr abgebildeten Inhalte *(je eine Dimension der drei Raumebenen)* auf ihre polare *Gegenseite*. Da dies *(ausgehend von einer richtigen/rechten/rechtwinkligen Ursprungstreue)* **8 x** möglich ist, ergibt sich somit die Anzahl von **24** rechtwinkligen Spiegelmöglichkeiten. Für die *Pythagoreer* war die Zahl 24 die *vollkommenste* *aller Zahlen.* Das griechische Alphabet umfasste gleichfalls 24 Buchstaben und stand für die *Harmonie aller Sphären.*

(Abb.38)

Aus dem *Schöpfungsnullpunkt (Alpha)* entspringen die drei bekannten Raumebenen:

(X/Y) – (X/Z) – (Z/Y)

Der Würfel **A** symbolisiert den *sichtbaren physischen Raum.* Spiegelt man die drei Dimensionen des Würfels **A** rechtwinklig zum Raumkreuz, sind **24** x *Spiegelungen* möglich. Damit erklärte sich auch die Koppelung der Einheit Zeit an die sie strukturierenden drei Raumdimensionen und somit der Grund für den Tag mit seinen 24 Stunden.

Teilt man z.b. die *Zahl der Erde* **4**, durch die Anzahl der damit verbundenen 24 *Spiegelungen,* so erscheint das *schöpferische Lebensprinzip* **6** (Sex). Auf dem Additionsgesetz aufbauend, ist sie der *kreative* Pol. Sie macht die überschauende *Erkenntnis* **3**, durch den Leib als irdischen Träger der unsterblichen Seele überhaupt erst möglich. So wie im göttlich Erschaffenen vierdimensionalen Raum und seinen darin verwobenen immanenten Urgesetzen Zahlengesetzmässigkeiten zu finden sind, so ist konsequenterweise das *Wesen* der *Sechs* auch in den irdischen Verhältnissen zuhause [54].

> *Die Funktion (3) der Welt ist* **6**. [55]
> *Das chemische Grundelement des organischen Lebens ist Kohlenstoff mit der Ordnungs- und Kernladungszahl* **6**. [56]
> *Die* **6** *ist die* <u>erste</u> *aller vollkommenen Zahlen. Von ihnen gibt es nur sehr wenige.* [57]

---

[54] *Hexagonale Strukturen finden wir z.b. in der Bienenwabe oder in den unendlichen Gestaltungsvariationen der Schneeflocke.*
[55] M. Stelzner, „Die Weltformel", S.62
[56] dito., S. 67
[57] *Vollkommene Zahlen:* **6, 28, 496, 8128, 3355063, ...**

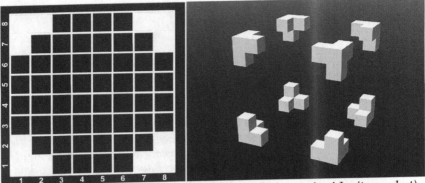

(Abb.39) Die räumlichen Hakenquadrate in 3-D (li. innen: 4 x 4 Jupiterquadrat)

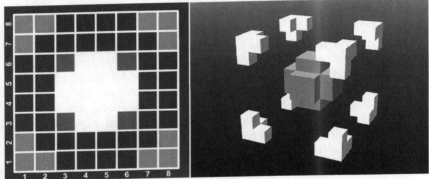

(Abb.40) Die räumlichen Hakenquadrate und das 3-D Zentrumskreuz. (li.: das im Jupiterquadrat enthaltene Zentrumskreuz.)

Das Überführen des Piktogramms in die dritte Dimension legte eine integrierende *Bewegung* der Piktogrammelemente hin in Richtung zum Nullpunktzentrum, dem *Alpha*, dem *Ursprung* nahe. Liegt hier möglicherweise nicht als eine Möglichkeit das Bild des *„Religio"* vor, die *Rückkehr zum Ursprung*, das *Wiederanknüpfen* an den *göttlichen Ursprung*, unabhängig von jedweder Konfession? Kann *umgekehrt*, in der Bewegung der vier Eckhakenquadrate vom Zentrum weg *(auch im Sinne der immer noch vertretenen Urknalltheorie)*, nicht folgende Interpretationsmöglichkeit liegen, nämlich:

...die **Fügung** der **metaphysischen Bausteine** zur:

Erschaffung der Welt (?)

(Abb.41) Alle 8 Raumhaken incl. des Zentrumskreuzes lassen sich perfekt zu einem Hexaeder, einem der fünf platonischen Körper, dem Würfel, im magischen Jupiterquadrat 4 x 4 zusammenfügen!

*Das Verhältnis am Würfel von **dunkler** und **heller** Fläche pro Seite beträgt **1:4**!*

Das Verhältnis Landmasse – Wasserfläche auf dem Planeten Erde beträgt **1:4**.

Die Erde wird von ¼ Land und ¾ Wasser bedeckt!*

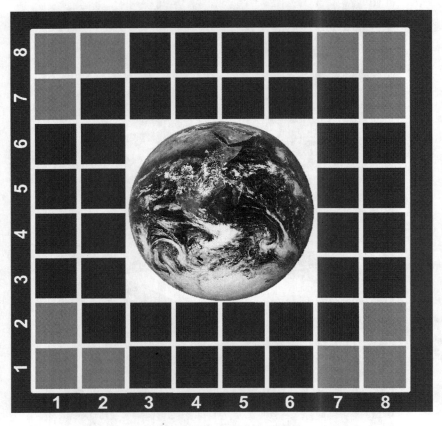

„Zufall?"

---

* *Drei Viertel der Erdoberfläche sind mit Wasser bedeckt. Das sind etwa 1,4 Milliarden Kubikmeter. 97,4% davon sind Salzwasser. 2% bilden das Eis der Pole und Gebirge. Flüsse, Seen und Grundwasser enthalten nur 0,6% der Gesamtwassermenge der Erde.*
Quelle: http://www.stua-ha.nrw.de/umwelt/wasser/wasser.htm

„Wenn es ein fernes Objekt gäbe, und wenn eine Schule weiser Männer mit ihren Überlegungen in überzeugender Weise demonstrieren kann, dass es ein Baum ist, worauf anderer Forscher, die ebenfalls die höchste Autorität genießen, voller Überzeugung etwas Abweichendes feststellen und beweisen würden, dass es sich dabei um eine Wolke oder einen Büffel oder eine Geranie handelt, nun, dann mag man ihre Überlegungen bewundern, aber man sollte ihnen nicht trauen. Im Zentrum unseres Widerspruchs und mitten im Herzen unserer eigenen Ansichten finden wir das Unglück, dass es keine Überlegungen gibt, keine Logik, keine Erklärungen, die nicht Illusionen der gewöhnlichen Unterstellung ähnelten. Es gibt nur den Prozess, Dinge zu korrelieren oder zu organisieren oder zu systematisieren im Verhältnis zu etwas, das willkürlich als Grundlage hergenommen wird, als dominante Doktrin oder als Grundannahme – der Prozess, sich mit etwas anderem zu assimilieren, eine Übereinstimmung mit etwas anderem herzustellen oder in Begriffen von etwas anderem zu interpretieren, dessen angebliche Grundlage aus sich heraus nie endgültig sein kann, sondern die ursprünglich eine Assimilierung mit wieder etwas anderem war."

Charles Fort [1874–1932]

4.3 Koran vrs. Piktogramm

Nun stellte sich folgende Frage: Wenn das Grundquadrat, strukturiert in **64** Felder (8 x 8) in der *zweidimensionalen* Ebene esoterisch-arithmetische *Informationen* beinhaltete, so sollten, nachdem die räumlichen Eckhakenquadrate und das Zentrumskreuz sich als eine intelligente Konzeption herausstellte, auch *raumbezogene* Aspekte in der sichtbaren 2-D *Fläche* des Grundquadrates zu finden sein. Die bemerkenswerte Tatsache des Raumwürfels imaginierte in mir die nun fast zwingende Überlegung, dass die *Flächenquadrate* des neu entstandenen Raumwürfels neue Informationen liefern sollten.

Erinnern wir uns nochmals an die Besonderheit des *magischen Merkur-* und *Jupiterquadrates*:

> „Die halbe (falsche) Merkursumme (**130**) <u>minus</u> originale Jupitersumme (**34**) erzeugt eine markante Differenz von **96**."

Der *Raumwürfels* besitzt die *Jupiterreihung* **4 x 4**, also insgesamt **96** Felder.

(Abb.42) Die zweidimensionale Raumwürfelfläche setzt sich aus 16 Feldern zusammen. Alle sechs Seitenflächen des Raumwürfels werden aus 96 Teilquadraten gebildet. Der Kubus selbst besteht aus 64 Teilwürfeln.

(Abb.43) Die erste Schale des Primzahlkreuzes P. Plichtas, repräsen-tiert den Beginn der positiven Primzahlreihe, und spiegelt sich in den Kreis-trios wieder. „Zufall" multipliziert mal „Zufall" ergibt (selten) einen Sinn.

Oder doch?

(Abb.43)

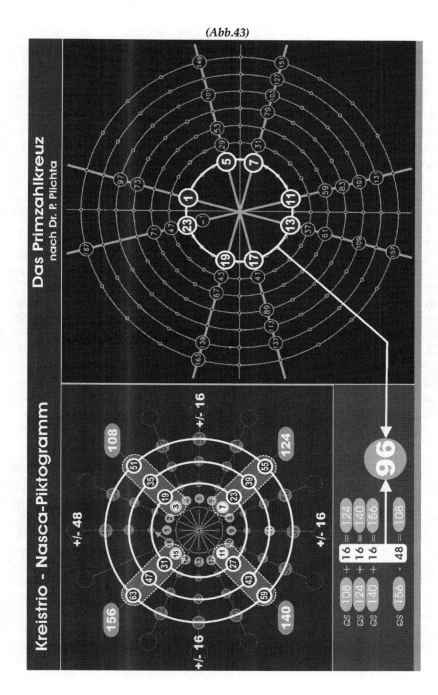

Die Deutung, bzw. Bedeutung der Zahl **96** aus dem Blickwinkel des Piktogrammes schien sich auszuweiten. Ist es nicht erstaunlich, dass...

> ... *die Summe der Primzahlen auf der ersten Schale des Primzahlkreuzes, wie die Gesamtheit aller rechtwinkligen Abstandssummen im Kreistrio des Grundquadrates -* **96** *beträgt? (siehe Abb.43)*

Die Zahl **96**, die uns im Zusammenhang mit dem *Korancode 19* anschließend beschäftigen wird stellt, den Indizien zufolge, eine Brückensignatur zwischen **Primzahlkreuz** und **Grundquadrat** dar.

96

Obwohl beide Zahlenkreise in der Anzahl ihrer Kreisteilungen voneinander abweichen, beinhaltet das *Kreistriosystem* des Piktogramms offensichtlich die Anlage der *natürlichen Ordnung der Primzahlen*, bzw. das Wissen um das Prinzip des **Primzahlkreuzes** *P. Plichtas*. Das Piktogramm ist über die Zusammenführbarkeit zu einem *4 x 4 Raumwürfel*, und den ihn ihm enthalten geometrisch-arithmetischen Merkmalen vom Verdacht einer, wie auch immer gearteten „Zufälligkeit", entbunden. Mehr noch. Selbst die im Nascapiktogramm entdeckte **PIK-Zahl 33**, ist in der *ersten*, innersten Schale *des Primzahlkreuzes (unsichtbar)* als *Gesamtsumme* aller drei *einstelligen Zahlen* incl. der *fünf QS* anwesend.

Wenn die Zahl 36 im Piktogrammzentrum die *Sonne* symbolisierte, Primzahlkreuz und Grundquadrat *Entsprechungen* darstellen, so könnten beide Zahlen für eine Verbindung von Sonne *und* Göttern stehen, welche durch die Trinitätszahl 3 symbolisiert wird. Im alten Ägypten *waren* z.b. Sonne *und* Herrscher **Eins** (Ra/RE). Geheimgesellschaften wie die ursprünglich rosenkreuzerisch-en Freimaurer beinhalteten 33 Einweihungsgrade. Jesus von Nazareth wurde 33 Jahre alt, der PIK-Faktor des *Nasca-Piktogramms* beträgt 0,33 usw. In dem, von *Stefan Makowski* verfassten, äußerst faszinierenden Buch: *Die Weltformel 19* [58], geht es um den, 1974 von *Dr. Rashad Khalifa* entdeckten *Primzahlcode,* der den heiligen islamischen Koran in seinem innersten strukturiert und alle **114 Suren** nach einem bemerkenswerten arithmetischen System codiert. Deshalb möchte ich hier S. Makowskys Wiederentdeckung des Geheimnisses des *Korancodes* hier komprimiert wiedergeben, denn dieses Thema berührt die Zahl **96** nicht unzufällig. Aus der Quelle von *Khalifa*, und später durch seinen Sohn, *Sam Khalifa* fortgeführt, kommt eine ungewöhnliche Analyse des *Qumran, des heiligen Koran* zu verblüffenden Erkenntnissen, die die *Primzahl* **19** in ihrer Bedeutung hervor-

---

[58] *Textquelle: Stefan Makowski, Institut für Sufi-Forschung und Sufiförderung, Raschbach 2, A-4861, Aurach, Österreich*

hebt. Reduziert auf die wichtigsten Kernpunkte, schilderte der muslimische Afrikaner, *Achmed Deedat* [59], Autor des Buches, „*Al–Quràn. The ultimate Miracle*", die Geschichte der Überbringung des Koran durch den Engel Gabriel an Mohammed in vier Offen-barungen.

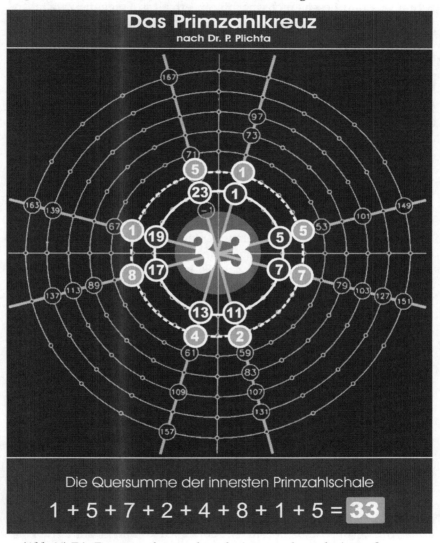

(Abb.44) **Die** *Zusammenfassung der <u>reduzierten und unreduzierten</u> Summen ergibt die esoterische Meisterzahl 33. Sie steht u.a. für Jesus.*

---

[59] *Achmed Deedat hat sich zwischenzeitlich aufgrund öffentlicher Intrigen vom Korancode 19 distanziert und lehnt aus persönlichen Gründen jede Verbindung damit ab.*

Die bekannten Worte der *ersten Koran-Offenbarung* („Lies im Namen deines Herrn und Beschützers...") bestanden aus *neunzehn* arabischen Worten, ebenso wie die letzte Offenbarung („An-Nas") aus *neunzehn* Worten zusammengesetzt ist. Mohammed, historisch überliefert des Schreibens und Lesens nicht mächtig [60], erhielt in Folge die zweite Koran Offenbarung, welche die erste Offenbarung durch die gleiche *Wort-Codierung mit der Zahl 19* bestätigte. Der Engel Gabriel überbrachte ihm in ihrer ersten Begegnung **1 x 19** Worte. Aus einem geheimnisvollen

114	113	112	111	110	109	108	107	106	105	104	103	102	101	100	99	98	97	**96**
1.	2.	3.	4.	5.	6.	7.	8.	9.	10.	11.	12.	13.	14.	15.	16.	17.	18.	**19**

Grund daran anknüpfend, gab Gabriel ihm nun in seiner zweiten Begegnung **2 x 19** Worte. So verwunderte es auch Makowsky nicht, als ihm der Engel bei ihrer dritten Begegnung **3 x 19**, also **57** Worte offenbarte. *Deedat* wies darauf hin, dass bei Durchsicht *des heutigen Korans* eine *veränderte Zusammenstellung der Surenreihenfolge* festzustellen sei. Die ersten drei Offenbarungen stehen nicht am Anfang, sondern an einer völlig anderen Stelle. Die erste Offenbarung entdeckte A. Deedat schließlich nicht weit vom Schluss des Korans, am Anfang der *sechsundneunzigsten* **96** (!) Sure. Die Zahl **96** kennen wir ja bereits aus dem Zentrum des *Primzahl-Nasca-Piktogramms* und dem *Raumwürfel*.
Der Koran setzt sich aus insgesamt **114** *Suren* oder *Kapitel* zusammen. Er entdeckt den Grund, warum die *Uroffenbarung* dieser Schrift nach über zwanzig Jahren ihrer Überbringung, nachträglich in jene spezielle und *veränderte Position* gebracht wurde. Der afrikanische Autor zählte, einer Spur folgend, die Suren von hinten, also von rückwärts nach vorne mit der letzten Sure, der Sure **114** beginnend, und endet genau auf der Sure **96**, die die *Uroffenbarung* enthält. Die Sure, die die Uroffenbarung enthält, ist *rückwärts* gerechnet aber auch die **19**te Sure! *Deedat*, wie auch S. Makowski analysierten die *mathematische Codierung* der Offenbarungen durch die Zahl **19** und erkannten, dass nichts dem Zufall überlassen wurde. Das berühmte erste Wort *„Iqra!"*, „Lies!" beginnt mit dem ersten Buchstaben des arabischen Alphabetes, dem *Alif* oder *„A"*. Es steht für das Sinnbild Gottes und wiederholt sich bei 95 Suren. 95 ist aber auch das Produkt aus **5 x 19** und jeder ihrer ersten Buchstaben ist das *„A"*. Innerhalb des Quran/Koran gibt es nur **19** Suren, die einen *anderen* Anfangsbuchstaben besitzen. Schließlich kommt es zur *vierten* Offenbarung. Sie besteht aus dreißig Versen:

---

[60] *Es ist stark anzunehmen, dass eine von Mohameds Frauen die Niederschriften anfertigte.*

*"O du Bedeckter! / Erhebe dich und warne / und verherrliche deinen Herrn!/ Und reinige deine Kleider!/ Und meide den Götzendienst!/ Und sei nicht wohltätig in Erwartung persönlicher Vorteile!/ Und sei stand-haft um deines Herrn willen! / Wenn in die Posaune gestoßen wird, / dann wird der Tag ein sehr schwerer Tag sein, / und keineswegs ein lei-chter für die Ungläubigen. / Lass Mich allein mit dem, den Ich Alleine schuf/ und dem Ich Besitztum in Fülle verlieh / und Söhne, die es schon immer gab, / und dem Ich alle Bequemlichkeiten bereitete. / Und den-noch wünscht er sich, dass Ich ihm noch mehr davon gebe. / Nein, denn er ist Unseren Zeichen feindlich gesonnen gewesen. / Ich werde ihm bald schreckliche Mühsalen aufbürden. / Siehe, er sann und er wog!/ Verderben über ihn! Wie schlecht er wog!/ Verderben über ihn aber-mals Wie (schlecht) er wog!/ Dann schaute er sich um/ dann runzelte er die Stirn und blickte verdrießlich/ dann wandte er sich ab und wurde hochmütig/ und sprach: "Das ist nichts als Zauberei, die weitergegeben wird./ Das ist nur Menschenwort." / Bald werde Ich ihn in der Hölle brennen lassen (sagt Gott)/ Und wie kannst du wissen, was dieser Höl-lenbrand ist?/ Er verschont nichts und lässt nichts übrig/ und wird von den Menschen schon von weitem wahrgenommen / Die Hölle wird von **Neunzehn** bewacht."*

Sure 74, Verse 1-30

Dr. Rashad Khalifa, der eigentliche Entdecker des Korancodes, erkannte in den 70er Jahren des letzten Jahrhunderts bei seinen ersten Recherchen, dass der Korantext von der Zahl **19** *dominiert* wird. Der muslimische Forscher *Achmed Deedat* folgte später seiner Theorie, und summierte nicht nur die *Wörter*, sondern auch die *Buchstaben*. Überrascht stellte er fest:

„*Zählen wir nämlich neben den Worten auch die Buchstaben der ersten Offenbarungen, ergibt sich ein recht eigenartiges Bild: Die erste Offenbarung überhaupt bestand aus 4 x 19 = 76 Buchstaben, die neunzehn Worte bilden. <u>Sie wurde nachträglich durch eine Anweisung Mohammeds - von hinten gerechnet - an die neunzehnte Stelle der koranischen Suren platziert.</u>*"

aus S. Makowsky, Die Weltformel 19

Die *vierte Offenbarung* bringt schließlich die Zahl **19** hervor und deutet unmissverständlich darauf hin, dass die **19** ein *koranischer Code* ist. Nachdem Gabriel dem Propheten den Vers, *"Über ihnen sind Neunzehn"* überbracht hatte, überbringt er ihm während der gleichen Offenbarungssitzung nun die restlichen Verse der allerersten Sure (Sure **96**):

"Mitnichten! Wahrlich, der Mensch ist frevelhaft, / weil er sich im Reichtum sieht./ Wahrlich, zu deinem Herrn ist die Heimkehr. /Hast du den gesehen, der/ Unserem Diener das Gebet verwehrt?/ Hast du gese-hen, ob jener auf dem rechten Wege ist / oder zur Gerechtigkeit auffordert?/ Hast du jenen gesehen, der ungläubig ist und sich vom Wege

Gottes abwendet?/ Weiß er denn nicht, dass Gott ihn sieht?/ Mitnichten! Wenn er nicht davon ablassen wird, werden wir ihn gewiss bei seiner Stirnlocke ergreifen, / seiner lügenhaften und sündigen Locke;/ er mag dann seine Mitverschworenen rufen;/ gehorche ihm nicht und wirf dich nahe bei Gott nieder."

Somit wird dem Koranforscher Deedat klar, das diese erste Rechenoperation *bewusst* an der *allerersten* Sure zum Ausdruck gebracht wurde. Dieser Teil der vierten Offenbahrung war bis dahin noch unvollständig. Doch warum? Erst die Komplettierung mit den dargestellten Versen und den bislang offenbarten fünf des gleichen Kapitels, lässt ihn zum zwingenden Schluss kommen, dass das **Kapitel 96** somit die erste, <u>vollständig offenbarte</u> Sure des Korans darstellt. Sie ist aus 15 x 19 oder 285 Buchstaben zusammengesetzt. Für Deedat ist der Beweis für eine vollkommene Instanz der Offenbarungsquelle gegeben, und wird durch eine Sure in *Kap. 67:4-5* des Koran bestätigt, in der die Zahl **3** exemplarisch mit der *Erkenntnisebene (Stelzner)* verknüpft wird. „Er" schaut *zweimal* hin, und beim *dritten Mal* (erst) erkennt er „zermürbt" die Makellosigkeit der Welt (die Schöpfung):

"Du siehst keine Unvollkommenheit in der Schöpfung des Gnadenreichen. Wende deinen Blick noch einmal dorthin! Siehst du irgendwelche Sprünge oder Risse? Dann wende deinen Blick ein zweites Mal dorthin, und noch ein weiteres Mal - und dein Blick wird verblüfft wie auch zermürbt zu dir zurückkehren." **(67:4-5)**.

Der Überlieferung nach, lebte Mohammend in fast asketischer Weise und war des Schreibens und Lesens unkundig. Trotzdem las und schrieb er angeblich alles auf, was ihm der „Himmel" (Gott/Götter) aufgetragen hatte. Materielle Güter, ja selbst ein Bett sollen ihm fremd gewesen sein. Die Entsagung von jeglichem irdischen Gütern mochte wohl auch die geistig-hygienisch reine Voraussetzung für die Überbringung *der Sure aller Suren* gewesen sein, jene also, die *über* allen anderen steht und diese *„dominiert"*. So überbrachte der Engel Gabriel schließlich dem Propheten am Ende den meistzitierten Satz des Koran:

> **"Bismillah ir-Rachman ir-Rachiem".**
> "Im Namen Gottes, des Gnädigen, des Allerbarmers"

Rashad Khalifa, Achmed Deedat und nachfolgend der österreichische Sufi-Forscher, *Stefan Makowski* sehen in dieser koranischen Einleitungsformel, die aus **neunzehn** Buchstaben besteht, und in **drei** Teile gegliedert ist, den höchsten Ausdruck einer *logistischen Zahlenmagie*. Makowski:

"Um dieses Buch zu strukturieren, muss Mohammed zu sich gesagt haben: Der erste Satz meines Buches muss neunzehn Buchstaben haben. Wie in

aller Welt erhält man einen Satz mit neunzehn Buchstaben, außer durch Versuch und Irrtum?" [61]

Er folgerte weiter:

"Wenn man eine solche Hürde nehmen wollte, müsste man um das Buch zu beginnen, Sätze in der eigenen Vorstellung auftauchen lassen, ausprobieren. Als ich selber meinen ersten Versuch mit besagter Vorgabe startete, hieß mein erster konstruierter Satz: "Der schnelle Fuchs sprang über einen faulen Hund" - das kam mir als erstes in meinen Sinn. Ich zählte die Buchstaben, es waren zweiundvierzig. Weit zu viele. Was ist mit "Ehrlichkeit ist der beste Polizist"? Leider elf Buchstaben zu viel. Was ist mit: "Es war einmal..." usw. Man muss einfach den Gedanken niederschreiben und die Buchstaben zählen. Es gibt keinen anderen Weg, doch unser Autor Mohammed traf beim "Jackpot" voll ins Schwarze..." [62]

Makowsky wird bewusst, dass z.b. nur ein entsprechendes *Computerprogramm* in der Lage wäre, diese enorme Menge an Versuch/Irrtumsdaten errechnen zu können, um noch *während seiner Lebenszeit* zum gewünschten Ergebnis zu gelangen. Doch hatte, wie man zumindest heute annehmen kann, Mohammed sicherlich weder ein Notebook, noch eine dokumentierte Hilfe von außerirdischen. Oder doch? Wer besaß also diese unglaubliche Fähigkeit? Achmed Deedat schließt sein Buch mit der *Sure 74*:

"Mit der Neunzehn werdet ihr rechnen müssen."

Sollte das Wissen um den *Korancode 19* möglicherweise auch beim Bau der *Pyramiden* mit eine Rolle gespielt haben?

„Die (Cheops)Pyramide ist offenbar von Anfang an in den ersichtlichen Ausmaßen geplant und begonnen worden. (...) Der Eingang des Grabkorridors (...) lag ursprünglich in der **19**. *Verkleidungsschicht, die jedoch heute nicht mehr existiert."* ST3
Rainer Stadelmann, Ägyptologe

Liegt im Zusammenhang mit dem aus dem Piktogramm ableitbaren Raumwürfel wieder nur eine fantasievolle „Zufälligkeit" zwischen der Sure **96**, der Anzahl der **96** Felder des Raumwürfels oder der Summe **96** in der innersten Schalle des Primzahlkreuzes vor, welche zugleich die Christuszahl **33** enthält? Stellt dies möglicherweise ein ernst zunehmendes Indiz für eine *gemeinsame* Urquelle beider Religionen dar? Wieviel Zufall wäre nach allem bisher Gefundenen nötig, damit der *Korancode* **19** in der klassischen Primzahlreihe:

2, 3, 5, 7, 11, 13, 17, **19**

---

[61] S. Makowsky, Die Weltformel 19, Der universale Code ist entdeckt, S.32 www.sufiportal.de
[62] dto. S.32

an **8ter Stelle**, der *Merkurquadratzahl* erscheint?

Der *Koran* spricht von der Überbringung einer *Himmelsbotschaft* durch den Propheten Mohammed, die durch die **19** codiert ist und die - nach S. Makowsky - einen *mathematischen Bauplan* der Welt, eine *Weltformel*, wiederspiegelt. Verbindet Islam und Christentum doch mehr, als wir bislang glauben?

Bei allen Zweifeln die man dazu haben kann, ist es doch sehr bezeichnend, dass Achmed Deedat nach Veröffentlichung seiner Erkenntnisse in seinem eigenen Land unter politisch-religösem Druck gesetzt, und schließlich zum öffentlichen Widerruf seiner Forschungsergebnisse gezwungen wurde. Dass die Verdrängung unbequemer Sachverhalte keinesfalls nur in muslimischen Staaten praxis ist, zeigen auf christlicher Seite z.b. die Schriftrollen vom toten Meer, den *Qumran-Rollen* der Essener. Hier „schützen" im wesentlichem die Jesuiten schon seit Jahrzehnten über 90 % der Texte unter fadenscheinigen Gründen vor einer Veröffentlichung. Der Vatikan mag nicht ohne Grund vor einer möglichen Korrektur durch die Essener-Texte in Sorge sein, könnte man doch mit so mancher „störender" Information rechnen. Wäre es denn für die christliche Welt denn umgekehrt die Behauptung vorstellbar, dass Christus Wissen um einen *biblischen Code* gehabt hätte? Tatsächlich existieren dazu unzählige Abhandlungen und Publikationen, welche sich auf die Spur der hebräischen Zahlenmystik begeben haben. Vieles davon klingt für Rationalisten sicherlich ähnlich absurd wie das bisher in diesem Buch Vorgetragene, manches mag für andere durchaus im Bereich des Vorstellbaren liegen. Da mit großer Wahrscheinlichkeit nur wenige letztendlich die wahre Antwort kennen, sind die meisten von uns daher weiterhin auf der Spurensuche..

Der Mensch im Allgemeinen ist innerhalb seiner Lebensverhältnisse auf eine grundlegende Ordnung nicht nur im materiellen Bereich, son-dern vor allem auch im Geistigen angewiesen. *Sinnhaftigkeit* ist mit eine der zentralen Faktoren im Lebensbewusstseins eines Individuums. Die ewige Frage, woher kommen wir, belegt dies am deutlichsten. Alles scheint einen Grund, ein Motiv, welches Ausdruck einer zielgerichteten und vor allem nicht beliebigen Wesenheit zu haben. Welche Arroganz des modernen Menschen sich selbst in der Beschränktheit seiner Wahrnehmungsfähigkeit zum unzweifelhaften Pol einer Erkenntnis zu erheben, welche nur ein winziger, aktueller Ausschnitt aus einer kaum erfassbaren Gesamtrealität ist. Vornehmlich sind Zeugnisse jener Art nicht Ergebnisse einer zufälligen Naturgestaltung. In geomantischen Konzepten angelegte Städte, werden höhere metaphysische Prinzipien und Gesetze offenbar. Diese zu erkennen und in die physische Welt umzusetzen, dazu bedarf es eines *überschauenden Bewusstseins*. Das

Sichtbare wird in diesen Fällen zum Ausdruck des dahinterliegenden Unsichtbaren. Diese Dinge behütete man in alten Zeiten in Form eines Geheimwissens z.b. in einer Loge oder Bruderschaft.
Versuchen wir nun unter Aufbietung größter Toleranz und Offenheit das folgende zu betrachten:

„*Der Abend des 7. Dezember 1900 – siebzig Minuten lang spielte eine Lichtfontaine auf dem Planeten Mars. Professor Pikering - >absolut unerklärlich< (Sientific American, 84 – 179)*

Es könnte ein Nachrichtengeysir gewesen sein. Vielleicht wird er eines Tages übersetzt. Wenn die Nachricht aus Bildern bestand, die dem Gruß eines Planeten an eine höhere Macht angemessen sind, dann mag sie eines Tages als heroischer Festgesang aller Zeiten in die Literatur dieses Geosystems eingehen. (...) Wenn es in Flagstaff, Arizona, Aufzeichnungen über all die langen Blitze und die kurzen Blitze gibt, die an diesem Abend des 7. Dezember 1900 siebzig Minuten lang zu sehen waren, dann sind entweder die Grüße einer Insel im Raum hoffnungslos an kontinentaler Dumpfheit zerschellt, oder es müssen alle Amateur-Champollions dieser Erde in Flagstaff, Arizona, einfallen, um sich in einem ohrenbetäubenden, geschäftigen Summen an der Übersetzung zu versuchen. Zu dieser Zeit verkündete Tesla, er habe mit seinem drahtlosen Apparat Vibrationen empfangen, die er Marsbewohnern zuschrieb. Sie erfolgten in Dreierschlägen."

Charles Fort [1874–1932]

4.4 Die Spur ins All

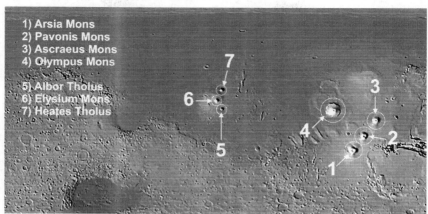

Die sieben Schildvulkane des Planeten Mars. **Credit** to MOLA Sience Team

Das Nasca-Piktogramm hielt eine weitere Überraschung bereit. Die folgende Hypothese war der bereits schon angedeutete Gedanke, dass die *sieben größten Schildvulkane* auf dem Mars, in einer mutmaßlichen Verbindung mit dem Piktogramm stehen *könnten*. Dieser nicht gerade nahe liegende Gedanke wird verständlicher, wenn man sich z.b. *megalithische Steinkreise* vor Augen führt und folgendes vorstellt: Sollte man z.b. noch niemals davon gehört haben und eines Tages auf einer sommerlichen Urlaubswanderung durch das englische Hochland auf einen *stonecircle* stoßen, so werden Sie sich mit allergrößter Wahrscheinlichkeit gerade *nicht* sagen, dass es sich dabei nur um eine *rein zufällige* Ansammlung von Felsbrocken handelt. Vielmehr wird Ihnen *gefühlsmäßig* eine Stimme in Ihrem Bauch vorschlagen, dass diese Dinger nicht zum Spaß in Kreisform in der Gegend herumstehen. Aufmerksam geworden, werden Sie vom konkret sichtbaren Zusammenhang *„Kreisform"* und eigentlich *„viel zu große, aufrecht stehende Steine"* einen wie auch immer gearteten *„Sinn"* dahinter vermuten. Jedermann weiß auch ohne akademische Professur, dass Steine dieser Größe und Form sich nicht selbständig vom Boden erheben und sich in Kreisform gruppieren! Dabei ist es in diesem Moment völlig gleich, nach welchem *Sinn* Sie in dieser Steingruppe suchen. Sie werden auf jeden Fall als *Mensch* dahinter eine *Absicht,* einen *Zusammenhang* zumindest erahnen. So, oder so ähnlich verhielt es sich letztlich mit den nachfolgenden Indizien. Sieben riesige Schildvulkane, geometrisch angeordnet in zwei *dreieckförmige Gruppen* zu je **4** und **3** Vulkanen, sollten also somit nicht ganz unbemerkt bleiben. Einige Leser werden die sieben riesigen Schildvulkane beim Betrachten von Marsfotos vielleicht als markante Details aus den Medien in Erinnerung haben. Kaum jemand käme wohl auf die aberwitzige Idee, in ihnen mehr zu vermuten als ein zufälliges Naturereignis. Dass gerade eine Geoglyphe in einer der unwirtlichsten und einsamsten Wüsten dieser Erde mit ihnen etwas zu tun haben soll, mag an den Haaren herbeigezogen sein, doch wir werden sehen, dass es einige ernst zunehmende Indizien für ein Konzept in meiner Auslegung zu geben scheint, welches u.a. eine mögliche Erklärung für die Quelle megalithische Kulturzeugnisse auf der Erde sein könnte.

Die Verbindung zweier derart verschiedener Phänomene anzunehmen, ist wahrlich weder logisch wissenschaftlich. Es schien vielmehr ein Kulminationspunkt gewesen zu sein, der über die frühere Beschäftigung mit Aufnahmen der Marssonde, wie z.b. der *Global-Surveyor*, eine die ungewöhnliche Anordnung der Vulkane erneut ins Bewusstsein brachte. Es war mit Sicherheit kein „Zufall", dass ausgerechnet zum Zeitpunkt der Piktogrammbetrachtung meine vorangegangene Beschäftigung mit Marsfotos eine Rolle spielen würde, denn ohne sie wäre dieser Zusammenhang nimeals offenbar geworden. Die Suche nach dieser Verbindung brachte eine „Liste" hervor, der eine *arithmetische Chiffrierung des Raumwürfelfaktor mit den Lagekoordinaten der sieben Vulkane* zugrunde lag. Ich habe lange darüber nachgedacht sie in den Anhang mit aufzunehmen, habe es aber dann gelassen. Das folgende ist starker Tobak genug. Ein Indiz, wenn auch nicht gerade ins Auge springend, bestand z.b. darin, dass der mittlere und größte Vulkan der Elysium-Schildvulkangruppe, *Elysium Mons*, zwei Merkmale aufwies was die Lagekoordinaten betraf:

Elysium Mons	
Breite: **25° 00** N 2+5	
Länge: **147° 00** E 1+4+7	

Das Koordinatenpaar enthält durch die Bildung der *reduzierten Quersumme* der *originalen** Vulkankoordinaten aus *Breite und Länge* von *Elysium Mons* $\boxed{2 + 5}$ und $\boxed{1 + 4 + 7}$, eine Parallele auf die uns inzwischen vertraute Zahlenkombination:

$$\text{Breite QS}= \boxed{7} \text{ und Länge QS}= \boxed{3}$$

<u>Die Kreispositionen der beiden Zeiger im Strahlenbüschel des Nasca-Piktogramms!</u>

5.0 Der Mars und die Schildvulkane

> *Olympus Mons,* Ascreus Mons, Pavonis Mons, Arsia Mons
> **4**
> Hecates Tholus, *Elysium Mons*
> Albor Tholus
> **3**

Seit seinem sonnennächsten Punkt *(Perihel)* im Herbst 2003, rückte der rote Planet für eine Weile stärker als üblich ins Bewusstsein der Menschen, denn erst vor knapp 60.000 Jahren war der Mars so nahe wie 2003, obwohl durchschnittlich alle 2000 Jahre ein angenähertes Perihel zu beobachten ist. Doch ist uns der Mars nun auch auf eine andere Weise näher als jemals zuvor. In noch nie da gewesenem Ausmaß erreichen in wenigen Monaten bis Jahren eine Welle automatischer Sonden den roten Planeten. Die Qualität der Fotografien steigt ständig und bereits jetzt, nachdem Sonden wie *Odyssee, Mars-Express* oder *Spirit* hochauflösende Aufnahmen zur Erde funkten, nimmt auch der Zweifel an künstlich erscheinenden Objekten zu. *Wasser* und *Bakterien,* als biologische Kronzeugen sind jetzt besonders gefragt, nachdem optische Artefakte im Zeitalter digitaler Manipulationen einen rapiden Vertrauensverlust erlitten haben. Die aktuellen Fotos führen mit jeder neu hinzukommenden Aufnahme einen Feldzug gegen langgehegte Illusionen von einstigem, womöglich sogar humanoiden Leben auf dem roten Planeten. Die Priorität in der Erforschung des Mars ähnelt (zumindest auf amerikanischer Ebene) zudem den politischen Bemühungen während der ehemaligen *Sputnik Ära* während des kalten Krieges. Eine Weltmacht, die sich seit dem 11.9 aufgemacht hat ihren globalen Herrschaftsanspruch mit allen Mitteln durchzusetzen, wird sich die Eroberung ferner Welten gewiss nicht widerstandslos nehmen lassen. In einer der Vorwahlkampfreden 2003 G.W. Bush`s zur nächsten Präsidentschaftswahl 2005, rief er u.a. zum (erneuten) Sturm auf den Mond aus:
„*Wir werden dem Mond den Garaus machen und dem Mann, der in ihm wohnt!*"
Ist *Bin Laden* etwa unbemerkt auf der Flucht vor der CIA und NSA auf dem Mond untergetaucht? Markige Worte, die erneut die Aggressivität amerikanischen Imperialgeistes dokumentieren. Soviel ist jedenfalls sicher, der Mars ist seit Beginn seiner Erforschung durch automatische US-Sonden wie der *Viking I+II* im Jahre 1976/79 durch immer neue Überraschungen im Bewusstsein vieler Menschen. Während die NASA seit Beginn der Erforschung des Mars von einem *toten* Wüstenplaneten gesprochen hat, Milliarden von Dollars für das zukünftige Ziel einer *Besiedelung* und Kolonialisierung des roten Planeten in den nächsten

Jahrzehnten in Aussicht Rechnung stellt, während in der Zwischenzeit weiterhin die Erde fröhlich als einzig fruchtbarer Lebensraum vernichtet wird; erhärtet sich zunehmend der Verdacht, dass es anscheinend noch viele andere Gründe zu geben scheint, die Forschungsbemühungen bzgl. des Mars in den letzten Jahren stärker als bisher zu forcieren.

Der rote Planet ist gerade einmal halb so groß wie unsere Heimaterde. Seine Eigenumdrehung entspricht mit *24h 37m* fast ihrem Tageslauf. Er befindet sich gerade noch innerhalb des schmalen Toleranzbereiches der Lebenszone in der Sonnenumlaufbahn, in der ebenfalls die Erde liegt. Wie beruhigend. Eine Abweichung von nur 1 - 2% von seinem Orbit würde z.b. die Erde zu nahe an die Sonne heranführen und in ihrer Glut vernichten. Die *Schwerkraft* beträgt etwa *ein Drittel der Erdanziehung* und die Atmosphäre des Mars sei gerade einmal so dünn wie in 35 - 40 Kilometern Höhe auf der Erde. Einer der *sieben* inaktiven Schildvulkane auf dem Mars: *Olympus Mons*, ist mit nahezu 27 Kilometern Höhe der größte uns bekannte *Schildvulkan* in unserem Sonnensystem. Vier von ihnen, *Ascraeus Mons, Pavonis Mons, Arsia Mons* und *Olympus Mons* bilden in ihrer Anordnung eine auffallend geometrische Dreiecksanordnung, die bereits *1979 Walter Hain*[H1], ein österreichischer Prä-Astronautikforscher, angeregt durch die Broschüre des Betriebsingenieurs, *Willi Kross, "Versuch einer neuen Deutung der mathematisch-astronomischen Rätsel der Cheopspyramide in Giseh"* ebenfalls zur Überlegung kommen ließ, in den drei schräggestellten Vulkanen, *Arsia Mons, Pavonis Mons* und *Ascraeus Mons* die Lage der drei Gizehpyramiden zu erkennen. Diese These ist faszinierend, denn sie beinhaltet zwei „haarsträubende Ideen". Die erste davon wäre die Annahme, wie sie Hain als erster vertreten hat, dass die Urheber der Gizehpyramiden die *Winkelkonstellation* der drei Vulkane *gekannt, kopiert* und als *Standortabbilder* für die Errichtung ihrer Monumente verwendet haben. In diesem Fall müssten wir voraussetzen, dass die Hain'schen Marsianer die Bauherren der Gizehpyramiden gewesen sind. Die zweite gedankliche Möglichkeit, die noch viel mehr Vorstellungsvermögen abverlangt wäre die, dass jene sieben Schildvulkane selbst in ihrer Anordnung „künstlicher" Natur sein könnten. Doch alleine diese Idee sprengte schon jegliche, dem menschlichen Verstand zumutbare Grenzen, begreifen wir doch selbst bis heute noch nicht einmal die Art und Weise, wie im Gegensatz dazu die geradezu atomistisch kleine Gizehpyramide des *Chufu* errichtet wurde. Selbstredend wird dererlei sog. „Unsinn" ignoriert und bleibt höchstens als *originelle* Spekulation solange unbeachtet, bis Indizien in Erscheinung treten, wie es die anfänglich als „Laienesoterik" gescholtene Entdeckung der Ausrichtung der Orionschächte des Ingenieurs Bauval/Gilbert es auf ihre Art es ebenfalls gewesen sind. *Holger Isenberg,* ein in Sachen Grenzphänomene engagierter Betreiber der Internetseite, *www.mars-news.de* entdeckte Ende der 90er unabhängig von Walter Hain ebenfalls die Möglichkeit einer Übereinstimmung der drei Gürtelsternen des Sternbildes Orion, mit der Lage der drei großen Gizehpyramiden, was aber letztlich nur eine Frage der Zeit gewesen war. Auf seiner Internetseite weist Isenberg auch auf *Walter Hain* hin, der bereits 1979 als einer der ersten den Gedanken einer Übereinstimmung der drei Schildvulkane des Mars mit den drei Gizehpyramiden gehabt hatte:

> *„Interessant ist auch die Feststellung von Ing. Kross, dass die Anordnung der drei Pyramiden von Giseh – Cheops, Chephren und Mykerinos mit der Vulkangruppe Arsia Mons, Pavonis Mons und Ascreus Mons identisch ist. Dies führt zur Annahme, dass die Pyramiden den Marsvulkanen nachempfunden wurden."* [63]

Drei *Variationen* hinsichtlich dieser Idee sind mir bislang bekannt:

1) *Walter Hain:* Die Übereinstimmung der drei Schildvulkane *Arsia Mons-Pavonis Mons* und *Ascraeus Mons* mit den Lagepositionen der drei Gizehpyramiden.

2) *Bauval/Gilbert,* Die Übereinstimmung der drei Gürtelsterne des Orion mit den Lagepositionen der drei Gizehpyramiden und die Entdeckung der Ausrichtung der Königskammerschächte auf den Oriongürtel.

3) *Holger Isenberg,* der nicht nur die drei genannten Schildvulkane dem Oriongürtel zuordnet, sondern darüber hinaus diese Konstellation auch noch mit einem vierten Schildvulkan, *Elysium Mons* incl. zwei Krater erweitert. Lt. seiner These werden alle sieben Hauptsterne des Orionsternbildes dadurch abgebildet.

Eine der Fragen von Vulkanologen bezieht sich z.b auf den Umstand, warum auf einem mehr als die Hälfte kleineren Planeten wie der Erde, die größten Schildvulkane des Sonnensystems entstehen konnten. Sie kamen zum Ergebnis, dass die ca. um 1/3tel geringere Schwerkraft, der „niedrige" Atmosphärendruck und das Mineral *Olivin* den Materialauswurf des Vulkankegels auf fast 27 Kilometer Höhe begünstigte. Die im Gegensatz zur Erde kaum existierende, bzw. inaktive Plattentektonik der Marsoberfläche, hatte somit langfristig auch keinen Einfluss auf die Lage der Vulkan*standorte.* Diese bleiben Standorttreu und verändern ihre Lage kaum bis überhaupt nicht. Aufnahmen bestätigten die Existenz zahlreicher Vulkane kleiner bis mittlerer Größe überall auf

---

[63] *Walter Hain, „Wir vom Mars", S. 89*

dem roten Planeten, bis hin zur Verschmelzung in Gebirgsrücken*ähnlichen* Formationen. Wissenschaftler gehen derzeit davon aus, dass seit einigen Millionen von Jahren keine vulkanischen Aktivitäten mehr vorhanden sind, was sich durch aktuelle Daten inzwischen jedoch relativiert. Angesichts des vermuteten Alters des Mars von 4,5 Milliarden Jahren eine eher junge Tatsache. Endgültige Erkenntnisse werden sicherlich erst dann vorliegen, wenn Menschen jemals den Fuß auf diesen Planeten gesetzt haben werden. Es gibt aber auch Phänomene die so offensichtlich sind, dass man sich fragen muss, warum bislang die ungewöhnliche, *geometrische Anordnung* der Schildvulkane nicht schon viel früher, auch ohne High-tec Kamera und Spitzenauflösung Wissenschaftlern aufgefallen sind.

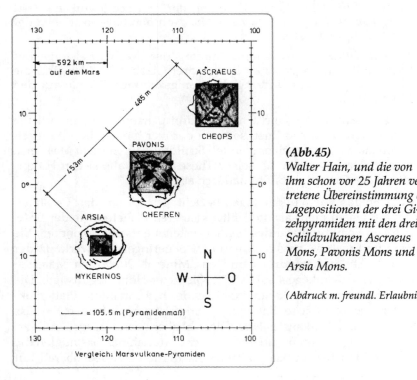

(Abb.45)
Walter Hain, und die von ihm schon vor 25 Jahren vertretene Übereinstimmung der Lagepositionen der drei Gizehpyramiden mit den drei Schildvulkanen Ascraeus Mons, Pavonis Mons und Arsia Mons.

(Abdruck m. freundl. Erlaubnis)

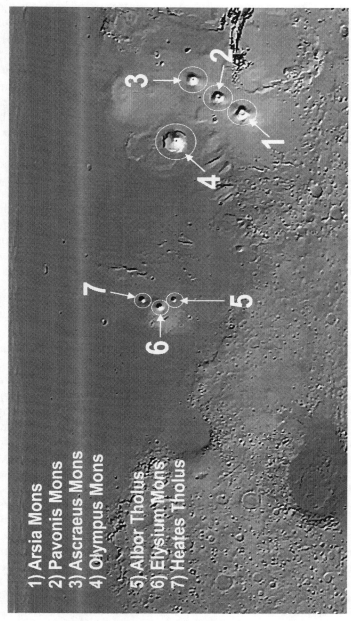

(Abb.46) Hier nochmals vergrößert: Die Marstopografie in der Merkatorprojektion. *Credit* to MOLA Sience Team

Unser Bild des Mars ist zuweilen widersprüchlich und in seiner Gültigkeit äußerst verwandlungsfreudig, wie z.b. die kontrovers diskutierte Frage z.b. nach dem wahren Atmosphärendruck oder der wirklichen Farbe des Marshimmels zeigt. In Sience-Fiction-Kino wird unser Vorstellungsvermögen weniger beansprucht, da digital animierte Scenen Antworten lieern. Wie ungleich schwieriger ist es hingegen, endlose Grauflächen ohne Tiefe und Perspektive, wie bei den Aufnahmen der Marssonden, zu verstehen. Auch „sieht" man am Ende tatsächlich nur das, was man bereits *kennt*, denn mit dem Vorgang des Erkennens ist eine *sinnvolle Einordnung* in das bestehende Welt-Bild verknüpft. Ufo`s mögen z.b. zwar eine Weile für einige interessant sein, doch ergeben sie für die meisten Menschen auf Dauer keinen *Sinn*. Anders verhält es sich, wenn das Objekt nur durch einen imaginativen Erkenntnisvorgang einen auch noch unbekannten *Sinn* ergeben soll, der zudem außerhalb jeglicher bestehenden Erkenntnisinhalte liegt. Ägyptologen z.b. haben in einigen Bereichen der Altertumsforschung ähnliche Probleme. Sie kennen zwar bauliche und kulturhistorische Fakten, aber oftmals fehlt ein sinnstiftender Zusammenhang, wenn z.b. dokumentierte Kulturzeugnisse fehlen. Um wie viel unmöglicher mag daher angehen, sieben der größten Schildvulkane in unserem Sonnensystem anhand der darinnen liegenden geometrischen Verhältnisse als das mögliche Ergebnis *intelligenter Absicht* zu bezeichnen? Absurd? Mag sein. Vielleicht ist es ja tatsächlich nur einer der größten anzunehmenden Zufälle (GAZ) des Universums oder vielleicht auch nur mein persönliches Problem, dass sich sieben Vulkane, ca. 130 Millionen Kilometer entfernt, in einem *geometrischen Konzept* offenbaren, das mit dem Piktogramm, der Gizehpyramide und dem Sternbild des Orion verknüpft zu sein scheint. Walter Hain jedenfalls, der nachweislich *vor* Pietro de Molenaar und anderen das mittlerweile umstrittene, bzw. das von der NASA als natürlicher „Geröllhaufen" deklarierte *Marsgesicht* als erster entdeckt, und die „Idee eines Gesichtes" veröffentlichte, besaß schon früh den Mut, Vorstellungsgrenzen zugunsten ungewöhnlicher Blickwinkel zu überwinden, und ungeachtet dessen für *„verrückt"* gehalten zu werden. Mag es als die Chance eines uns noch unbekannten Ereignisses angesehen werden, welches noch nicht verständlich ist, scheinen doch die 25 Jahre seit der ersten Veröffentlichung der Hain`schen Idee - die Lage der Gizehpyramiden in der identischer Anordnung der Vulkane zu sehen – die Chance für eine vollkommen neue Be-trachtungsebene darzustellen, dessen Zeit mit der Entdeckung des Piktogrammes durch E.v. Däniken und den nun verfügbaren, präzisen Laserprofilen der Marstopografie (MOLA) gekommen zu sein scheint. Doch, beurteilen Sie selbst...

(Abb.47) Credit to MOLA Sience Team

5.1 Das Siebeneck

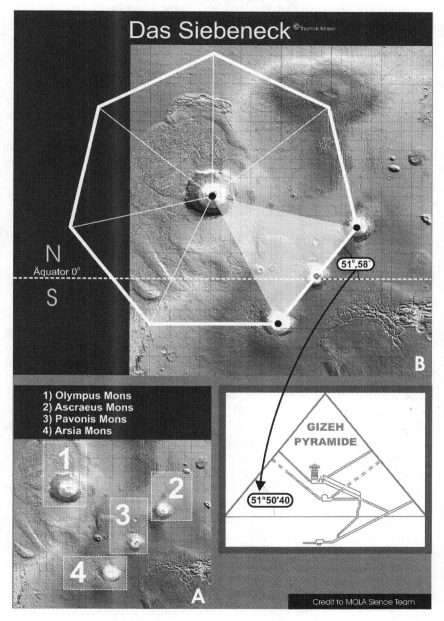

(Abb.47) Das durch drei Vulkankoordinaten konstruierbare, virtuelle Siebeneck.

> „An den Winkeln der Polygone ist der Beginn der Jenseitigkeit, der Irrationalität, ablesbar. Das Siebeneck bringt den Bruch in der Erfassbarkeit. Der Winkel des Siebenecks ist 51,42°... also irrational, dh. weniger wissbar."
>
> M. Stelzner

Dieses merkwürdige Gefühl zu beschreiben, nachdem eines Nachts gegen halbzwei Uhr das *Siebenecks* ausgearbeitet, und mir zu dämmern begann, *was* da eigentlich vor mir lag, ist mir auch heute noch sehr schwer möglich. Zu fantastisch, zu unglaublich erschien mir in diesen ersten Momenten die doch unzweifelhaft vor mir liegende Geometrie des Siebenecks – hervorgegangen aus einem *virtuellen Dreieck* durch drei, der vier Tharsisschildvulkane. Fast zu perfekt passte alles zusammen. Entweder, so dachte ich, wäre es ein Indiz für einen „blinden Fleck" in meiner Analyse, oder einer tatsächlich *möglichen* Realität. Basierend auf einer der genauesten Lasergestützten Topografien (Mola), trat ein W*inkel, 51° 58` 00``* in Erscheinung, der unter Ägyptologen seit jeher besondere Aufmerksamkeit genießt: der *Böschungswinkel 51° 50` 40`` der Cheopspyramide!* Niemals zuvor wurde meines Wissens nach, der *Lagewinkel* der drei Tharsisvulkane, *bezogen zum Mars-Äquator* in Verbindung mit dem ägyptischen Monument gebracht. Selbst wenn diese Idee nicht neu gewesen wäre, so musste sie bislang an den üblichen Ungenauigkeiten der Karten scheitern. Die *MOLA-Kartierung* erlaubten nun jedoch meine These eines *konzeptionellen Zusammenhangs* zu überprüfen. Der Skeptiker wird angesichts dieses absurden Gedankens Aufschreien und nach *Beweisen* dafür verlangen, ganz davon abgesehen, dass während des digitalen Rekonstruktionsprozesses des Siebenecks im CAD-Programm eines unwissenschaftlichen Laien sich selbstredend u.a. aufsummierende (Denk) Fehler eingestellt, und daher - *wieder einmal* - zu einem „*selffullfilling-prophecy Akt*" geführt haben. Dieser Einwand wäre natürlich verständlich. Da ich im vollsten Bewusstsein meiner fachlichen Möglichkeiten nicht von definitiven „Beweisen" spreche, sondern das dargestellte Phänomen zunächst unter Hinweis auf die darin entdeckten Indizien *zur Diskussion* stellen möchte, hoffe ich sogar, dass sich Interessierte durch meine Betrachtungen anregen lassen, meine Hypothese zu überprüfen. Tatsächlich beträgt z.b. der *von mir* mit meiner CAD-Software gemessene Böschungswinkel anhand der NASA-MOLA-Karten nur **51° 58` 00``**, differiert also um ca. **0,8`** Bogenminuten vom Böschungswinkel der Gizehpyramide 51° 50` 40``. Da jedoch die zweite, in Erscheinung tretende, über mehrere tausende von Kilometern hinweg, mit dem Siebeneck in einem *geometrischen Zusammenhang* stehende Entdeckung - die von mir sog. *„Nasca-Vulkane"* die Toleranz des Winkels von *7-Eckseite – Äquator* von 0,8 Bogenminuten mehr als relativieren wird, und zudem die MOLA-Abtastung eine bislang unerreichte Abbildungsgenauigkeit erreichte; ist die „Gesamtkonzeption" der „*Siebeneck-Nascavulkan* Geometrie" bis zu ihrer endgültigen Widerlegung ein Teil der Piktogramminformation. *(Wer selbst einmal in den diversen Bild-archiven stöbern möchte, die ich dieser Arbeit zugrunde gelegt habe, findet hier genügend Material)* [64]

In der Beurteilung um die Genauigkeit der MOLA-Daten teilte mir auf schriftliche Nachfrage das *deutsche Luft-, und Raumfahrtzentrum Berlin, DLR* mit: ... *dass die Toleranzen der MOLA-Karten im Höhenbereich bei 10 m und in der Lagegenauigkeit bei 100 m liegen (Smith et al. 2001, 2003)* Was *trigonometrische Messungen* am MOLA-Material beträfe so sei die Genauigkeit, was Auflösung und Präzision angeht, diese „*enorm*".

(Abb.48)

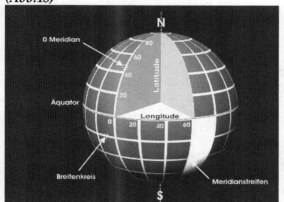

*Die Tharsis und Elysium Vulkane liegen alle innerhalb der sog. Kugelzone, dem Bereich zwischen dem Äquator und dem **40**-ten Breitengrad Nord bis Süd, in dessen Bereich fast keine Verzerrungen bei der Oberflächenprojektion in eine Planfläche auftreten.*

Entgegen ersten Einschätzungen stellte sich rasch heraus, dass das auf den offiziellen MOLA-Koordinaten aufgebaute Siebeneck der drei Thar-sisvulkane kein *ideales Polygon,* sondern ein leicht „*schiefes*" Dreieck er-gab. Zudem existierten zwei davon: ein *virtuelles* und ein *reales* Drei-eck. Das *reale* Dreieck, *sieben* Mal durch Rotationskopien zum 7-Eck aus-geführt, wobei jedes einzelne Dreieck wechselseitig nochmals extra ge-wendet werden musste, um überhaupt eine geschlossene Umfangslinie zu erhalten, schloss sich zudem nicht. Es blieb ein knapp 4° Grad messender, offener spitzer Keil übrig. Dieses „Zurechtbiegen" schien, noch bevor es überhaupt begann, meine 7-Eck-Theorie schon zu vernichten.

---

[64] *Bildquellen: http://ltpwww.gsfc.nasa.gov/tharsis/Mars_topography_from_MOLA/*
http://analyst.gsfc.nasa.gov/ryan/mola01.html
http://ltpwww.gsfc.nasa.gov/tharsis/mapping_results.html
http://ltpwww.gsfc.nasa.gov/tharsis/volcano.html
http://solarviews.com/cap/index/mars2.html

Nach Durchsicht aller bisher gewonnen Daten kam ich jedoch zum Schluss, dass die Dreiecksabweichungen mitnichten so groß waren, um den Gedanken an eine 7-Eckgeometrie widerstandslos aufzugeben. Also erstellte ich ein *korrigiertes, virtuelles CAD-Dreieck* aus einem „perfekten" 7-Eck, und passte es dergestalt ein, dass, ausgerichtet an den MOLA-Koordinaten, die kleinstmögliche Toleranz jeder der acht Koordinaten vernachlässigbar gering war. Das später gefundene *projektive Phänomen*, welches die *Elysiumvulkane* mit einbezieht, sollte dies am Ende bestätigten. Die Grafik *(Abb.49)* führt die beiden unterschiedlichen Koordinatensätze des *virtuellen* und *realen* Dreiecks aus.

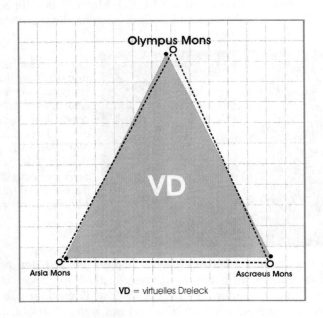

(Abb.49) *Die zur besseren Sichtbarkeit um den Faktor 10 verstärkten Abweichungen der realen Koordinaten (weiße Kreispunkte) vom virtuellen – „passenden" Dreieck (schwarze Kreispunkte).*

Nun lag es fast auf der Hand, dass, bezogen auf die über tausende von Kilometern voneinander liegenden geodätischen Punkte, in diesem Falle die drei Schildvulkane *Arsia Mons, Ascraeus Mons* und *Olympus Mons*, mit einer nur durchschnittlichen Abweichung von gerade einmal 20 km kein Zufall sein konnte. Damit deutlich wird, dass es bei dieser „Korrektur" sich u.a. nicht um eine *willkürliche Manipulation*, sondern um einen, am Weg des Piktogramms ausgerichteten Akt handelt, sind die Koordinatenabweichungen nochmals in der Grafik auf *Seite 156* vergrößert dargestellt.

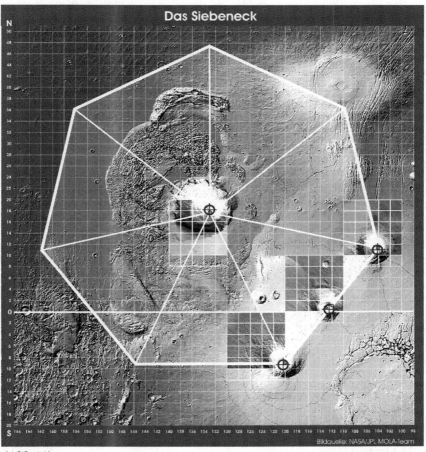

(Abb.50)   *Credit to MOLA Sience Team*

Das ideale, virtuelle Siebeneck im 2° Grad Koordinatenraster. Die hervorgehobenen Vulkanquadrate sind Teilausschnitte höchster Auflösung. In ihnen sind je durch einen Kreis mit einem Passkreuz die realen MOLA-Koordinatenpunkte markiert. Die in den Passkreisen innerhalb liegenden, kleinen Kreispunkte stellen die abweichenden Eckpositionen des geometrisch korrekten, virtuellen Dreiecks dar, aus welcher in 7-facher Rotationskopie das 7-Eck erstellt wurde.

Das virtuelle Siebeneck

A Olympus Mons
B Arsia Mons
C Pavonis Mons
D Ascraeus Mons

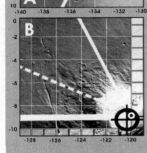
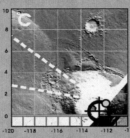
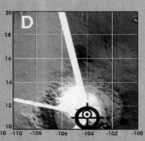

	7-Eck Geometrie	3/7-Eck Abweichung	
A Olympus Mons Breite 18°24`N Länge 133°06`W	Breite 17°76`N Länge 133°06`W	- 0,48° 0°	27,0 km 0 km
B Arsia Mons Breite 9°24`N Länge 120°30`°W	Breite 8°98`N Länge 120°00`W	- 0,26° - 0,30°	15,0 km 17,7 km
C Pavonis Mons * Breite 0°28`N Länge 112°49`W	Breite 0°98`N Länge 112°01`W	+ 0,70° - 0,48°	41,5 km 28,4 km
D Ascraeus Mons Breite 11°18`N Länge 104°30`W	Breite 11°34`N Länge 104°25`W	- 0,16° - 0,05°	9,4 km 2,9 km

* Pavonis Mons gehört *nicht* zu den drei Haupt-Polygonpunkten

Kreisumfang: 2πR
Radius Mars: 3397,2 km

Zeichenerklärung: ⊕ absolute Koordinaten

Äquatorumfang Mars: **21.345,2** km
21.345,2/360° = bei 0° Breite 1°**/59,3** km
          bei 18° Breite 1°**/56,3** km

⊙ virtuelle 3/7-Eck-Koordinaten

(Abb.51) Die tabellarische Auflistung der Koordinaten-Toleranzen.
Credit to MOLA Sience Team

Der **3,98°** Fehlwinkel des *originalen „Siebenecks"* resultiert aus der Gesamtsumme aller einzelnen Fehlwinkel aus dem Hauptdreieck und der 7-fachen Rotationskopie um *Olympus Mons* als Zentrum.

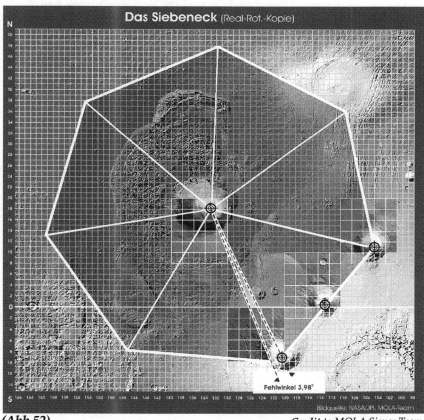

(Abb.52)   *Credit to MOLA Sience Team*

Das MOLA-Siebeneck mit dem 4° Fehlwinkel, erstellt aus den <u>realen</u> MOLA-Koordinaten. Die virtuellen Koordinatenpunkte liegen hierbei in den Passkreuzkreisen deckungsgleich. Das Ausgangspolygon musste zudem wegen seiner geringen asymmetrischer Verzerrung bei der Rotationskopie dabei 6 x seitenverkehrt gespiegelt werden, um überhaupt eine geschlossene Umfangslinie zu erhalten.

Unzweifelhaft ist, selbst in Anbetracht eines ca. 4° Gesamtfehlwinkels, die Anlage eines 7-Ecks. Die vergleichende Gegenüberstellung des *virtuellen* und des *realen* 7-Ecks ist auch deshalb notwendig, weil das Argument, es könne u.U. mit entsprechender Manipulation ja jedes *beliebiges* Vieleck daraus „konstruiert" werden, entkräftet wird. Die „Abwanderung" der Vulkanstandorte mag entgegen der aktuellen geologischen Erkenntnis einer plattentektonischen *Inaktivität* des Mars, möglicherweise in sehr geringem Maß *(nämlich den Toleranzen in Abb.74 entsprechend)* stattgefunden haben. Hinsichtlich meiner 7-Eck-Hypothese bedeutete dies, dass einst das virtuelle *und* reale Dreieck identisch gewesen sein könnten, wenn man zudem von der Annahme einer absichtsvollen *Gesamtkonzeption* ausgeht, die durch eine, geometrische Beziehung zu den drei Elysiumvulkanen charakterisiert wird. Dasjenige aber, was mich am meisten beeindruckte, war dann doch die Tatsache der Geometrie des *Siebenecks* selbst. Niemals hatte ich je auf dem Mars mit dem Erscheinen eines der transzendenten, irrationalsten *Polygone* gerechnet für die es keine Entsprechung in der Reihe der *regelmäßigen, platonischen Körper* gibt. Das *Siebeneck* galt lange Zeit als nicht konstruierbar und wurde deswegen auch als ein *heiliges Polygon (Vieleck)* angesehen, welches den Himmel und die Erde durch eine dem Menschen nicht wissbare Ordnung symbolisiert, und mit der Zahl **7** die Dimension *Zeit* beinhaltet. Wie sehr die *Siebenheit* jedoch mit unserem alltäglichen Leben zu tun hat, kann man in nachfolgenden, mittelalterlichen Diagramm sehen. Jede Spitze stellt einen Tag der Woche, das dazugehörige Metall, den spezifischen Ton der Tonleiter usw. und sein entsprechendes magisches Quadrat mit seiner magischen Summe dar.

(Abb.53) Das Siebeneck als Spiegel des Kosmos. Der Bewahrer der transzeden-

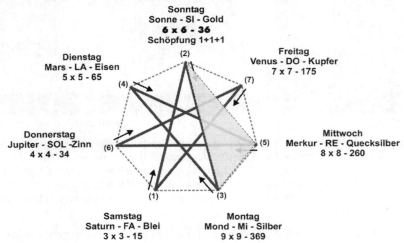

ten Ordnung. Die oberste Spitze (2) bildet das Sonnenquadrat 6 x 6 mit seiner magischen Summe **111**. Es beinhaltet sie die Zahl **36**, QS = **9** und steht für das Metall Gold. Die Verbindungslinie der Spitze 2 – Sonne - verläuft geradewegs zum Mond (3) mit seiner magischen Summe **369**, oder auch als **3 – 6 – 9** lesbar. Sie ist die Struktur des 60-teiligen Kreises des Nasca-Piktogramms. Alle drei Ecken bilden ein Dreieck, das stark an die Geometrie des Basisdreiecks des Piktogrammes erinnert.

Zwei der nahe liegenden Fragen waren:

1) Obwohl im Nasca-Piktogramm nur zwei kleine, unscheinbarer Stummelzeiger indirekt auf das, aus den vier Marsvulkanen entspringende Siebeneck verweisen und jegliche, mathematische Zufallswahrscheinlichkeit ausgeschlossen werden kann, nun die Frage: Welche Beziehung enthält das Siebeneck in der Verbindung mit dem Nasca-Piktogramm?

2) Wenn die Standortlage der drei Tharsisvulkane den Böschungswinkel der Cheopspyramide abbildet, steht man unweigerlich vor einem Dilemma. Wie in der Frage, ob nun das Ei oder das Huhn zuerst da war, fragte ich mich: Wurde die Topografie des Mars hinsichtlich der Schildvulkane nun zum Zwecke einer intelligenten Mega-Geometrie „künstlich" manipuliert oder nicht? Handelt es sich dabei sogar etwa um eine Art „Mega-Terraforming?" Ist die bislang als geheimnisvoll geltende Megalithkultur etwa ein schwacher Nachklang an die Beherrscher jener Dimensionen?

Oder doch wieder einmal alles nur ein absolut genialer „Zufall?"

Knapp 3500 km von den vier Tharisvulkanen entfernt, liegen *drei* der insgesamt sieben großen Elysiumschildvulkane des Mars: *Heates Tholus*, *Elysium Mons* und *Albor Tholus*. Mit ihnen tritt das geheimnisvollste Rätsel um das Palpa-Mars-Piktogramm in Erscheinung:

5.2 Die Nasca-Vulkane
Credit to MOLA Sience Team

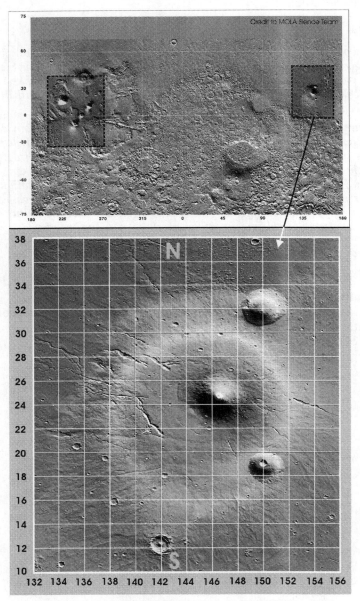

(Abb.54) Die drei Elysiumvulkane im MOLA-Raster - **Credit** to MOLA Sience Team

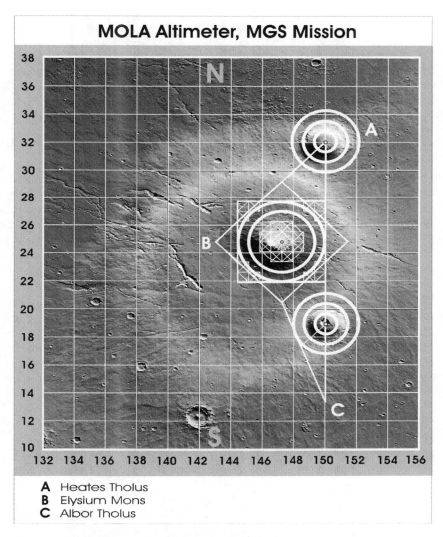

(Abb.55) Exakt in den drei Kreiszentren des Nasca-Piktogramms liegen, im Maßstab angepasst, drei der sieben Schildvulkane. Im Mittelteil des Piktogramms liegt zudem noch der größte unter ihnen, Elysium Mons. Eines ist gewiss: die Übereinstimmung der drei Kreiszentren mit den drei Lagepositionen der drei Vulkane liegt jenseits aller Zufallshochsrechnungen.

Credit to MOLA Sience Team

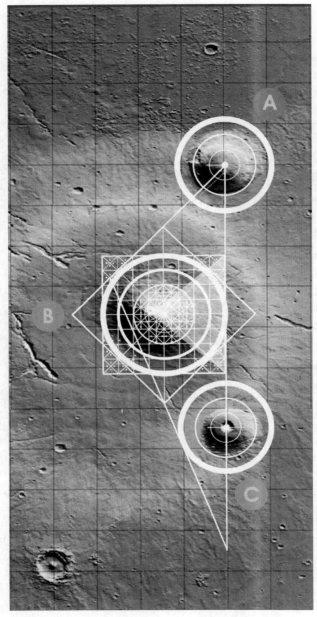

(Abb.56) **Credit** to MOLA Sience Team

*Einer **„Lageschablone"** gleich, liegen die Kreistriozentren passgenau auf den drei Elysiumschildvulkanen (!).*

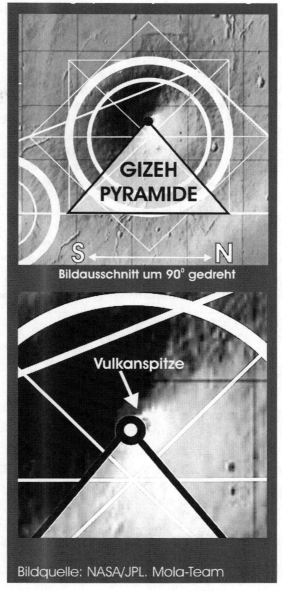

(Abb.57)   *Credit to MOLA Sience Team*

Die Spitze der, in die Basis eingesetzte Gizehpyramide, deckt sich auf unerhörte Weise mit der <u>Vulkankegelspitze</u> von Elysium Mons, die etwas nördlich des Zentralkreismittelpunktes liegt.

Was da vor mir lag und mir den Atem verschlug, konnte nur eine Art *„Schablone",* ein geodätisches Standortabbild der drei Schildvulkane auf dem Mars darstellen! Doch um Himmels willen, *wofür?* Die Kreistrios des Piktogramms fügten sich derart perfekt in die *Lageposition* der drei Vulkane hinein, und bilden die drei Zentren so unglaublich präzise ab, dass ich es zunächst selbst kaum glauben konnte. Wenn man noch bedenkt, dass diese Vulkankonstellation *und* das Piktogramm im Mittel durch ca. *130 Millionen* Kilometer tödlichen Weltraum voneinander getrennt sind, steht man einem Berg neuer Fragen gegenüber.

Eine ungewöhnliche Inspiration ließ mich die Grundgeometrie der Cheopspyramide in die Basis des Grundquadrates einsetzen *(Abb.57).* Auslöser für diese Idee war die Beobachtung, dass *die Vulkankegelspitze* von Elysium Mons - nicht wie die äußeren beiden Kreistrios - ganz präzise im *Kreismittelpunkt* lag. Die Spitze der eingesetzten Cheopspyramide, die einst ein riesiger Kristall oder Goldaufsatz *(das Pyramidion)* geziert haben soll, deckt sich auf verblüffende Weise mit der Kegelspitze von *Elysium Mons!* Klingt darin etwa die etymologische Wurzel des Wortes *Pyr*amide? *„PYR"= Feuer* an?

Dies sind die geografischen Koordinaten der drei Elysiumvulkane:

Hecates Tholus
Breite: **32° 30 N**, Länge: **150° 12 E**

Elysium Mons
Breite: **25° 00 N**, Länge: **147° 00 E**

Albor Tholus
Breite: **19° 18 N**, Länge: **150° 12 E**

Unschwer ist zu erkennen, dass *Hecates Tholus* und *Albor Tholus,* beide *identische* Längenangaben aufweisen: **15° 12 E**. Eine präzisere *Nordung* durch zwei Punkte ist kaum mehr möglich:

$$150{,}12 \quad QS= 9$$
$$150{,}12 \quad QS= 9$$

150,12 + 150,12 = 324. 324 : 3 *(Vulkane)* = **108**

Behalten wir die Zahl $\boxed{108}$ in Erinnerung.

Da die NASA eine aktive Plattentektonik auf dem Mars bisher ausschließt, gibt es somit auch keine natürliche Bewegungskomponente, der man den Grund für dieses Lagemerkmal anlasten könnte. Also doch etwa mein *persönliches Problem*? Wenn nicht, w*as"* oder „wer" lässt vier, der sieben Schildvulkane im Böschungswinkel der Cheopspyramide und zwei der drei Elysiumvulkane exakt auf einer *Nord-Süd Linie* entstehen? Handelt es sich auch hierbei wieder nur um einen GAZ *(größter anzunehmender Zufall)* welcher z.b. auch dafür verantwortlich sein soll, dass die Spitze des mittleren Schildvulkans, *Elysium Mons*, genau auf die Spitze der eingesetzten Cheopspyramide fällt? Sollte man dieses Faktum nicht vielmehr als eine *inhaltliche Steigerung* des, ohnehin schon ungewöhnlichen Konstruktes, auffassen, wobei Elysium Mons zudem noch durch seine *Koordinatenquersummen* auf die *Zeiger 3 und 7* im Strahlenbüschel des Nasca-Piktogramms rückverweist?

Elysium Mons
Breite: 25° 00 N, Länge: 147° 00 E
QS = 7   QS = 3

Sollte allen Ernstes ein schriftloses Naturvolk wie die Nasca oder Mochè Indianer, <u>das alles</u> wirklich *gewusst*, und *dieses* Wissen ohne Fluggeräte Jahrtausende überdauernd - aus banalem Zeitvertreib oder Wassermangel – eine derart multidimensionale, euklidische Geometrie in die Pampa gescharrt haben?

Zugegeben, es entstehen einmal wieder mehr Fragen als Antworten. Doch vielleicht gibt es tatsächlich von Zeit zu Zeit im Universum eine Kraft, die in der Lage ist, Phänomene dieser Art als triviale Erinnerungsprodukte des Alltagsgedächtnis zu erklären, wie es ein NASA-Vertragspartner, *die Themiswebsite,* so treffend formuliert:

*„Die Menschheit ist sehr auf optische Eindrücke spezialisiert. Wir verlassen uns auf unsere Augen und nehmen wahr, was um uns herum in der Welt geschieht. Konfrontiere eine Person mit einem beliebigen Bild und diese Person wird feststellen, dass es irgendetwas ähnlich sieht. Selbst, wenn der Betrachter keine Vorstellung darüber hat, was er auf dem Bild sieht, er/sie wird dennoch in der Lage sein die Bemerkung darüber zu machen: „**es sieht aus wie**..." Das Bild (das entsprechende Marsfoto auf der Website. Anm. d. Verf.) ist Teil der Marsoberfläche, aber es wurde für seinen <u>künstlerischen Wert</u> ausgewählt, weniger als ein Beispiel für wissenschaftlichen Interesses. Als es (das Foto) zum ersten Male gesichtet wurde rief es (etwas) in Erinnerung: „**es sieht aus wie**..." (es also) irgendwo schon einmal im täglichen Leben gesehen wurde."*

> *„Ich glaube, dass es nur einen einzigen annähernd großen, weisen Astronomen gegeben hat. Es war Tycho Brahè. Viele Jahre lang wollte er nicht beschreiben, was er am Himmel sah, weil er es für unter seiner Würde hielt, ein Buch zu schreiben. Die unwürdigen oder weniger belesenen oder manchmal viel zu belesenen Astronomen, die Bücher schreiben, sagen unweigerlich und immer, wenn ein leuchtendes Objekt so nahe herangerückt ist, dass man es nicht mehr für eine Illusion halten kann, dass es sich um einen Heiß-Luftballon handelt."*
>
> **Charles Fort** [1874–1932]

5.3 Die Mars-Nasca Geometrie

Von der deutschen Stadt Karlsruhe ist zumindest aufgeschlossenen Städteplanern bekannt, dass sich ihre Konzeption an *hermetischen Gesetzen* der *Geomantie* und der *Geometrie* orientiert. Gebäude, Anlagen und Straßen stehen über *imaginäre Linien* innerhalb der Ausrichtung des Bebauungsplanes miteinander in Beziehung. Das Eigentliche spielt sich nicht im sichtbaren, sondern im Raum zwischen der angelegten Struktur ab. Die Anordnung von Straßen, Plätzen oder Ausfall-Alleèn auf der Grundlage einer esoterischen Realität in Gestalt von gezielt umgesetzten Winkel oder Flächenverhältnissen, weben somit ein an der Geomantie angelehntes „Energienetz", verbinden die Peripherie mit dem Zentrum. Viele Geheimnisse ranken sich in der Geschichte der Menschheit um die Verquickung spirituellen Wissens mit einem politischen Herrschaftssystem. Wer danach zu suchen beginnt wird bald fündig, die dies belegen. (z.b. *Klaus Humpert, Die mittelalterliche Städteplanung*). Es wäre also wohl kaum vernünftig diese Tatsachen einfach zu verleugnen, nur weil wir heute nicht mehr wissen, was in den Tiefen der dahinter verfolgten Absicht wirklich verborgen ist.

In gewisser Weise ähnelt dieses auf der Erde zu findende Phänomen ungemein passend dem was nun zu sehen ist, denn auch hier scheint unmissverständlich und endgültig die Grenze eines natürlichen Mega-Zufalls überschritten zu sein, sollte ich mich - trotz aller Bemühung um eine objektive CAD-Rekonstruktion – nicht maßlos verirrt haben.

Nimmt man nämlich die durch das virtuelle Siebeneck entstandenen geometrischen Punkte, verbindet und verlängert diese darüber hinaus in den Raum, so erhalten wir projektive Strahlen, die sich auf verblüffende Weise im Nasca-Piktogramm, welche resp. die Standorte der Elysiumvulkane abbilden, exakt darin einfinden. Selbst zwei Strahlen, welche in Richtung Äquator zielen, kreuzen sich durch zwei, aus dem Piktogramm entgegenkommenden Strahlen genau auf der Nulllinie des Äquators!

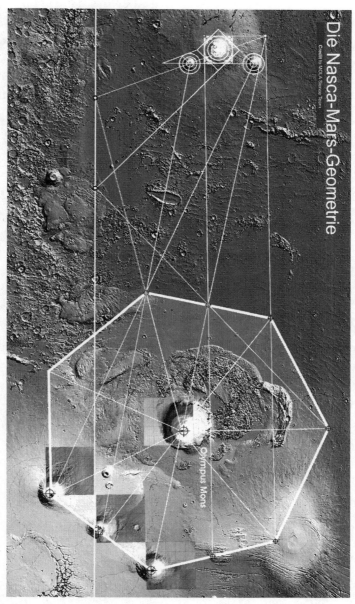

(Abb.58) *(Äquator) Die faszinierende, projektive Beziehung: Siebeneck-Piktogramm.*

Credit to MOLA Science Team

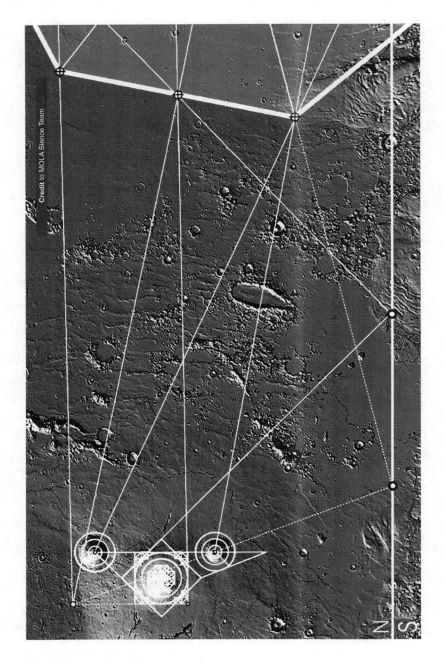

(Abb.59) **Credit** to MOLA-Sience Team (Äquator)

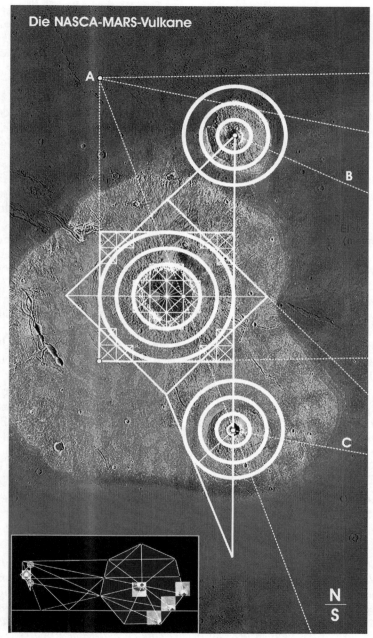

(Abb.60) Im Detail. **Credit** to MOLA Sience Team

*(Abb.58,59) Die projektiven Strahlen, welche, ausgehend durch die Ecken des virtuellen Siebenecks von den vier Schildvulkanstandorten gebildet werden, aspektieren das Nasca-Piktogramm in unerhörter Weise; und das über mehrere tausend Kilometer hinweg auf die andere, gekrümmte Seite des roten Planeten. Bemerkenswert sind vor allem die beiden Strahlen, **A** und **B** die an der virtuellen Äquatorlinie reflektiert, und direkt in das Piktogramm hinein projiziert werden.*

*(**Abb.60**) Die Strahlen **B** und **C** laufen exakt die Kreiszentren der beiden Kreistrios an (!). Der Punkt **A** z.b., wird aus dem Schnittpunkt eines Siebeneckstrahles und eines Piktogrammstrahles exakt auf der Äquatorlinie gebildet.*

Die *relative* Häufigkeit von drei *zufallsgenerierten* Punkten, die statistisch gesehen bei einem Experiment auf einer geraden Linie zu liegen kommen, stehen noch in einem vorstellbaren Wahrscheinlichkeitsverhältnis. Doch diese perfekt geführte Konstruktion von Strahlengängen aus fast einem Dutzend verschiedenen Punkten ist damit wohl kaum mehr auch nur halbwegs befriedigend erklärbar. Dass, was wir hier sehen, sprengt ganz klar den Rahmen unseres Verstandes. Im Allgemeinen hat der Mensch schon Mühe, unser „kleines Sonnensystem" in ein Verhältnis zum „Unendlichen" zu setzen. Das mancher Leser, der bis zu diesem Kapitel durchgehalten hat, das hier vorgestellte hermetische Konzept der Mars-Nasca-Geometrie in Zweifel ziehen wird, ist verständlich". Andere wiederum werden sich eher fragen, _was_ diese projektive Ver-bindung, jenes gigantisch konzipierte Arrangement – vor allem zu wel-chem *Sinn* und *Zweck* – *bedeuten* könnte!

Alle bisher gefundenen Phänomene spielten sich während ihrer Rekonstruktion auf der Ebene der *Zylinderprojektion* ab, also der Abwicklung einer Kugelfläche, übertragen in eine 2-D-Ebene. Auf dem Bildschirm oder Papier handelte es sich um *gerade* Linien oder Winkel auf einer Planfläche. War all das schon erstaunlich genug, so wurde mir einmal mehr bewusst, dass die gefundene Siebeneck Geometrie und ihre projektiven Beziehungen, sich ja nicht auf einer zweidimensionalen Fläche, sondern auf einer realen *Kugel*, einem *Geoid* abspielten! Eine gerade Linie von einem Punkt **A** nach **B** gezogen war ja nicht nur *gerade*, sie war zugleich in die dritte Raumdimension, der Tiefe, *sphärisch* gekrümmt.

*(**Abb.61**) Die sphärisch gebeugten Projektionslinien (Loxodrome), folgen natürlicherweise der Kugeloberfläche. Diese Tatsache setzt Fähigkeiten voraus, welche vernünftigerweise nur vom Standpunkt einer überragenden Intelligenz aus realisiert werden können. Wer oder was auch immer für die Standorte der sieben Schildvulkane verantwortlich ist ob nun der Aushilfslehrling Zufall, eine der genialsten Launen der Natur oder eine hochstehende Intelligenz – es fand unzweifelhaft Niederschlag im Nasca-Piktogramm!*

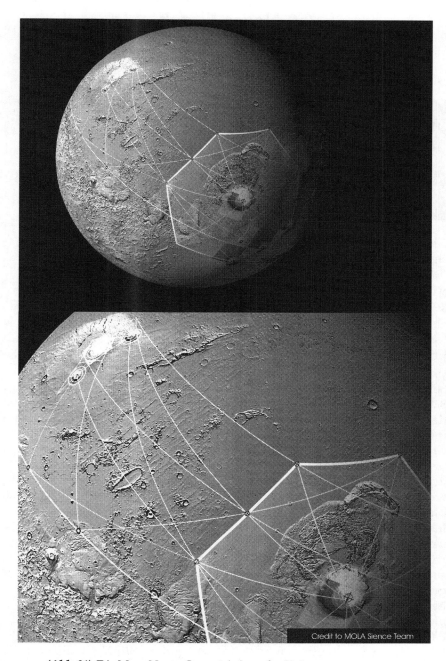

(Abb.61) Die Mars-Nacsa-Geometrie in realer Krümmung

6.0 Nasca-Gizeh

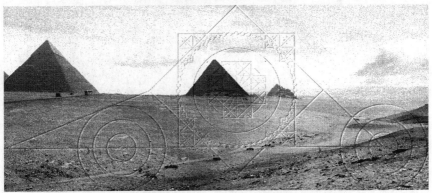

(Quelle: Autor/Fotolia)

Der Weg durch das Piktogramm führte jetzt überraschend in Richtung Kairo, Ägypten. Inspiriert durch das Phänomen der übereinstimmenden Spitzen des Schildvulkans Elysium Mons und der Cheopspyramide, lenkten u.a. die Forschungsergebnisse des Physiker H. Jelitto meinen Blick jetzt nach Gizeh, zur grossen Pyramide. Auch sie sollte im Nasca-Piktogramm verborgene Aspekte in Form von projektiven Hinweisen widerspiegeln. Dabei trat die bis heute unergründete Konzeption der Königskammer unter dem Blickwinkel der Zahlenqualitäten in ein neues Licht.

Seit dem ersten gewaltsamen Eindringen arabischer Arbeiter im Jahre 820 v.Chr., die im Auftrag des Kalifen *Abdullah el-Mamun* das Innere der Pyramide untersuchten, rankt sich um das mysteriöse Gangsystem innerhalb der großen Pyramide nach wie vor die Suche nach dem *Grund und Sinn* ihrer Konstruktion. Die Zeugnisse des alten Ägypten bzgl. der Cheopspyramide sind bekanntlich recht einsilbig und schweigen oftmals mehr als sie sprechen, stellt Robert Bauval bei seinen Recherchen in den Pyramidentexten fest. *1300 v.Chr.*, als der berühmte *Tutench-Amun* herrschte, existierten Pyramiden bereits schon über 1000 Jahre. Damals wie heute weiß die Fachwelt immer noch nicht genau, *wer* die große Gizehpyr-amide wirklich erbaut hat. Als sicher *angesehene* Urteile ersetzen keine gesicherten *Beweise*, weshalb bis  heute ein nachhaltiger Expertenstreit um jene entdeckte Kartusche *(Königshieroglyphe s. Abbildung.)* im Bereich einer der Entlastungskammern darüber geführt wird, ob die Inschrift, die auf *Chufu/Cheops* als Erbauer hindeuten soll, nun echt oder eine Fälschung darstellt. Nach allgemeiner Lehrmeinung wurde die große Pyramide von Giza von Pharao

Chnum-chuf (der Gott Chnum ist sein Schutz), kurz *Chufu (auf griechisch = Cheops)* zu Beginn der 4. Dynastie gebaut. Der korrekte Name der Cheops Pyramide lautet "*Achet Chufu*". Übersetzt bedeutet es "*Horizont des Cheops.*" Da es bei der Cheopspyramide so gut wie keinerlei Inschriften gibt, wird sie auch als „*die kahle Pyramide*" bezeichnet. Ähnlich wie in den unergründlichen *Megalithanlagen* Englands, gibt es keinerlei Texte oder Hinweise die den, oder die Erbauer eindeutig identifizieren könnten. Alles was an gesicherten „Indizien" hinsichtlich der Urheberschaft Pharao Cheops dokumentiert ist, ist eine einzige, nur 7,6 cm große Statue des mutmaßlichen Pharao Cheops. Eigentlich recht kümmerlich für einen mächtigen König, der für ein unvergleichliches Weltwunder verantwortlich sein soll. Bescheidenheit mag wohl nicht der einzige Grund für die mageren Hinweise sein. Die weithin unübersehbare Existenz der Pyramide an sich, und ihre gewaltige Dimension mögen dagegen weiterhin als unumstößliche Tatsachen von allen Menschen akzeptiert werden.

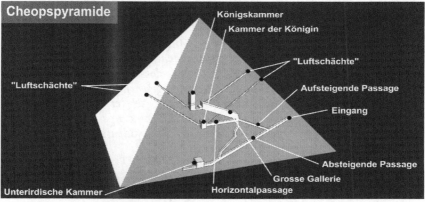

(Abb.62 Das 3-Kammersystem mit seinen dazugehörigen Gängen und Schächten

Das einzigartige Merkmal der Gizehpyramide hinsichtlich des Fehlens jeglicher schriftlicher Zeugnisse führte zu zwei grundlegend verschiedenen Theorien. Eine davon besagt, dass sie das meisterliche Endprodukt, also der Höhepunkt einer *voran gegangen*en handwerklich-kulturellen Entwicklung sei. Die Zweite, dass gerade ihre Einzigartigkeit darauf deutet, daß die Gizehpyramide nicht die letzte ihrer Art gewesen ist, sondern im Gegenteil, die *Erste ihrer Art*. Sämtliche Bemühungen der alten Dynastien Pyramiden zu errichten seien letztendlich der Versuch gewesen, die perfekte große Pyramide zu *kopieren*, denn sie stamme aus der Epoche des sagenumwobenen Atlantis. Vieles wäre mit der letzteren Theorie erklärbar, da bei ihrer ersten Öffnung im Innern der großen Galerie z.b. 1,2 Zentimeter dicke Salzablagerungen an den Wänden gefunden wurden die darauf schließen lassen, dass einst der Meeresspiegel dort für sehr lange Zeit angestanden haben muss.

„Eines der größten Mysterien dieser Kammer waren die Salzablagerungen an den Wänden. Sie waren an manchen Stellen bis zu 12 mm dick, und Petrie rechnete sie bei der Vermessung der Kammer mit ein. Das Salz wurde auch entlang des Horizontalen Gangs gefunden und in dem niedrigeren Teil der Großen Galerie. Wie hatte sich Salz an den Wänden ablagern können? Diejenigen, die dem Vorhandensein von Salz eine gewisse Bedeutung beimaßen, vermuteten, dass es sich auf den Wänden abgelagert haben könnte, als das Wasser der biblischen Sintflut zurückging. Andere vermuteten, dass die Große Pyramide und ihre Nachbarn einst von Wasser umgeben waren.
Christopher Dunn, The Giza Power Plant, S. 193

Legenden und Aufzeichnungen ... sprechen von der Tatsache, dass man – bevor die Araber die äußere Verkleidung der Pyramiden entfernten – die Spuren des Meerwassers bis zur halben Höhe auf den Steinen sehen konnten, in einer Höhe von ca. 80 Metern, was 140 Meter über dem gegenwärtigen Wasserspiegel des Nils wäre. Der arabische Historiker Al Biruni aus dem Mittelalter bemerkte in seiner Abhandlung „The Chronology of Ancient Nations": „Die Perser und die große Mehrheit der Magier erzählen, dass die Bewohner des Westens, als sie von ihren Weisen gewarnt wurden, die Königspyramide und die Pyramiden von Gizeh errichteten. Die Spuren des Wassers der Sintflut und die Auswirkungen der Wellen sind noch immer bis zur halben Höhe der Pyramiden sichtbar, über die hinaus das Wasser nicht gestiegen ist."
Joseph Jochmans, „How Old Are the Pyramids?"
www. atlantisrising.com/issue8/ar8pyramids. html

In Ägypten sind bis heute nach *Dörneburg* [65] **108** Pyramiden bekannt. *(Es gibt zwar verschiedenste Angaben dazu, doch die Zahl 108, soll im Zusammenhang mit der arithmetischen Piktogrammbetrachtung als eine plausible Grundlage verwendet werden).* Die Cheops Pyramide ist von allen bekannten Bauwerken die größte und berühmteste. Durch die Unbilden der Zeit stark mitgenommen, ist sie heute nur noch 138,75 m hoch. Ursprünglich betrug ihre Höhe einst 147 m (146,6 m). Ihre Basislänge beträgt 230,37 m. Die Pyramidenseiten weisen einen Neigungswinkel von 51° 50' 40" (gerundet 51° 51`) auf. Das Volumen der Pyramide ist gewal-

---

[65] *„Wir kennen zurzeit* **108** *Pyramiden in Ägypten. (...) ...dazu kommen noch knapp 10 Anlagen die ich nicht betrachtet habe. Entweder weil sie so unvollständig waren dass man dort kein Begräbnis erwarten kann, oder weil es sich eindeutig um Sedfest-Kultpyramiden mit einem symbolischen Kammersystem handelt, in das man schlicht kein Begräbnis einbringen kann."*
Quelle: www.doernenburg.alien.de

tig. Es wurde über 2.521.000 Kubikmetern in der Menge von annähernd 2,3 Mio. Kalksteinblöcken mit einem Durchschnittsgewicht von 2,5 Tonnen verbaut. Die Präzision die beim Bau der Cheopspyramide angewandt wurde, macht sie neben ihrem Gewicht, Größe und Bauprinzipien nach wie vor zu einem der bemerkenswertesten Monumente. Selbst mit den uns heute zur Verfügung stehenden modernen technischen Hilfsmitteln wäre es nur sehr schwer möglich die umgesetzte Präzision im Baukörper jemals zu erreichen, geschweige denn unter der Prämisse der *damals* zur Verfügung stehenden Hilfsmittel, die enormen Lasten zu heben und zu transportieren. Die Abweichung der Pyramidenseiten betragen gerade einmal 3' 6" (also ca. 1/20 eines einzigen Grades). Die größte Differenz in den Seitenlängen der Pyramide ist mit ca. 4,4 cm unerhört gering und die Basis der Pyramide ist so eben, dass die Verwindung der gesamten Pyramidengrundfläche nur gerade einmal 2 cm beträgt, was weit mehr als nur eine grandiose handwerkliche Meisterleistung darstellt.

Pyramiden hat es nicht immer gegeben. Mit *Pharao Djoser, 3. Dynastie, (2686 - 2613 v.Chr.)*, trat zum ersten Mal ein Bauwerk dieser Art in Erscheinung, die erste bekannte Stufenpyramide und auch als erstes grosses Steinbauwerk der Menschheit bezeichnete *Stufenpyramide* in *Sakkara*. Eigentlich hatte Djoser ein stattliches Grab im Sinn, wie sie für angesehene Ägypter vorgesehen war, eine sog. *Mastaba (z.b. Beamtengrab)*. Doch soll sein genialer Baumeister *Imhotep* [66] die Idee gehabt haben noch ein paar Stufen oben drauf zu setzen. Dies soll der Historie nach die Geburtsstunde der ersten *Stufenpyramide* gewesen sein. Sie hielt im Vergleich mit der späteren Cheopspyramide aber kaum stand. Präzision und handwerkliche Ausführungen waren grob und einfach. Zwei spätere Nachfolger erbauten ebenfalls Stufenpyramiden. Einer davon, *Sechemchet* lies eine Pyramide errichten, die Djosers Bauwerk um 10 m übertreffen sollte, jedoch nicht fertig gestellt wurde. Erst die Amtszeit des *Snofru (2575 v.Chr.)* brachte, neben einer sog. Knick-Pyramide in *Meidum* und der *roten Pyramide*, wieder eine vollendete Stufenpyramide hervor. Die Konzeption eines zu steilen Böschungswinkels der Pyramide in Meidum verursachte unerwartet Risse im Bauwerk, und so ging man daran den Winkel um 10° zu verringern um die Pyramide fertigstellen zu können. Genau an dieser Stelle entstand dadurch

---

[66] *(„der in Frieden kommt")* **Imhotp,** *Schriftsteller, Architekt, Arzt, Ratgeber des Königs Djoser, lebte um 2600 v.Chr. Er war der Sohn des Kanofer, der Chereduanch und Gatte der Ronpetnofret. Imhotep wird der Bau der ersten Pyramide (Stufenpyramide in Sakkara) zugeschrieben. Im neuen Reich wurde Imhotep als „Gott" verehrt und galt in Theben und Memphis als gottgleicher Sohn des Ptah, dem Göttervater. In Imhotep sahen die Griechen ihren Heilergott, Asklepios, verkörpert und verliehen ihm den Namen Imuthes. Imhotep ließ während den ersten 14 Jahren seiner Wirkenszeit 75 km von Giseh entfernt die Pyramide von Meidum erbauen. Sie besaß am Ende acht (8) Stufen.*

ein markanter „Knick", der der Pyramide seinen Namen verdankt. Snofru ließ auch seine dritte Pyramide in Auftrag geben, die *„rote Pyramide"*, welche eine neue Zeit des Pyramidenbaus einleitete. Nicht einmal 90 Jahre später *(n. Chronologie, Jürgen von Beckerath)* sollten nachfolgende Pyramiden alles vorher da gewesene in den Schatten stellen und jene große Cheopspyramide 30 km nördlich von Memphis zu einem Weltwunder erstehen lassen. Kulturgeschichtlich betrachtet kamen die Menschen gerade aus der Frühsteinzeit. Woher stammte also dieses ungeheure Wissen in allen Bereichen der Pyramidenbaukunst, das im Verhältnis der Kulturzeiträume fast von heute auf Morgen einfach „da" war? Die *Königskammer* stellt neben vielen anderen Details hierbei einer der faszinierendsten Konstruktionen dar. Sie ist derartig aufgebaut, dass sie über Jahrtausende dem Eigengewicht der Pyramide selbst und zahlreichen Erdbeben standgehalten hat. Grund für diese enorme Stabilität sind die nach dem renommierten deutschen Ägyptologen *Rainer Stadelmann* eigentlich „unnötigen" *Entlastungskammern*, die aus *fünf* La-gen einzelner, bis zu 70 Tonnen schweren Granitträgern bestehen.

„Die gleiche Vorsicht hat der Baumeister zu der – nach heutigen statischen Kenntnissen unnötigen – Entlastung der eigentlichen Grabkammer durch die fünffachen Entlastungskammern bewogen." ST2

Es gibt keine gesicherten Erkenntnisse über das *Gestaltungsmotiv* des Grabkammersystems der Cheopspyramide. Angeregt durch die Betrachtung des Piktogramms entwickelte ich die Vorstellung, dass die *Granitelemente* der Königskammer selbst *bildhaft* als eine *Aussage* zu verstehen sein könnte. Da der Pyramiden*kern* aus **128** Steinlagen [67], QS = **11**, besteht, sollten die *Anzahl* der *Steinlagen*, aus denen die Königskammer errichtet wurde, gleichfalls nicht ohne jede Bedeutung sein. Obwohl die folgende Theorie mit der Piktogrammanalyse direkt nichts zu tun hat, so möchte ich diese dennoch einflechten, da es offensichtlich auch hier ein gemeinsames Indiz zu geben scheint: eine *arithmetische Konzeption*. Ähnlich wie im Nasca-Piktogramm, ließe sich eine Bedeutung der, bis heute unbekannten baulichen Anordnung der königlichen Kammern, in einer *Umsetzung von Zahlenqualitäten in Stein* vermuten. Voraussetzung wäre, zwischen den einzelnen *„Stockwerken"* und der *Anzahl* der *Steinelemente* in den einzelnen Ebenen im Sinne einer hierarischen Entsprechung zu *unterscheiden*. Diese wiederum wären nochmals den beiden *Haupt-Himmelsrichtungen* zugeordnet. Alle, den *Innenraum* der Königskammer unmittelbar berührenden Granitsteinebenen (Lagen) sollten darin einbezogen sein. Dieses Kriterium schien mir bei dieser Hypothese deshalb von Bedeutung, da die Duali-

---

[67] *www.history/weltwunder.htm*

tät von Himmel/Erde sich im Außen/Innen *symbolhaft* widerspiegelte. Die Tatsache, dass die Art und Weise *wie* der Königskammerkomplex aufgebaut ist, einer formalen Grundlage zu folgen scheint, löste in mir die Anmerkung des Ägyptologen Rainer Stadelmann aus, der darauf aufmerksam macht, dass die Entlastungskammern zur Stabilität der Kammer gar nicht notwendig gewesen sein sollen. Doch warum, so fragten sich einige Experten, hatten die Bauherren der Cheopspyramide dann eine solch gewaltige Mühe auf sich genommen? Was konnte der Grund dafür gewesen sein? Die Königskammer als *kosmischer Resonanzraum* für die Initation von Adepten? Oder hatten die Bauherrn ganz einfach nur auf „Nummer sicher" gesetzt? Es drängte sich förmlich der Gedanke auf, dass hier keine *Sicherheitsvorrichtung*, sondern die *Umsetzung* und *Abbildung* von *Zahlenverhältnissen* in Granit beabsichtigt, diese gleichsam für das physische Auge unsichtbar im Innern verkörpert und damit esoterisch verehrt wurde. Besteht etwa *ein* Hinweis darauf in der Tatsache, dass im **W-O** Schnitt die Entlastungslagen **2 - 5** die Reihensummen **8 – 9 – 9 – 8 – 9** aufweisen? Gäbe es nicht Gründe genug eine andere Anzahl/Gliederung, ja eine beliebige Anzahl von Steinbalken pro Etage gewählt zu haben? Nicht unbedingt, denn die Zahlen **8** und **9** repräsentierten im alten Ägypten kulturhistorische Säulen, d.h., sie standen für zwei Gruppen von bedeutenden Göttern: Die Urgötter in Form der Götter-**Achtheit**. Die jüngeren Götter in Form einer **Neunheit**.

*„Alle Wesen waren in vier Klassen geteilt, Gottheiten, Achu, Menschen und Tote. Die Neunheit umfasste z.b. den Gott Re. Er war das Oberhaupt der neun großen Gottheiten, die gemeinsam als Großer Ennead bekannt sind und galt als oberster Richter der Toten. Er war eng mit dem König verbunden, der während der meisten Zeit der ägyptischen Geschichte als "Sohn des Re" bekannt war. Die Gestalt des Thot, des Herrn des Mondes, ist schon sehr früh belegt als Gott von Hermopolis parva im Delta. Dort war er Teil der **Achtheit** dieser Stadt. Darauf deutet seine Ibisköpfigkeit hin. Der 15. unterägyptische Gau führte das Bild des Ibis als Gauzeichen. In geschichtlicher Zeit war dann das mittelägyptische Hermopolis der Hauptkultplatz des Thot. Dort nahm er die lokale Paviangottheit Hez-ur in sich auf und nahm dessen Gestalt an."*

(Roeder, „Die ägyptische Götterwelt")

An dieser Stelle möchte ich gerne einen kontroversen Gedanken zur Cheopspyramide einflechten und in einer rein *experimentellen Hypothese* davon ausgehen (*liebe Ägyptologen und Experten aller Coleur, bitte keine bitterbösen Briefe oder e-mails. Danke.*) dass als Konstruktionsgrundlage für die Anzahl der **neun** und **zwölf** Lagen für die Königskammer ebenfalls das *trinitäre Gesetz* angewandt wurde. Immerhin bestünde eine Signifikanz in der *Anzahl* der Balkenlagen, welche die Entlastungskammer bildet *(Abb.63, ohne Fußboden)*. Die Höhe der Königskam-mer setzt sich aus insgesamt **11** und **8** Granitsteinlagen zusammen. Auf Höhe der Lagen **11** Süd/Nord und **8** West/Ost liegt der *Sarkophag*. Fasst man *beide* beide Lageebenen zusammen, tritt uns eine bekannte *Primzahl* entgegen: **19**.

Begegnet uns hier etwa erneut in verschlüsselter Form ein Hinweis auf die „Urquelle", aus der möglicherweise Mohammed schöpfte?

Der *Kammerboden*, also der *Grund* auf dem der Sarkophag *steht*, stellt die *einzige* Lage dar, die *beide* Himmelsrichtungen in einer *geschlossenen* Bodenfläche *vereint*! Die *Multiplikation* der Lageebenen **9 x 12** bringt die Zahl 108 hervor. In der Zahl **108** wären alle *drei* ägyptologisch dokumentierten *Zahlen (als Bildkomposit)* anwesend: **Zehn, Acht** und **Neun**! *Der Pharao weilte somit auf dem* <u>Urgrund der Welt = 3</u> *(QS von 12 + 9)*. Gehen wir zudem davon aus, daß die Zahl **108** (*die Sarkophagebene*) und die QS 3 (*Urgrund*) identisch wäre in der Sphäre des ägyptischen Herrschers, so erhielten wir die uns inzwischen bekannte Zahl   **111**   Im „*Siebeneck als Spiegel des Kosmos*" steht diese Zahl für den Bewahrer der transzedenten Ordnung, dem Sonnenquadrat 6 x 6 mit seiner magischen Summe **111**. Es beinhaltet die Zahl **36** für das Metall Gold. Später werden wir nochmals auf die Zahlen **11** und **111** zurückkommen, die kulturgeschichtlich nicht die geringste Bedeutung im alten Ägypten gehabt haben sollen

(Abb.63)
Die folgende Grafik gibt die Hypothese wider, dass die Anzahl der, an die jeweiligen Himmelsrichtung ausgerichteten Steinlagen, mit einer arithmetischen Bedeutung verknüpft wurde.

Illustration: Autor

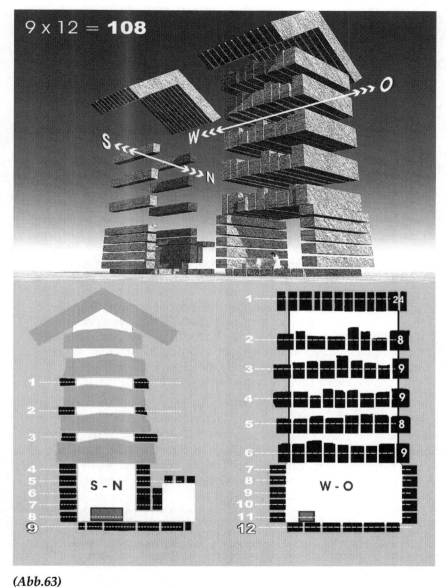

(Abb.63)
(Nach offiziellen Schnittzeichnungen der Royal Observatory Edinburgh, Great Pyramid Plates, No.36 (11).)

$$9 + 12 =$$

*„Die zeitlich früheste, eine kosmische Gesamtheit beschreibende Zahl ist lt. Quellenlage mit Sicherheit die **3** gewesen. Die Ver**drei**fachung führte zu einer anderen, gerade für das alte Ägypten in ihrer Bedeutung annähernd gleichwertigen Zahl - der **9**. Insbesondere für die Beschreibung der Weltentstehung und der daran beteiligten Götterdynastien sowie der durch sie repräsentierten Zyklen hatte diese Zahl Bedeutung."* [68]

*„Allerdings wurde sogar schon daran gedacht, gegenüber dem 9-fachen Zyklus den 7-fachen als den in Ägypten ursprünglichen anzusehen; der Ursprung eines solchen Zyklus könnte vielleicht tatsächlich in den „7 Bogen" zu suchen sein, von denen uns die Pyramidentexte berichten und die Gesamtheit der „Welt" bezeichnen. Überaus beliebt war in allen Kulturen auch die Zahl **4**, deren Bedeutung aufgrund ihrer überragenden Häufigkeit zumindest quantitativ mit der 3 vergleichbar sein dürfte und die gleichfalls (sowohl alleine als auch im Zusammenspiel mit der 3 die „ganze Welt" beschreiben konnte.* [69] *Aufgrund der unzählbaren Belege für die Zahlen 3 und 4 dürfte sich eine Beurteilung ihrer Wichtigkeit von selbst erübrigen, und auch die aus ihnen „resultierenden" **8** und **12** erfuhren eine entsprechende Verbreitung (in Ägypten beispielsweise in Gestalt von Achtheiten oder auch Urgöttern). Eine wie der **7** eigene Symbolträchtigkeit ist ihnen jedoch nicht, bzw. in wesentlich ein-geschränkteren Umfang zuzuschreiben."* MRU1

Der letzte Satz von *Matthias Rochholz*, der sich 2002 umfassend mit der Zahl *Sieben* in seiner Abhandlung, *„Untersuchung zum Symbolgehalt der machtgeladenen Zahl 7 im alten Ägypten"*, Harrassowitz Verlag-Wiesbaden, beschäftigte, stünde mit meiner Theorie, dass die Königskammer den beiden symbolischen Zahlen **8** und **9** baulich entsprechen, in keinem besonders krassen Widerspruch. Beide treten nämlich nicht als *äußere* Zu-

---

[68] Der Begriff Neunheit dürfte in Heliopolis geschaffen sein. Die Ägypter bezeichnen damit einen Kreis von neun Göttern, die hier ziemlich äußerlich zusammengefügt wurden und deren Bedeutung darin liegt, dass die in ihnen vertretenen Götter einen geschlossenen Wirkungskreis der die Welt beherrschenden Mächte darstellen. Sie setzt sich zusammen aus den heliopolitanischen kosmogonischen Gottheiten: <u>Atum</u>, seinen Kindern <u>Schu</u> und <u>Tefnut</u>, deren Kindern <u>Geb</u> und <u>Nut</u> (Schöpfung). Als "Kinder der <u>Nut</u>" werden die Hauptgötter des Osiriskreises angefügt: <u>Osiris</u>, <u>Isis</u>, <u>Seth</u> und <u>Nephtys</u>, aber nicht der Osirissohn <u>Horus</u>; auch der Sonnegott <u>Re</u> hat keinen Platz in der Neunheit. Vielleicht hat diese Neunheit schon in der 3. Dynastie bestanden. Von Heliopolis wird der Begriff der Neunheit auch auf andere Städte übertragen, so auf Memphis im "Denkmal memphitischer Theologie" (Schöpfung). Dabei nimmt der Terminus den allgemeinen Begriff einer Göttergesellschaft ohne zahlenmäßige Begrenzung an. In Theben besteht eine Neunheit von 15 Gottheiten unter der Führung des Gottes <u>Month</u>, in Abydoseine solche von 7 Göttern, an anderer Stelle wird für Abydos eine Gesellschaft von 11 anderen Gottheiten dargestellt.
Quelle: Jörg Müller, http://www.manetho.de/goetter/n/neunheit.htm

[69] vgl. Gmehling, Sieben, 1995, S. 352: 3 (Gott) + 4 (Welt) = 7 (Einheit)

schreibungen, sondern, dem sinnlichen Auge verborgen, *unsichtbar* im Innern der Pyramide als esoterische Realitäten auf.

▲ Die *Multiplikation der Balkenlagen S/N und W/O* bringt die **108** [70] hervor. In der buddhistischen wie christlichen Sphäre besteht die Anzahl der Steine und Perlen der Gebetsketten und Rosenkranzelemente aus **108** Elementen.

▲ Die Zahl **108** [71] steht zudem auch in Zusammenhang mit dem *Vollkreiswinkel* unseres 3-dimensionalen Raumes. Beide miteinander in Beziehung gesetzt, bringt ein *„Zahlbild" (keine mathematische Aussage!)* hervor, welches wie für das *Kernmotiv* des altägyptischen Totenbuches stehen könnte:

360° : 108 = 3,3333333333333333333333...

Die *trinitäre Beziehung,* ausgedrückt in der *unendlichen Wiederholung der göttlichen Dreiheit,* oder aber auch:

U N S T E R B L I C H K E I T

In der von mir interpretierten Bildsprache des 1-2-3 Weltgesetzes ausgedrückt, offenbart die Durchdringung des vollständigen Kreiswinkels 360° mit der Zahl 108 seine Ur-Beziehung zur Schöpfung und enthüllt somit ein esoterisches Motiv der Königskammer: ewiges Leben, Macht bzw. unbe-grenzte Erkenntnis des Pharaos.

Es ist kaum anzunehmen, dass jene geniale Ingenieure, wer auch immer sie gewesen sein mögen, so ziemlich alles an der Pyramide mit einer überlegenen Präzision und universellem Wissen angelegt und auch ausgeführt haben, aber die mehrere hundert Tonnen schwere *Nicht-Not-wenigkeit* der Entlastungskammern (n. Stadelmann) einfach so *„über-gangen"* haben sollen. Die Zahl **108** zumindest, findet auch darüber hin-aus noch eine weitere erwähnenswerte Entsprechung in *Luxor,* im *Tal der Könige.* In der Totenstätte der *Amun-Her-Chopeschef* befindet sich eines der schönsten Grabanlagen Ägyptens. Die Architektur beinhaltet insgesamt **108** Kammern.

---

[70] Die Anzahl aller, bisher in Ägypten gefundenen Pyramiden (Dörneburg)

[71] *108 ist u.a. auch ein astronomisches Maß. Teilt man den mittleren Abstand der Sonne zur Erde durch den Durchmesser der Sonne erhält man ca. 108 km. 108° ist der Winkel im Fünfeck. Im Pentagramm schneiden sich alle Linien im goldenen Schnitt und verweisen auf eine innere, ganzheitliche Harmonie."*

6.1 Die *projektiven Indizien*

Die weitere Piktogrammanalyse machte jetzt die Schaffung des Kunstbegriffes der *„projektiven Indizien"* notwendig, da alle in diesem Buch aufgeführten Aspekte wohl kaum die Kriterien eines wissenschaftlichen „Beweises" erfüllen, sondern nur eine erste *empirische* Untersuchung der Nasca-Geoglyphe wiedergeben. Mit *projektiven Indizien* sind Informationen gemeint, welche sich aus geometrischen Beziehungen der euklidischen Elemente des Piktogramms ergeben. Punkt **A** und **B** haben beispiels-

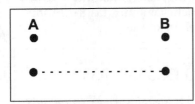

weise zunächst nichts gemeinsam außer der Tatsache, dass sie jeweils eine zweidimensionale Koordinate im Raum repräsentieren. Verbindet man wie im Mathematikunterricht, beide Punkte durch eine gerade Linie, so erhalten wir eine *Strecke X*. Ob wir nun beide Punkte tatsächlich verbinden oder nicht spielt keine Rolle, denn auch ohne unser Zutun existiert *unsichtbar* die Beziehung/Strecke X. Liegen jetzt in einem *geometrischen Zusammenhang* andere Punkte auf der Strecke X, , so kann dies doch auf eine *bewusste Definition* zweier belangloser Punkte hindeuten, wie die Grafik am Beispiel des Pentagramms zeigt. Bislang traten die beiden Kreistrios „nur" in ihrem arithmetischen Aufbau *(s. Primzahlkreuz)* in den Vordergrund, was sich im Folgenden änderte. Zu diesem Zweck setzte ich

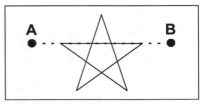

die Cheopspyramide in die Grundquadratseite ein, dessen Spitze sich – wir erinnern uns - mit der Vulkankegelspitze des Elysium Mons deckte. Im Umkehrschluss sollte der Rückverweis auf das Piktogramm gleichermaßen ein Indiz für einen Zusammenhang *Mars-Gizeh-Nasca* in Aussicht stellen. Beide Kreistrios erwiesen sich tatsächlich als Träger interessanter *projektiver Hinweis* die, da sie bauliche Aspekte der Cheopspyramide berühren, durch die Klarheit ihrer Konzeption, den Zufall als Quelle der hier dargelegten Übereinstimmung sehr unwahrscheinlich machen, eine *hermetische Verbindung* nahelegen. Der erste der beiden Hinweise betraf die Abbildung der vier *Schachtausgangshöhen. Wie* dieses Phänomen zustande kommt, ist in *(Abb.66)* zu sehen. Ohne irgendwelche „Manipulationen" vorzunehmen, werden *die beiden Kreistrios (A–A´und B–B´)* in ihren *unveränderten* Originaldimensionen auf die zwei Basisecken der eingesetzten Cheopspyramide - ergänzt durch ein *drittes Kreistrio* an der Spitze – *verschoben.*

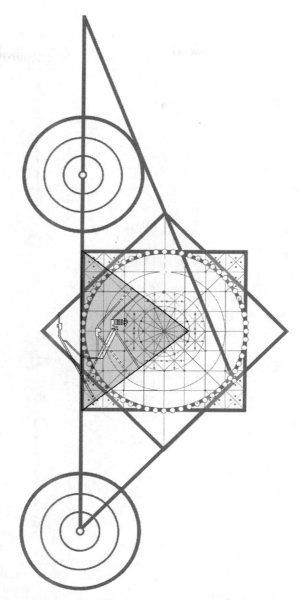

(Abb.64) Die eingesetzte Cheopspyramide als Quelle einiger bemerkenswerter, geometrischer Indizien. Obgleich Elysium Mons auf dem Grundquadrat abgebildet wird, fällt die Spitze der großen Pyramide exakt mit der Vulkanspitze zusammen (!)

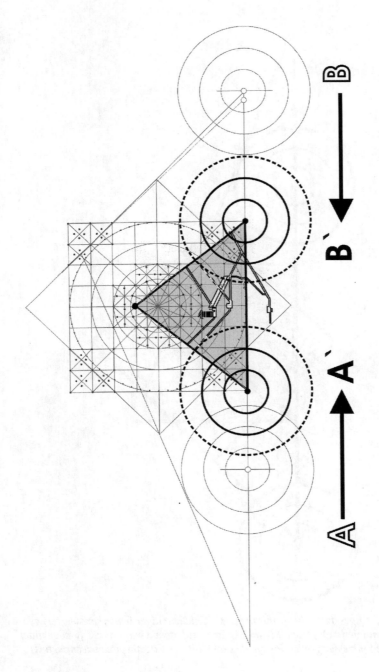

(Abb.65)

Auch bei dieser Konstruktion scheint das 1-2-3 *Prinzip* gewahrt zu bleiben, aus dem heraus aus einer **Dreiheit**, eine nachfolgende **Vierheit** hervorgeht. [72]

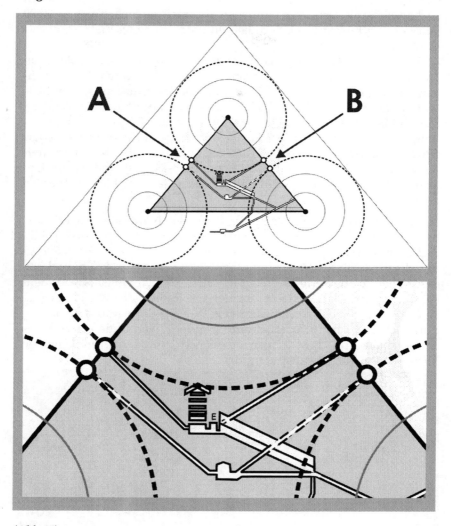

(Abb.66)
Drei Außenradien der drei Kreistrios bilden die vier Austrittspunkte **A + B** *der Pyramidenschächte auf erstaunlich übereinstimmende Weise ab.*

---

[72] **3** *Kreise erzeugen* **4** *Schnittpunkte,*

6.2 Die *Höhen* der Cheopskammern

Die *Schächte der Cheopspyramide* stehen *(n. Bauval)* nicht nur kultisch und zeitlich mit dem vermeintlichen Himmelsgeschehen vor ca. 4500 Jahren in Verbindung, sondern bergen noch andere *geometrisch-projektive Bezüge* durch das Piktogramm.

Diese Bezüge stellen natürlich *räumliche Aspekte* dar, denn jedes dreidimensionale Objekt in unserer dinglichen Welt ist durch drei Koordinaten bestimmbar. Mit den Höhen der Cheopskammern ist somit die Entfernung von der Grundfläche, der Basis der Pyramide gemeint. Diese Höhenmaße lassen sich nun im Sinne der Piktogrammbetrachtung in der Kombination Fischblase und eingeschriebene Cheopspyramide wiederfinden. Dabei werden die bedeutendsten Kammern derart genau durch die projektiven Ebenen abgebildet, sodass die Unterstellung eines X-ten Zufalls relativ sicher ausgeschlossen werden kann.

Das *Grundquadrat* schneidet, an der oberen Nordseite ausgerichtet, bei proportionaler Vergrößerung nach unten, die Hypotenuse des Piktogrammdreiecks *(bzw. die sichtbare Grundlinie der Cheopspyramide.)* An den diagonalen Quadrateckpunkten, welche diese Grundlinie schneiden, liegen die beiden *Kreistriomittelpunkte*. Die Umfangslinie des neuen Konstruktionsquadrates schneidet die Radien der Kreistrios und erzeugt dadurch *fünf Koordinatenpaare*. Werden diese nun miteinander durch *projektive Linien* parallel zur Grundlinie verbunden, tritt etwas Aufregendes auf: diese Linien *decken* sich mit den grundlegenden *Kam-merhöhen* der Cheopspyramide!

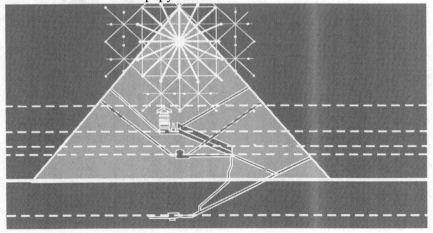

(Abb.67) Unglaublich treffend bilden die projektiven Ebenen der Kreistrios **A** und **B** die Höhen der drei wichtigsten und bekanntesten Kammern der Cheopspyramide ab. Eine Ebene davon schneidet den höchsten Deckenpunkt in **E** am Aufgang der großen Galerie. Die Tangentenschnittpunkte entstehen durch die proportionale Vergrößerung des gedrehten 45° Quadrates (Diagonalecken) auf die beiden Kreistriomittelpunkte.

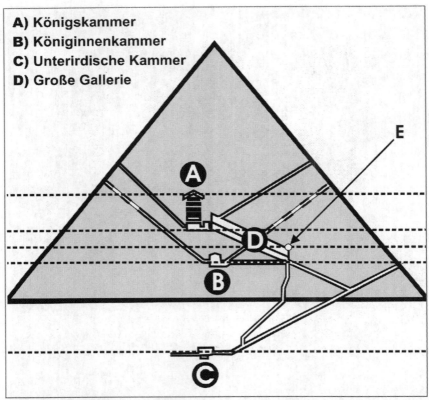

(Abb.68) Der vergrößerte Detailausschnitt zeigt die verschiedenen Ebenen der projektiven Beziehung der Kreistriokoordinaten zueinander. Unglaublich „zufällig" spiegeln sie die bedeutendsten Höhen-, bzw. Tiefenmasse über, bzw. unter der Pyramidenbasis wider.

Wir erfahren leider trotz unserer angewachsenen Indiziensammlung nicht, WER das Piktogramm oder die mit ihr in Beziehung stehende große Gizehpyramide errichtet hat. Eines vermag das *Nasca-Piktogramm* jedoch an diesem Punkt mit Sicherheit: Es stellt die wohl klarste Antwort auf die Frage dar, ob diese ungewöhnliche Nascageoglyphe nun von schriftlosen Nascaindianern, oder von einer unbekannten Intelligenz geschaffen wurde, die zweifellos überragende Fähigkeiten besessen haben musste. Warum die Schöpfer des *Nasca-Piktogramms* Informationen über gerade *die* berühmteste aller ägyptischen Pyramiden darin verschlüsselt haben mag m.E. darin liegen, dass sie wohl tatsächlich eine völlig andere Geschichte repräsentiert, als wir heutzutage ihr zuschreiben. Beim Studium der Nascalinien kam mir häufig der Gedanke, dass man das, von manchen Filmkommentatoren und Buchautoren oft etwas humorvoll skizzierte *Bild* einer riesigen *Zeichentafel* vielleicht mehr als nur *metaphorisch* nehmen sollte. Menschen schreiben seit Erfindung der Buchdruckerkunst durch Gutenberg ihre Gedanken über sich und die Welt mittels kalligrafischen Zeichen, den Buchstaben, in Büchern nieder. Was „sieht" und „erkennt" auf einer Buchseite ein Mensch der nicht lesen und schreiben kann? Reale Buchstaben etwa? Mit Sicherheit nicht. Er würde aller Wahrscheinlichkeit nach ein *visuelles Strukturmuster* wahrnehmen, welches durch die leeren Räume *zwischen* den Wörtern und Sätzen geprägt wäre. Da er keine Begrifflichkeit über die ge-schriebenen Sprache besitzt, erkennt er eben das darin, was als Erinn-erungsschatz in seinem Gedächtnis natürlicherseits vorhanden ist. Die Seele und der Geist des Menschen kann gar nicht anders, als in einem Chaos von Details nach einer *Sinn stiftenden Gesamtheit* zu suchen, da in der Schöpfung nichts getrennt von etwas andern existieren kann. Nur etwas, was der Mensch *begreifen* kann, gibt ihm auch *Orientierung, Ordnung,* eine *Richtung*. Bewusstsein entsteht in einem *dialogischen Verhältnis* zur Welt. Niemals jedoch nur mit sich alleine Es ist die Spitze des Weltformel-Dreiecks, die *verbindende Drei*, die Funktionsgrundlage für einen geistigen Dimensionswechsels. Velows Beschreibung der *Lageveränderung*, welche erst den Begriff von *Sinn* und *Qualität* ermög-licht, scheint auch in gewisser Hinsicht auf die unzusammenhängend erscheinenden Linien der Nasca-Hochebene zuzutreffen. Im Grunde beschreiben auch sie grundsätzlich Lageveränderung eindimensionaler Punkte, die über die Line in die Zweidimensionalität geführt werden. Winkelstellungen *zueinander* bringen *Beziehungsverhältnisse* hervor, die der Mensch über Jahrtausende hinweg auch in die Sprache der Geo-metrie überführte. *Der moderne Mensch* findet darin zwar jetzt in einer abgelegenen Wüste bekannte Formen wie *Dreiecke, Trapeze* oder präzise Geraden, ist jedoch (im Moment noch) nicht in der Lage die dahinter stehende *Absicht* zu verstehen, fast keines der abstrakten Linienmuster Teil eines Erfahrungsinhaltes des irdischen Menschen ist. Form ohne scheinbaren Inhalt? Das Piktogramm scheint zunächst ohne tiefere Aussage zu sein, denn in ihm findet sich nicht sofort ein „Text", keine aus heutiger Sicht eindeutig lesbare „Schrift. Und doch scheint es sie zu geben. Sie liegt nach meinem Dafürhalten u.a. in den mit *Zahlen* verknüpften *Qualitäten* die erst offenbar werden, wenn wir es schaffen, unsere technologisch geprägte Wahrnehmungspsychologie zu erweitern. Können wir denn wirklich mit letzter Überzeugung die Lebensverhältnisse und Kulturentwicklungen vor tausenden von Jahren - aus unserer heutigen Sicht zweifelsfrei in den Raum stellen? Bei meinen Recherchen zu dieser Arbeit erfuhr ich, dass die meisten Versuche, das Rätsel um Nasca zu lösen meist darin bestand, die Linien auf praktische Weise mit unseren modernen Vorstellungen über die Welt zu verknüpfen. Sei es nun aus Mangel an Wasser, aus kultischen oder ökonomischen Gründen. Kurz: *irdische Zweckgebundenheit*. Da wir im Zeitalter des globalisierten Materialismus leben, passt ein zweckgebundener Blickwinkel problemlos in das aktuell dominierende Weltbild. Persönlich neige ich hingegen mehr zur Möglichkeit, dass die Nascalinien genau das *Gegenteil* von allem sind. Sie stellen – salopp gesagt - ein ca.260 km^2 Kilometer umfassendes *„geometrisches Tatoo"*, eine *Erinnerungsgravur* dar. Etwas, was mit einem profanen Zweck nicht viel gemein haben muss und inzwischen von einem 2006 neu entdeckten, und noch völlig unerforschten gigantischen Geoglyphennetz in Patagonien/Argentinien, bei weitem noch übertroffen wird. Das „Zeichenbrett" *ist* die Hochebene von Nasca, das Konservierungsmittel mischen seit Jahrtausenden die klimatisch-geologischen Gegebenheiten dieses Landstriches. Die universelle Bedeutung auf dem inzwischen etwas ramponierten Nasca-Pergament könnte daher u.a. auch lauten: *Ihr seid nicht allein!*

Wenn es also einen „Zweck" gab so der, weithin sichtbar und möglichst lange diese Botschaft(en) für die Nachwelt zu erhalten. Das Piktogramm als *Lageschablone* der drei Elysium-Schildvulkane in Verbindung mit der *Siebeneckgeometrie* auf unserem Nachbarplaneten Mars, lassen den Schluss zu, dass die Überwindung einer ca. 130 Millionen Kilometer Distanz kaum mit Heißluftballonen aus Ziegenfell zu bewerkstelligen war, geschweige denn die Anlage der riesigen Geoglyphen selbst. Unter diesen Gesichtspunkten betrachtet, könnte die Gegenüberstellung einer, von dem berühmten Ägyptologen *Flinders Pietrie* angefertigte *„Triangulation"* der drei großen Gizehpyramiden *(Abb.70)* mit einer *„Triangulation der Nascahochebene"* doch in Sinne der hier vertretenen These für Anregungen sorgen. Die *Triangulation* ist ein Verfahren zur (archäologischen) *Lagebestimmung* von Gelände/Gebäudepunkten durch ein *Beziehungsnetz* von *Dreiecken*. Ist die Häufung abstrakter Geometrien, ob nun trapezförmige Dreiecke, Kreuzungen von Linien oder Strahlenzentren Flinder Petries Triangulationsskizze in ihrem *„Erscheinungsbild"* nicht sehr ähnlich? Den Angaben von *Prof. Aveni* zufolge archivierte er in den Jahrzehnten seiner Forschungstätigkeit **63** *Strahlenzentren*. Fast alle sind durch triangulations-*ähnliche* Linien miteinander vernetzt. Zentrumspunkte, welche miteinander korrespondieren, bilden – wie das Symbol der Pyramide - das *hierarchische Grundprinzip „Punkt und Umkreis"* ab. Im Beispiel Petrie`s werden drei *Bauwerke* in Gizeh trianguliert.

Im Falle der Strahlenzentren...? *Planeten, Sterne...?*

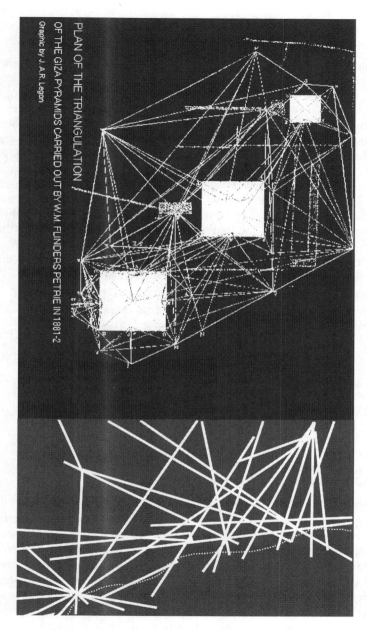

(Abb.69) Oben: Triangulation **Gizeh**.
Unten: Liniennetz **Nasca**

7.0 HD-42807
Die Quelle?

Bisher wurden zwei der drei Phänomene ausführlich dargestellt. *Koch/Kyborgs* Arbeit ist das *dritte Phänomen*, und die erfolgreiche Entschlüsselung jenes, am Anfang des Buches kurz erwähnten Dialogs zwischen den „Kornkreismachern" und den beiden Autoren. In ihrer Theorie bilden besagte vier Schildvulkane des Mars zum einen den Gürtel des Sternbildes Orion ab, zum anderen verweisen sie auf ein kleines Sternsystem, auf dem Leben nach heutigen Erkenntnissen möglich wäre. Da beide Autoren mittels einer aus den Kornkreisen hervorgegangenen Piktogrammsprache mit den Urhebern in Kontakt kamen, also quasi „außerirdisch" sprachen, stand am Ende, mittels eigener experimenteller Kornkreispiktogramme eine konkrete Antwort auf ihre Frage: *„Woher kommt ihr?"* Sie lautete: vom Sternsystem **HD-42807**. Ihr Ergebnis ergänzt und erweitert die Indizienpalette des Piktogrammes, denn der offensichtliche Zusammenhang: *Sternbild Orion – Marsvulkane – Gizeh – Kornkreise – HD-42807* liegt als Arbeitshypothese nahe.

> *„Ausgehend vom mittleren der drei Sterne des Oriongürtels findet man nach links oben im Weltall einen (den) einzelnen Stern. Auf einer Sternenkarte verbanden wir durch eine gerade Linie Delta Orionis mit Zeta Orionis. Epsilon Orionis, der mittlere Stern, lag etwas rechts (unterhalb) von der Linie. Genau von hier zogen wir rechtwinklig abgehend eine Linie nach links oben – und was wir kaum zu glauben wagten, wurde wahr. An dieser Linie entlang gelangten wir zum Zentrum des Wintersechsecks, zum kosmischen Gegenstück des Dreiecks von Barbury Castle, zu HD 42807! Es waren nicht die Hyaden, die Senemut dort in diesem Rechteck abgebildet hatte. Es war ein Bilderrätsel zum Auffinden des heiligsten Ortes der Ägypter, des Bereiches im Duat, wo „die Götter geboren wurden" und wohin die Seele der Pharaonen gelangten, eine weitere Stufe ihrer ewigen Existenz erklimmend. Schau hin und denke!"* [KK1]

Um zu verstehen, worauf sich dieses von Koch/Kyborg entdeckte Bilderrätsel gründet, ist ein Ausschnitt aus der südlichen Decke der Grabkammer des Senemut's notwendig. Es enthält ein Rechteck, in welchem ein bislang unverständliches Zeichen abgebildet ist. Um eine ***dreifach*** spitzovaläre Geometrie gruppiert liegen *vier Sterne*. Einer davon innerhalb und drei außerhalb der länglichen Ringe. Koch/Kyborg erkannten nach einiger Zeit eine Ähnlichkeit mit den *drei Gürtelsternen des Sternbildes Orion*. Der Stern an der Spitze bildete mit dem Mittelstern eine *virtuelle Achse*. Die Berliner Autoren waren mit ihrem Forschungsansatz in der Lage dieses Rätsel auf ihre Weise zu lösen. Deutlich sind auf der (*Abb.71*) die drei spitzovalären Ringe zu erkennen, die nach links auf

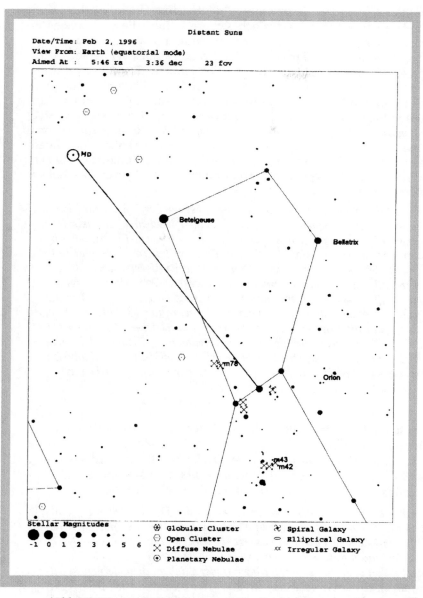

(Abb.70) Die von Koch/Kyborg entdeckte Position Orion – **HD-42807** [77].

---

[73] Mit frndl. Erlaubnis aus: „Die Antwort des Orion",
1996, Joachim Koch/ Hans-Jürgen Kyborg, S. 263

den mittleren der drei Sternsymbole deuten und *drei* ähnliche *Lagen* wie die Kreistrios zeigen Nach Koch/Kyborg erfüllte dieses Zeichen die Funktion eines „Zeigers". Keineswegs verblüffend war dabei die Feststellung, dass der Stern der *Dogon*, der *Sirius*, Teil des Wintersechsecks war, in welchem HD entdeckt wurde. Der einzige „Kandidat", der als unserer Sonne ähnlich und damit als lebensfreundliche Sternenregion in Frage kam, fanden die beiden Autoren schließlich in der Mitte dieses bekannten Sternbildes Orion: *„Rektaszension 6h 13m 12s, Deklination +100 37`4``, visuelle Helligkeit 6,45m, Spektraltyp G5V, Radialgeschwindigkeit +3km/sek, Entfernung 58,6 Lj."* Ausgehend vom Sonnenkult der alten Ägypter, des *Osiris-Sirius*, und dem Bezug zum Oriongürtel, stießen die Forscher auf altägyptische Astronomie und den Namen des hohen Beamten *Senemut*.

> *„Senemut war der Erzieher und Haushofmeister der Tochter des Hatschepsut, Nefrure, einem lebensfrohen kleinen Mädchen. Er bekleidete höchste Würden und genoss, für jemanden mit nicht-fürstlicher Abstammung, herausragende Privilegien. Dies wird durch seine Darstellung auf Reliefs im Tempel von Deir el-Bahari unterstrichen. Als Erzieher und Haushofmeister einer Königstochter, Architekt und Astronom besaß Senemut höhere Einweihungsgrade in ein Wissen um die Götter und die mit ihnen verbundenen Sterne. In der 18. Dynastie war Hatschepsut die Frau von Tut-mosis II und nach dessen Tod zunächst die Regentin des noch minderjährigen Nachfolgers, Tutmosis III, ihres Neffen. In dessen 7. Regierungsjahr rief sie sich offiziell zum weiblichen König aus und regierte in Koregentschaft weiter bis zu ihrem Tod in der ersten Hälfte des 15. Jahrhunderts v. Chr."* [KK2]

Senemuts Grab **TT 353** fällt bis heute durch eine Besonderheit auf. Es wurde nie vollendet und diente auch zu keinem Zeitpunkt einem Begräbniszweck. Doch warum? Seine Decke besitzt die interessanten Masse **3 x 3,6 m** [74] *(3 x 3,6 = 10,8 oder auch 108, 1 – 0 – 8* und gilt als einer der frühsten mit Malereien bedeckten Kammern ihrer Art.

> *„Links davon (neben den Dekansternen an der Decke) stehen ebenfalls in Barken: Isis/Sirius, Jupiter und Saturn. Ganz links symbolisiert der Reiher mit dem Stern die* **Venus***, rechts daneben taucht oben der Name des* **Merkurs** *auf. (...) Von diesem Deckengemälde ging eine eigenartige Faszination aus. Immer wieder blieb unser Blick an dem kleinen Rechteck, unter den vorhergehenden Dekanen rechts oberhalb der Orionfigur, hängen, in dem einige Sterne und ein spitzovaläres Gebilde eingezeichnet waren."* [KK3]

---

[74] *3 x 3,6 =* **10,8** *oder auch durch die symbolische Zahl 10 x gesteigert =* **108**

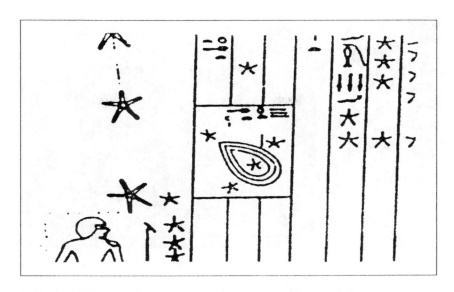

(Abb.71) Ausschnitt aus Senemuts südlicher Grabkammerdecke [75]

Anhand der Pyramidentexte gelangten beide Autoren am Ende ihrer Recherchen über einen ungewöhnlichen Weg zu den *Positionsdaten* des Doppelsternsystems HD-42807, von dem ihrer Ansciht nach das Kornkreisphänomen seinen Ursprung zu nehmen scheint. In einem der letzten Kapitel ihres Buches, *„Die Antwort des Orion"*, ist jener Ausschnitt des Himmels abgebildet, wie er durch ein Teleskop zu sehen ist *(Abb.70)*. Er zeigt das Sternbild des Orion und die projektive Verlängerung vom Mittelstern des Oriongürtels auf HD.

Die Idee, dass drei der großen Tharsisvulkane auf dem Mars die drei Gürtelsterne des Orion und die Lage der drei berühmtesten Gizehpyramiden abbilden könnten, ist nicht ganz neu. Nach dem Österreicher *Walter Hain,* der nachweislich 1979 als einer der ersten die Idee einer Übereinstimmung der drei Gizehpyramiden mit den drei Tharsisvulkanen auf dem Mars postulierte, folgte 1996 *Bauval/Gilbert* mit der Entschlüsselung des Geheimnisses um die sog. Belüftungsschächte in Anlehnung an die gleiche Theorie. Direkt auf der Linie zu HD liegt der kleine Stern **SAO113033**. Koch und Kyborg errichteten auf der Linie der beiden Grürtelsterne *Delta Orionis* und *Zeta Orionis* vom Mittelstern ausgehend einen rechten Winkel, der nach links ins All verlängert, schließlich nach intensiver Recherche nur ein einziges Doppelsternsystem

---

[75] *Abdruck mit freundlicher Erlaubnis des Verlages Harrassowitz: „Studien zur ägyptischen Astronomie, Christian Leitz, 1989, Bd.49, S.36*

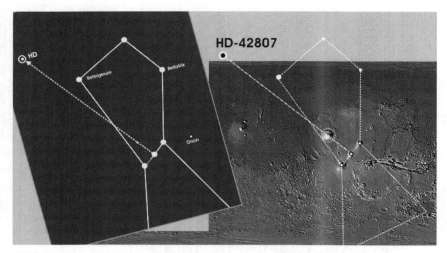

(Abb.72) Das Zentrum des Oriongürtels mit seiner nach links oben abgehenden projektiven Achse, die auf HD-42807 ausgerichtet ist. Rechts: Die topologische Wiederholung des Oriongürtel durch die vier Tharsisvulkane. Olympus Mons übernimmt hierbei die winkelbestimmende Funktion des rechten Winkels.

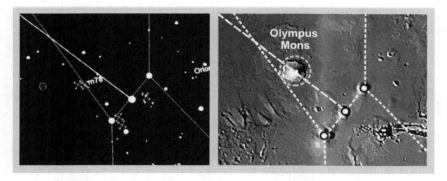

(Abb.73) Die prinzipielle Übereinstimmung der drei Gürtelsterne des Orion, der Achse Pavonis Mons–Olympus Mons auf den von Koch/Kyborg entdeckten Stern **HD**. Links der astronomische Himmelsbereich der Gürtelsterne des Orion. Rechts die Anordnung der Tharsisvulkane auf dem Mars.

traf, das alle Voraussetzungen für Leben nach heutigen Erkenntnissen in sich trägt. Ob nun der winzige, wenn auch sichtbare Stern *SAO113033* äußerst genau oder nur zufällig auf dieser Linie liegt oder nicht, ist eher unbedeutend könnte man doch zurecht einwenden, dass zwangsläufig unter jeder über das Firmament gezogenen Linie immer

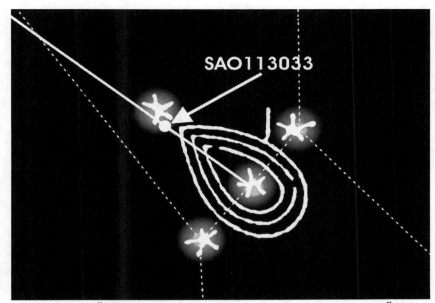

(Abb.74) Die Überblendung zeigt eine erstaunliche prinzipielle Übereinstimmung der drei Gürtelsterne des Orion incl. SAO113033 mit der Zeichnung im Ausschnitt an Senemuts Grabkammerdecke. Repräsentiert der kleine Stern SAO auf der Llinie zu HD möglicherweise den Vulkangiganten Olympus Mons?

irgendein Stern überstrichen wird. In diesem Falle liegt dieser Stern aus irdischer Perspektive jedoch derart unmittelbar an, bzw. auf der Achse zu HD, dass bei der Annahme einer zeitlich bedingten Sternenbewegung von SAO dieser vielleicht jener vierte (Ausrichtungs)Stern sein könnte, wie ihn der Ausschnitt aus der Grabkammerdecke Senemuts wiedergibt. In diesem Sinne würde verständlich, warum die Grabkammer niemals für seinen ursprünglichen Zweck verwendet worden ist: Sie hatte ganz offensichtlich nur eine *Funktion:* Das Wissen um HD für die Nachwelt unter dem Schutz und Bewahrung einer vermeintlichen Totenruhe zu *archivieren*. Die Ägyptologie nimmt an, dass Senemuts zugestandene Souveränität einst zu groß und eine Gefahr für die Herrscherin geworden ist. Die *ägyptologische Erklärung* für dieses merkwürdige Faktum liegt offiziell in *historisch-politischen* Bezügen. Pharaonin *Hatschepsut* verlieh ihrem engsten und treuesten Beamten übermäßig Vertrauen, der an ihrer Seite als Bediensteter einer Königin schließlich zu viel Macht erstrebte. Am Höhepunkt seiner Karriere angelangt versank er zusammen mit Hatschepsut nach Umstürzen aus dem Lager der Hohepriester in Vergessenheit. Reliefs ihrer Darstellungen wurden durch Ausmeißeln ihrer Abbildungen aus dem Bewusstsein des Volkes gelöscht.

Eine der überzeugensten Kritiken bzgl. der *Oriongürteltheorie* ist das Argument, dass es gar keine Übereinstimmung der drei Gürtelsterne mit der Lagepositionen der drei Gizehpyramiden geben kann. Darauf aufmerksam wurde ich durch die Internetseite, *www.beneben.de*, in der die Transkription eines englischen TV-Interviews mit *Graham Hancock*, einem Befürworter der Orionthese, und *Dr. Ed Krupp Griffith (Observatory, Los Angeles)*, einem Kritiker der Bauvals Theorie zu lesen war. Hier ein kurzer Auszug:

> *„Immerhin ist Hancock klar, dass die Pyramiden "irgendwie" verkehrt herum da stehen. In den oben genannten Quellen ist das schon längst eindrücklich dargelegt und Paolo Piaggio hat alle Daten gesammelt und grafisch und tabellarisch aufgearbeitet. Nach diesen Daten muss man die Pyramiden erstmal um 180 Grad, dann noch mal ein Stück drehen, um dann ein wenig an den Pyramiden hin- und herzuschieben, damit sich beide Bilder endlich decken, wobei die Leuchtkraft der Sterne mit den Pyramiden nach wie vor nicht in Einklang zu bringen ist. Die Mykerinospyramide steht dann trotzdem noch mehr als eine Seitenlänge von dem Punkt weg, an dem sie der These nach stehen müsste! Die Behauptung, dass Sterne und Pyramiden "korrelieren" ist also nicht weniger als reine Einbildung*
>
> Transkription, bzw. Zitatquelle: http://*www.benben.de/Orion.html*

Während Bauval eine *prinzipielle*, symbolisch-bildliche Übereinstimmung der drei Pyramiden mit den drei Gürtelsternen für das entscheidende Kriterium hält [76], halten andere wiederum, wie z.b. der Italiener *Paolo Piaggio* [77], nur einen *präzisen, mathematischen Beweis* für angemessen. Von ihm akribisch erbracht, lehnt er die Oriontheorie als „pseudowissenschaftlich" ab. Dazu der TV-Moderator, Ed. Krupp:

> *„Es ist schwer, viel intellektuellen Aufwand in drei Sterne in einer Reihe und drei Pyramiden auf dem Boden zu investieren. Das ist eine einfache Konfiguration und es ist sehr einfach drei Dinge in einer Reihe zu finden, und wenn du weißt, es gibt etwa 81 Pyramiden in Ägypten, klar, wenn alle 81 perfekt den Himmel wiedergeben würden, wäre ich*

---

[76] *Im Juni 1999 machte der Astronom Anthony Fairall eine andere Entdeckung. Er überprüfte den 45 Grad Winkel, der die Pyramiden mit den Gürtelsternen zu verbinden schien. Fairall fand heraus, daß die Übereinstimmung nicht so genau war wie ursprünglich gefordert. Der Winkel der Pyramiden ist 38 Grad, und der der Gürtelsterne beträgt 50 Grad. Nach der Diskrepanz befragt, argumentierten Hancock und Bauval, dass es der Symbolismus ist, der zählt, nicht die präzisen Kalkulationen. Quelle: http://www.benben.de/Orion.html*

[77] http://digilander.libero.it/paolopi/Groundplan/Insearch.htm

begeistert, aber wenn drei von ihnen ausgesuchte den Himmel kartieren, bin ich nicht beeindruckt. [78]

Alle Einwände, die in diesem Interview fielen, sind in der Tat äußerst *logisch* und praktisch nachvollziehbar. Dennoch stellt sich für mich die Frage, ob aus heutiger Sicht ein „logischer" Blickwinkel sich mit den tatsächlichen Kern-Realitäten zum Zeitpunkt des Baues der Gizehanlage zwingend decken *muss*, denn bis heute kennen wir als Motiv für den Bau der Pyramiden nur ihre *Funktion* als monumentale *Grabstätte*. Was die *Lageposition* des Oriongürtels betrifft, so ist es richtig, dass man ihn in Bezug zu Giza um 180° herumdrehen muss. Richtig ist aber auch, dass es sich bei dieser Drehung um keinen *beliebigen* Drehwinkel, sondern um eine *Spiegelung* von **180°** handelt. Setzt man m.E. z.b. diesen Winkel in ein *Verhältnis zur Zahl* **3**, der Grundlage der *Dreifachheit der Welt*, so erhalten wir überraschend das Ergebnis **60**. Die *Anzahl der Markerpunkte auf dem Großkreis* im Grundquadrat des Palpa-Piktogramms:

180 : 3

Hängt die Wahl der, wie ich es nennen möchte, „Spiegelung" u.a mit dem Umstand zusammen, dass das Verhältnis dieser 180° Winkeldrehung zur Merkurzahl 8, auch den spitzen Winkel Alpha im Basisdreieck des Nasca-Piktogramms aspektiert, nämlich 22,50°?

180 : 8

Könnte es nicht sein - wenn die Piktogrammbotschaft tatsächlich an den Menschen gerichtet wäre, und das Sternbild des Orion gleichermaßen einen stilisierten Menschen darstellt - dass die Multiplikation des Drehwinkels von 180° mit der Merkurzahl 8 eine arithmetische Wiederholung des dargestellten Menschenbildes beinhaltet: 1440 / 1 - 4 - 4 - 0, die Zahl des Menschen – Bibelcode)?

180 x 8

Ist es – wenn auch mathematisch unspektakulär wenigstens nicht originell zu sehen, dass die Division von 1440 durch die Piktogrammquadratzahl 64, wiederum den spitzen Winkel 22,5° des Basisdreiecks der Geoglyphe ergibt?

Fiktion, Realität oder alles nur Humbug? Die von Kritikerseite angeführte „180° *Verkehrung*" ist wohl mit das überzeugendste Argument *gegen* Bauvals These dieser Lagebeziehung. *Paolo Piaggio*, ein Kritiker der Orionthese Bauvals, korrigierte mittels Computer die Lage der drei Gürtelsterne des Orion in Bezug zu den Pyramidenpositionen. Doch

---

[78] *Transskriptions, bzw. Zitatquelle:* http://www.benben.de/Orion.html

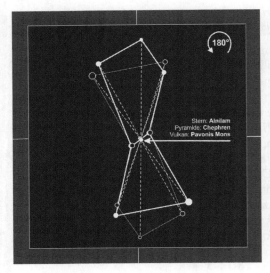

der Zeitpunkt deckte sich nicht mit dem bekannten Entstehungsdatum der Pyramiden um ca. **2450 v.Chr**. Zum Bauzeitpunkt der Gizehpyramiden gab es keine Übereinstimmung. Nur um das Jahr **10.540 v.Chr**. – wenn auch immer noch gedreht – fand Piaggio eine angenäherte Übereinstimmung. Dieser Zeitpunkt wird jedoch von der klassischen Ägyptologie und auch von ihm als *absurd* abgelehnt. Die Anhänger der Atlantistheorie hingegen freuten sich, sind sie schon immer der Ansicht gewesen, dass die Gizehpyramiden und die Sphinx, wesentlich älter sind, als die Fachwelt offiziell bekundet. Der *Masterplan*, oder was auch immer diesen Phänomenen zugrunde liegt, liegt noch völlig im Dunklen. Doch die hier inzwischen angewachsene Sammlung an Indizien kratzen immerhin an der Oberfläche eines sehr konkret anmutenden Zusammenhanges einer *„kosmische Triade"*. In der Grafik *(Abb.76)* habe ich alle vier bekannten Konstellationen vergleichend zusammengestellt *(die von mir als „Spiegelung" erachtete dabei „berücksichtigt")*:

1) *Paolo Piaggios astronomische Position* [83] *zum Bauzeitpunkt von Gizeh.*

2) *Die aktuellen Lagekoordinaten der drei Tharsisvulkane auf der Basis der MOLA-Daten.*

3) *Die Abbildung des virtuellen 7-Ecks*

4) *Die 1881 vom Ägyptologen Flinders Petrie erstellte Lagezeichnung der drei Gizehpyramiden.*

---

[83] *http://digilander.libero.it/paolopi/index.htm*

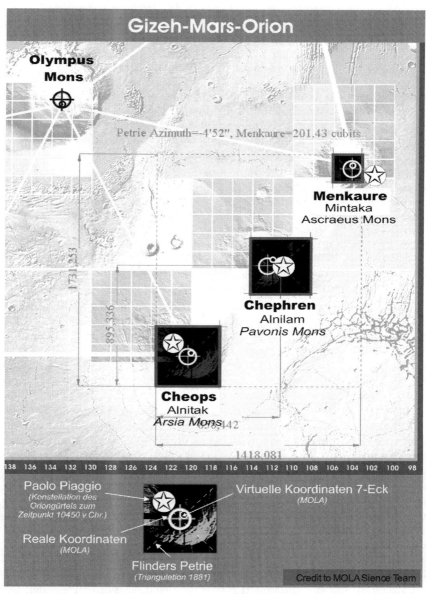

(Abb.75) Wie auch immer man die vier unterschiedlichen Abweichungen bewerten mag, so liegen sie m.E. für einen natürlichen Zufall offenkundig <u>nicht weit genug</u> auseinander um eine gemeinsame Grundlage: Gürtelsterne-Tharsisvulkane-Gizeh, völlig auszuschließen. (Die 180° Drehung berücksichtigt)

7.1 Sonne-Merkur-Venus-Erde
Hans Albert Jelitto [79]
...über einen vermeintlicher Messfehler und ein neues Gesamtbild der Pyramiden von Giza

Beim Stöbern im Internetshop *amazon* stiess ich unerwartet auf einen äußerst interessanten Buchband. Er hieß: *"Pyramiden und Planeten"* von *Hans A. Jelitto.* Er lieferte einen weiteren Hinweis für das, im Grundquadrat angelegte magische *Merkurquadrat,* welches den Bezug zur **Mykerinos**pyramide - **Menkaures**-(**Mercurius**) in Gizeh herstellte.

1955 in Hamburg geboren, Physikstudium, Diplom im Bereich der Atomphysik, Promotion in Kernphysik und bis 1989 Nachwuchswissenschaftler in der Arbeitsgruppe Grundlagenforschung am Karlsruher Isochron-Zyklotron Teilchenbeschleuniger und später, nach Entdeckung der Ägyptologie, Neuorientierung in Richtung kaufmännischer Selbständigkeit, arbeitete Jelitto H. sechs Jahre lang an der Niederlegung seines über 400-seitigen Buches über eine Frage, die seinen Recherchen nach noch von niemanden gestellt wurde: Liegt in den noch verbleibenden, geringsten Maßabweichungen der Gizehpyramide eine noch unbekannte Information?

Die große Pyramide von Gizeh ist das am genauesten vermessene Bauwerk dieser Erde. Jedes kleinste topografische und geometrisch-mathematische Detail wurde bis heute minutiös überprüft und professionell dokumentiert. Die mit hochmodernen Messgeräten noch festzustellenden Toleranzen faszinieren im Hinblick darauf, dass dieses Bauwerk, geradewegs aus der Jungsteinzeit kommend in einer unerhörten Vollkommenheit in Erscheinung trat.

Das Bauwerk der Pyramide als *pompöses Grab* für Pharaonen ist *eine kulturhistorische Funktion,* doch scheint sich ihre Aufgabe nicht alleine darin zu erschöpfen. 1999 mag Hans Jelitto ein Stirnrunzeln in der ägyptologischen Fachwelt geerntet haben, als er auf diese *"Toleranzen"* hinsichtlich der Vermessung der Pyramide aufmerksam machte. Inzwischen sind so ziemlich alle Pyramidenrätsel auf dem Scheiterhaufen der Aufklärung gelandet. Trotzdem. Er stellte sich die Frage, warum den überall am Bauwerk auftretenden Superpräzisionen, z.b. in Form von nur Zehntelmillimeter messenden Fugen, Abweichungen an der Grundkante der Pyramide von unverhältnismäßig groben 4 – 20 cm gegenüberstehen. Diese Diskrepanz resultierte für Jelitto nicht aus handwerklicher Nachlässigkeit, sondern konnte nur Ausdruck einer, im Bauwerk selbst enthaltenen *Information* sein. Es verdichtete sich für ihn nach ersten Hochrechnungen die Vermutung dass die, im Vergleich zum Rest des Bauwerks gewaltigen, wenn auch für das bloße Auge nicht wahrnehmbaren *Toleranzen,* eine gezielte und absichtsvolle *Ver-*

---

[79] *Adaption der Grafiken Abb.78/79 aus: "Pyramiden und Planeten", Wissenschaft&Technik Verlag Berlin, 1999, mit freundlicher Zustimmung des Autors.*

formung des Pyramidenkörpers darstellten mussten. Damit ist auch folgender Sachverhalt verknüpft, der bei Ägyptologen wie Skeptikern nach Jahrzehnten heisser Expertengefechte heute nur noch ein Gähnen entlockt:

> *„Eine Besonderheit fällt auf, wenn man die Bauleistungen während der einzelnen Dynastien vergleicht. Wer die Größen der Pyramiden mit ihren Bauterminen in Beziehung setzt, wird feststellen, dass die vier mit Abstand gewaltigsten Pyramiden, d.h. die Knickpyramide und die Rote Pyramide bei Dashur sowie die Cheops- und die Chefrenpyramide in Giza, alle in der 4. Dynastie erbaut wurden, und noch dazu in weniger als 100 Jahren! Nehmen wir die heute stark zerstörte Pyramide von Meidum und die Mykerinos-Pyramide hinzu, die ebenfalls zur 4. Dynastie gezählt werden, so lässt sich abschätzen, dass allein für diese sechs Pyramiden in ca. 100 Jahren ungefähr 20 Millionen Tonnen Gestein bearbeitet und verbaut wurden. Ein Vergleich zeigt, dass diese sechs Pyramiden etwa drei Viertel (3/4) der Gesamtmasse aller heute bekannten ägyptischen Pyramiden entsprechen."* [JE1]

Der Physiker Jelitto zitiert den Physiker *Dr. Kurt Mendelssohn:*

> *„Und wie auch immer wir das Problem betrachten – an der Feststellung kommen wir nicht vorbei: es gab zur fraglichen Zeit mehr Pyramiden als Pharaonen, die in ihnen hätten begraben werden können."* [KM1]

"Dies sind Aussagen, die die klassische Ägyptologie natürlich nur sehr ungern hört", bemerkt diesmal kein polemisierender „Pseudowissenschaftler", sondern der Naturwissenschaftler, *Prof. Dr. Hans Jürgen Gils,* (Institut für Kernphysik Karlsruhe), in seinem Vorwort zu H. Jelittos mathematischer Abhandlung, dessen Theorie besagt, dass die drei berühmtesten Gizapyramiden stellvertretend für *die ersten drei Planeten unseres Sonnensystems* stehen:

Merkur	-	Venus	-	Erde
Mykerinos	**-**	**Chephren**	**-**	**Cheops**

Jelittos Arbeit ist *im Detail*, was u.a. die *mathematischen Beweise* betreffen, sicherlich nur für professionelle Mathematiker rundum verständlich. Doch sind seine Ergebnisse auch für den Laien - in anschauliche Grafiken verständlich umgesetzt nachvollziehbar. Sie stellten im Rahmen meiner Betrachtung des Nascapiktogrammes ein Schlüsselindiz dar, denn H. Jelittos Ergebnisse lieferten nun Anhaltspunkte dafür, dass das im Nascapiktogramm enthaltene *Merkurquadrat* und die darin codierte *(Prim)zahlen* keine Zufälligkeiten sein konnten. Die Zahl 33 im Besonderen.

Der „Messfehler" *der keiner ist...*
(nach H. Jelitto)

Ausgehend vom Studium aktueller Fachliteratur, erweitert Jelitto im Verlaufe von sechs Jahren privater Forschung die, in den Pyramiden verbauten Zahlengeheimnisse, wie z.b der *Goldene Schnitt*, das Proportionsverhältnis **7 : 11, 9 : 10,** das pythagoräische Dreieck **3 : 4 : 5** oder die Verhältnisstruktur der Mykerinospyramide von **7 : 9 : 16.**

(Abb.76) Die schematische 3-D Darstellung der drei Gizapyramiden mit ihren, durch H. Jelitto zugeordneten Planeten Merkur-Venus-Erde.

Als erstes stellt Jelitto die allgemeine Annahme einer *regulären, symmetrischen* Pyramiden*form* in Frage. Dieser Gedanke war auch für mich neu, da ich bislang ebenfalls von einer *regulären* Pyramidengeometrie ausgegangen war. Über *„schiefe"* Pyramiden macht man sich in der Reg-el ja auch wenig Gedanken. Doch genau die, von ihm gefundenen Ab-weichungen im Pyramidenkörper, die sie „schief" machen, bringen Je-litto zu einem völlig neuen Denkansatz:

*„Die beiden Punkte, „Abweichungen in den Längen der Grundkanten" und das Problem der „unterschiedlichen mathematischen Konstanten" brachten mich auf den Gedanken, dass beides etwas miteinander zu tun haben könnte. Die Grundidee ist einfach. Es lassen sich nämlich in der Tat alle obigen Zahlen (7-9-16, 3:4:5 etc., d.Verf.) zugleich in der einfachen Form einer vierseitigen Pyramide unterbringen, wenn man die Pyramide **absichtlich ein wenig „schief"** baut. Es zeigte sich, dass die erforderlichen Abweichungen von der idealen Pyramidenform sehr genau den gemessenen Abweichungen entsprechen. Dies würde bedeuten, dass diese Abweichungen möglicherweise nicht zufällig entstanden, sondern beabsichtigt waren und die Baumeister der großen Pyramide in*

der Lage waren, wesentlich genauer zu messen, als bisher angenommen wurde." JE2

Was heißt das? Es bedeutet, dass die von Jelitto verwendeten offiziellen *Messdaten* vom *Idealmaß* in einem *sinnvollen, beabsichtigten Bezug* zu den mathematischen Konstanten jeder Seitenfläche der Pyramide *abweichen*, und daher *keine* Beliebigkeit darstellen.

1981 veröffentlichte der Pyramidenexperte *Dr. Josef Dorner* die Ergebnisse seiner neuesten Vermessungen der Cheopspyramide, die zum Teil erheblich von den viel älteren Resultaten *L. Borchardts* aus dem Jahre 1925 und *J.H. Cole* vom *Survey Department of Egypt* abwichen. Dor-ners Zweifel, dass sich die Pyramidenbauer sich um ganze **20 cm** „ver-messen" haben sollten, gab Jelitto den entscheidenden Anstoß, diesem Faktum intensiver nachzugehen, und setzte Dorners neueste Messer-gebnisse als Grundlage für seine Untersuchung voraus. Um nun em-pirisch in Erfahrung zu bringen, wie genau man mit einfachsten Mit-teln die Pyramidengrundlängen *abmessen* kann, unternahm Jelitto ein praktisches Experiment, in dessen Verlauf er mit zwei einfachen Holz-stangen die abwechselnd aneinanderlegt wurden, nachweisen konnte, dass die Genauigkeit auf einer Strecke von *230 m (Grundkante große Pyr-amide)* unter **1** mm liegen *kann*! Wenn er selbst schon zu dieser Genau-igkeit in der Lage war, um wie viel mehr dann erst die Bauherrn der Pyramide. Damit war offensichtlich, dass eine Abweichung der Grund-kantenlänge von **20** cm keine „Schluderei" oder handwerkliche Unge-nauigkeit sondern eine perfekte *Absicht* darstellen musste. Jelittos ana-lytische Berechnungen zeigten, dass die theoretischen Toleranzen tat-sächlich von den konkreten Vermessungsdaten vor Ort nur geringfügig abwichen. Alle oben genannten Aspekte findet er am Ende in der *Grundidee* der Grossen Pyramide bestätigt *und* zugleich im Bauwerk selbst konkret *realisiert*. Das bedeutet, dass die *rechten Winkel* in Wahr-heit tatsächlich eine, für das menschliche Auge kaum wahrnehmbare Abweichung von (- **0`2``**) – (+ **3`2``**) – (+ **0`33``**) und (-**3`33``**) aufweisen. Die experimentelle Versuchsreihe mit drei unterschiedlichen *Erklär-ungsmodellen*, bringt am Ende das sog. Modell **B** in die Auswahl. Es bestätigt die These einer absichtsvollen Abweichung von den vier Grundquadratwinkeln und den Grundkantenlängen. Ohne nun in die Tiefen des mathematischen Labyrinths mit hinab zu steigen, hier die *Essenz* seiner Ergebnisse, welche zum besseren Verständnis vom Autor Jelitto um den *Faktor 100* vergrößert wurde, um die winzigen Abweich-ung der echten (Cheops)Pyramide von der geometrisch-mathema-tischen Idealproportion für das Auge überhaupt *darstellbar* zu machen...

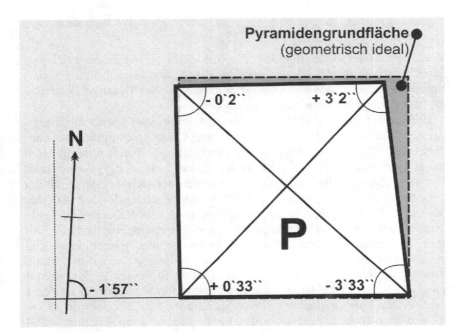

(Abb.77) [80] *Die zur besseren Sichtbarkeit um den Faktor 100 verstärkten Abweichungen (weiße Fläche P), entsprechen den gemessenen Daten der großenPyramide von Giza. Die von Hans Jelitto daraus ermittelten Toleranzen, bestimmen in ihrer mathematischen Beziehung zudem die in den vier Seiten enthaltenen Konstanten und somit die Gesamtgeometrie der Pyramide. Dabei bleiben in seinem Modell B als grundlegende Kriterien die im rechten Winkel zueinander stehenden Kreuzdiagonalen, und die über der Grundfläche lotrechte positionierte Pyramidenspitze über der Grundfläche P bestehen.*

Was sofort auffiel, waren die dabei auftretenden *Zahlen* der Winkelabweichungen: **2 – 3 – 33**. Diese erinnerten mich sofort an eine mögliche „Verwandtschaft" mit dem, im Grundquadrat des Piktogramms gefundenen *PIK-Maßes:* **33 + 2!** Natürlich ist das kein „Beweis" doch erhöht es erneut wieder die Anzahl an Indizien, die sich inzwischen zu einer nicht mehr weg zu schiebenden Parade vor uns aufreihen.

H. Jelitto, ein rationaler Dr. der Physik, nähert sich den Pyramidenzahlen, indem er die *Zahlensymbolik* mit einbezieht:

„*Man kann sich leicht selbst überlegen, dass in der Form einer regulären, vierseitigen Pyramide alle Zahlen von* **1 - 12** *vorhanden sind mit Ausnahme von* **7, 9, 10** *und* **11**. *Letztere lassen sich mit nahe lieg-*

---

[80] *Adaptionsvorlage aus H. Jelitto, „Pyramiden u. Planeten", S.267, (m. freundl. Erlaubnis)*

enden Aspekten nicht aus er Form herauslesen, es sei denn durch die angegebenen Zahlenverhältnisse." [JE3]

Zahlengeometrische Hinweise, die gleichermaßen im Zusammenhang mit dem Nasca-Piktogramm eine Rolle spielten fand der Autor in den vier *Eckfundamenten*, die zur Konstruktion notwendig waren. *Größe* und *Form* der Vertiefungen, so fand der Forscher heraus, standen wiederum in einer bestimmten mathematischen Beziehung zur Pyramide, insbesondere zu den Proportionen der Königskammer. Doch immer war Jelitto noch nicht klar, *warum* die große Pyramide „schief" gebaut worden sein soll. Um diese Frage zu beantworten, musste er einen Umweg über eine *physikalische Konstante* nehmen, die nicht ohne weiteres in der Cheopspyramide vermutet wird. Auslöser dafür war die *Volumenberechnung* der drei Gizapyramiden und die Frage, warum gerade *das* Maß und *die* Proportion verwendet wurden, obgleich durchaus eine andere Lösungsmöglichkeit vorstellbar gewesen wäre.

> *„Warum wurde die Pyramide nicht 220 Ellen breit und 140 Ellen hoch gebaut? Das Längenverhältnis wäre dasselbe und die Pyramide besäße nur ein Achtel des realisierten Volumens. Das hätte doch eine Menge Arbeit gespart. Da (...) die Form auf universelle mathematische Konstanten wie z.b. der Zahl π gegründet wurde, liegt es nahe, dass die Größe der Pyramide ebenfalls so gewählt wurde, dass sie auf naturgegebenen Konstanten ruht."* [JE4]

Der Aspekt der Konstante π im Zusammenhang mit der Pyramide ist für Mathematiker nicht neu. Auch die anderen Konstanten nicht. Das Bauwerk wurde nicht einfach nur errichtet weil die Zahl *Phi* vorhanden war, sondern *Phi* ist im Sinne des Ägyptologen, *Robin J. Cook*, die „Botschaft" selbstt. *„Eine in Stein gehauene mathematische Philosophie."*

Die Überraschung
Die Cheopspyramide = Licht

Der Physiker Jelitto stößt auf eine neue *Beziehung* der Naturkonstanten: die *Beziehung* der *Planetenvolumina* zu den *Pyramidenvolumina* in Verbindung zur <u>Lichtgeschwindigkeit</u>.

> *„Das Volumenverhältnis Erde zu Sonne ist gleich dem Verhältnis der Grundkantenlänge S zur Strecke einer Lichtsekunde."* [JE5]
>
> *„Die Größe der Cheops-Pyramide wird durch die Zeit definiert, genauer gesagt durch eine Lichtsekunde."* [JE6]

Damit würde auch denkbar, warum nach mythischer Überlieferung die Pyramiden die „Zeit fürchten", denn die Pyramide als *Symbol* wäre demnach Stein gewordene kosmische Chiffre, erschaffen aus den „Gesetzen der *Zeit*". Die Gesetze der Zeit zu erkennen bedeutete z.B. auch, Einfluss darauf nehmen zu können und den mächtigsten Herrscher die Stirne zu bieten. Trifft Jelittos These zu, so ist die *„Zeit (7)* der wahre Herrscher und Schöpfer über die Pyramide und die Menschen. Unsichtbar und gnadenlos. Die Pyramide spiegelte die irdisch stellvertretene *Geometrie des Kosmos* und somit die *Grundlage des Lebens* wider. Die *Zeit* als Regent über alles, bestimmt die Ernten, die Länge des Tages, das eigene Leben, bestimmt das Zusammenleben der Menschen, und entscheidet über Leben und Tod. Ohne sie gäbe es keinen *Raum*, in dem die Pyramide hätte errichtet werden können! Welche „Macht" die Zahl *Sieben* hat zeigt folgende einfache Rechnung, bei der der Raumkreis von 360°, in welchem naturgemäß die *Zeit* bereits enthalten ist, durch die *Zeitzahl* **7** selbst in ein Verhältnis dazu gesetzt wird:

$$360 : 7 = 51{,}42 \quad \text{(Der Eckwinkel in einem 7-Eck)}$$

Unschwer erinnert das Ergebnis an eine Zahl: der *Böschungswinkel der grossen Gi-zehpyramide* von **51° 50` 40``** ... oder, dem Bezugswinkel

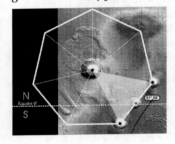

51° 58` des *Siebenecks* auf dem Mars zum Null-Meridian. Im Ver-lauf seiner Arbeit gelangt *Hans Jelitto* zum Ergebnis, die alle drei Giza-Pyrami-den, *Cheops - Chefren* und *Mykerinos* an-hand eines bislang unbeachteten *„Mess-fehlers"* in einen, wenn auch nicht neuen Zusammenhang, und zur Zu-ordnung der drei ersten Planeten unseres Sonnensystems stellt.

1) Das Volumen der *Cheopspyramide* verhält sich zum Volumen der *Chefrenpyramide* wie das Volumen **Erde** zur **Venus**.

2) Das Volumen der *Cheopspyramide* verhält sich zum Volumen der *Mykerinospyramide* wie das Volumen **Erde** zu **Merkur**.

Spätestens hier gab es mit Jelitto`s Ergebnissen nun einen *Indizienbeleg*, für eine die Verbindung Merkurquadrat/ Nasca-Piktogramm mit der Mykerinospyramdie in Gizeh, 12.365 Kilometer von Kairo entfernt auf der anderen Seite der Erdkugel.

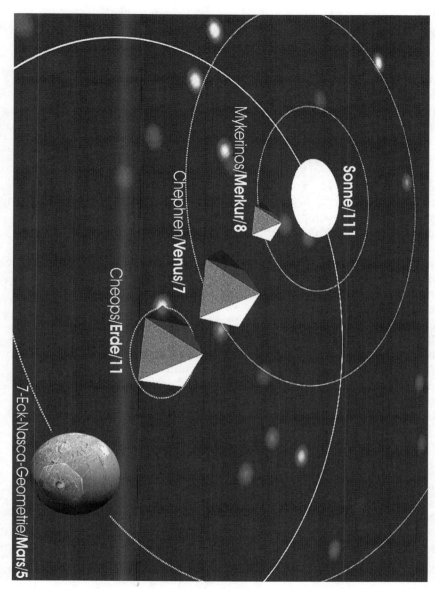

(Abb.78) „*Das altägyptische Planetensystem, die Konstellation H. Jelitto`s und der Indizienhinweis der Mykerionspyramide durch das Nasca-Piktogramm als Platzhalter für den Planeten Merkur, die Chephrenpyramide für den Planeten Venus und die Cheopspyramide für die Erde.*"

Die Zahl **9**, die sich bis zum Schluss als ein treuer und beständiger Begleiter in der Piktogrammanalyse gezeigt hat, hat dies nicht ohne Grund getan. Die Mathematiker unter den Lesern haben das natürlich schon längstens erkannt. Sie besitzt einige herausragende Merkmale, die sie in ihrem Wesen und Qualität zu einer besonderen Zahl erheben. Sie findet sich u.a. in der Pyramidenanlage in Gizeh, bestehend aus insgesamt **9** Bauwerken *(3 Hauptpyramiden und 6 Königinnen (Neben)pyramiden)*. Beträgt die Anzahl der bekannten Planeten in unserem Sonnensystem auch nur *zufällig* **9**? *(die „Abchaffung"des Pluto halte ich für fragwürdig)*. **9** Monate trägt eine Mutter ihr Kind aus usw.

Die *Neun* ist die größte einstellige Zahl, denn nach ihr wiederholt sich alles wieder von vorne. Sie ist z.b. die Quadratzahl der **3** (3 x 3 = **9**) und jede Zahl, deren Quersumme durch die *Neun* teilbar ist, kann gleichermassen auch durch 9 dividiert werden. Jedes *Multiplikationsergebnis* der *Neun* mit einer der Grundzahlen ergibt stets wieder die Quersumme *Neun*. Die *Neun* ist auch in der Lage, aus jeder Zahlengruppe zu *verschwinden*, ohne nachweisliche Spuren zu hinterlassen. Gleich was man durch die *Neun* teilt, es hinterlässt einen Rest, der der Quersumme der Ausgangszahl entspricht: z.b. **431 : 9 = 46 Rest 8. 4 + 3 + 1 = 8**. Für Pytagoras stand die *Neun* für *„Enneas"*, die **9** kosmischen Räume in welche das Universum durch die **8** Sphären geschieden wird. Selbst die Jahreszahlen wiederholen sich in *Neunerzyklen*, da Zahlen die größer als **9** sind, wiederum durch die *Quersumme* gebildet werden. Die im Piktogramm erscheinende Folge: **3 - 6 - 9** sollte somit das stimmige, aus dem *triadischen Schöpfungsprinzip* hervorgehende, sich in einem *Dreierschritt* aufbauendes Prinzip sein, welches zugleich die drei grundlegenden Funktionen der *Weltformel* M.Stelzners beinhaltet.

Die Theorie H. Jelittos erachtet die **Menkaures**-*Pyramide* als Platzhalter für den ersten, der damals bekannten **7** Planeten, den **Merkur**. **Thot**, der ägyptische, merkuriale **Hermes Trismegistos** *(der dreimalgroße)*, Begründer der hermetischen Philosophie steht demnach der Sonne, und somit RE planetarisch gesehen, an erster Stelle gegenüber. Aus der *hermetischen Philosophie* stammen auch die *Grundsätze* über die *Substanz der Welt*. Sie sind im Werk der, *Tabula Smaragdina* niedergelegt. Die von mir im *Merkurquadrat des Nasca-Piktogramms* geometrisch interpretierte *„Treue zum Ursprung"*, klingt darin beispielhaft an.

Tabula smaragdina

1. Wahr ist es, ohne Lüge und gewiss-

2. Was oben ist, ist gleich dem, was unten ist, und was unten ist, ist gleich dem, was oben ist, vermögend, die Wunder des Einen zu vollbringen.

3. Und wie alles aus Einem entspringt, durch das Sinnen des Einen, entspringt auch alles Gewordene durch Angleichung aus diesem Einen.

4. Sein Vater ist die Sonne, seine Mutter ist der Mond; der Wind hat es in seinem Bauche getragen; die Erde ist seine Nährerin.

5. Dies ist der Vater der Allgestaltung.

6. Ungeteilt und vollkommen ist seine Kraft, wenn sie sich der Erde zukehrt.

7. Trenne die Erde vom Feuer, das Feine vom Groben, sanft, mit großem Geschick.

8. Es steigt von der Erde zum Himmel empor und steigt wieder herab auf die Erde und empfängt die Kraft des Oberen und des Unteren. So wirst du die Herrlichkeit der ganzen Welt erlangen. Und alle Finsternis wird von dir weichen.

9. Hier ist die Kraft der Kräfte, die alles Feine überwindet und alles Feste durchdringt.

10. Solcherart wird die Welt erschaffen.

11. Hiervon stammen die Angleichungen, deren Wesen hier mitgeteilt ist.

12. Darum heißt man mich den Dreimalgroßten Hermes, der ich die drei Teile der Weltenphilosophie besitze.

13. Vollendet ist, was ich über das Werk der Sonne verkündete.

(Aus dem Lateinischen von Frater V.D.)
Quelle: Schule der Hohen Magie v. Frater V.D. ISBN: 3778771825

7.2 Die Hypothese 111

Zum Schluss möchte ich noch eine letzte Überlegung vorstellen, welche die *räumliche Entfernung* zwischen dem Piktogramm in Nasca, und der grossen Gizehpyramide in Ägypten betrifft. Gibt es, so fragte ich mich nach allen bisherigen Indizien, möglicherweise auch eine *bewusste Wahl* des *Standortes* des Piktogramms und der Länge der *Strecke*:

Gizeh - Nasca?

Die extrem unzufällige Beziehung beider Objekte drängte förmlich diese Vermutung auf. Archäologische Phänomene, die nach kosmologischen Maßstäben ausgerichtet sind, sollten die Distanz zwischen zwei derart bedeutungsvollen Orten nicht ganz unberücksichtigt lassen. Die Entdeckung H. Jelitto`s, dass die Cheopspyramide dem Maß einer *Licht-sekunde* zugrunde gelegt wurde, stützt die Annahme, dass beide dafür notwendige Parameter: das babylonisch-sumerische **60er** System der Zeit *(Stunde, Minute, Sekunde etc.)* und das exakte Längenmaß eines Meters, damals *bekannt* gewesen sein mussten. Was das Längenmaß *Meter* betrifft, so erwähnt H. Jelitto in seiner Abhandlung *E.H. Wallenwein*, dessen Erklärungskonzept die sog. **11**-*Meter-Erde* beinhaltet, welches auf dem Wissen um den exakten *Erdumfang* basiert. Dieses Modell umfasst ebenso die *Bogensekunde* und das Maß *Plethron* [81] auf der Erdoberfläche.

„Das von E.H. Wallenwein angegebene Modell der 11!-Meter-Erde, das unter anderem durch das bekannte damalige Längenmaß Plethron gestützt wird, führt zu dem Schluss, dass zur Zeit der alten Ägypter die Länge eines Meters, die heutige Winkeleinteilung und die Dauer einer Sekunde schon definiert worden waren. Zu diesem Ergebnis kam Wallenwein unabhängig von dieser Arbeit (H. Jelitto, Pyramiden u. Planeten. Anm.d.Verf.) Andererseits folgt aus der Gleichung für die Größe der Cheops-Pyramide und aus der Gleichung für den Maßstabsfaktor ebenfalls, dass die Sekunde und der Meter in jener Zeit schon existierten! Möglicherweise sind also unsere heutigen Maßeinheiten, speziell die Sekunde und der Meter, gar nicht so neuzeitlich, wie wir vielleicht geglaubt haben. Darüber hinaus tritt in der Gleichung für den Maßstabsfaktor auch der Zeitraum eines Jahres auf. Alle vier Größen: Sekunde, Meter, Jahr und Plethron sind eng mit dem Planeten Erde verbunden und stehen, außer dem Jahr, durch das Schema von Wallenwein in einem sinnvollen Zusammenhang." [82]

---

[81] *Plethron = Furche (antikes Ägypten) 50/3 Klafter − 1/7 Stadium oder 30 m.*
[82] *H. Jelitto, Pyramiden und Planeten, S. 240 ff.*

Die Cheopspyramide ist in ihrer Gestalt durch sog. Schlüsselzahlen wie **3 – 7 – 9 – 10 – 11, π**... bestimmt. In der *dokumentierten*, ägyptischen Geschichte spielte – wir erwähnten es bereits - erstaunlicherweise die Zahl **11** *(oder auch 111)* als verehrungswürdiges Symbol *keinerlei* bedeutsame Rolle *(Doernenburg)*, wie überhaupt fast alles was mit mystischen Zahlenverhältnissen in der grossen Pyramide zu tun hat von Fachleuten als Schwachsinn tituliert wird.

In den Proportionsverhältnissen der Pyramiden*geometrie* erscheint die **11** zusammen z.b. mit der **7** und **3** durchaus als *signifikanter Gestaltungsparameter*. Die Nicht-Erwähnung einer, bzw. mehrerer undokumentierter Zahlen muss ja nicht *automatisch* bedeuten, dass sie deshalb wirklich *„unbedeutend"* gewesen sind. War denn die Zahl **11** nicht maßgeblich mit daran beteiligt, der Cheopspyramide ihre *typische Proportion* zu verleihen? Wie konnte die **11** *„unbedeutend"* sein, wenn es das Bauwerk selbst in keinster Weise war und immer noch ist? Der erbitterte Streit der darum geführt wird, ob nun jene *Kartusche* (Königshieroglyphe) in den Entlastungskammern der Königskammer Pharao Cheops zeigt oder nicht, oder ob es eine pseudoarchäologische Fälschung darstellt oder nicht, ändert nichts an der *realen existierenden Wirkung* einer *Gestalt bildenden Zahl* in einem der letzten Weltwunder dieser Erde. Folgerichtig stellte sich die Frage, ob es zwischen der *Schlüsselzahl* **11** *der Cheopspyramide*, der mag. Zahl **111** des *Sonnenquadrates* **36** und der **111** Kilometer Einteilung der **1°** *Längengrade des Äquator-Grosskreises* nicht auch einen *Zusammenhang* gab.

Gizeh, die ehrwürde Pyramidenstätte Ägyptens, mit ihren drei berühmtesten Monumenten: *Cheops, Chefren* und *Mykerinospyramide*, liegt nach Auskunft des *„großen Kosmos 3D-Globus"*, ca. **12.365 km** *Luftlinie* vom Nasca-Piktogramm entfernt.

Gizeh: 29°59` N	**Piktogramm:** 14°38` S
31°06` E	74°10` W

Erich v. Däniken entdeckte bei seinen Erkundungsflügen über der Pampa das *Piktogramm* rund 12 Flugminuten [83] vom Flugplatz *Nasca* entfernt, auf den Höhenzügen der angrenzenden *Palpa*. In seinen Berichten wird die genaue *geographische Lage* nicht, jedoch bei *Gilbert de Jong* erwähnt. Er notiert zudem die Ausrichtung des Piktogramms. Die Hypothenuse des Dreiecks ist annähernd im rechten Winkel nach Nord/Süd und Ost/West orientiert.

---

[83] *Aus: E.v.D, „Zeichen der Ewigkeit", S.160*

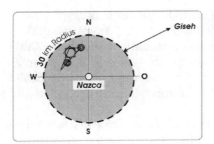

(Abb805)
Die geodätische Lage des Piktogramms.
(+/- 15 km)

Der *mittlere Äquatorumfang* der Erde beträgt lt. Lexika:

40.074,78 km (2πR).

Im *globalen Koordinatensystem* wird die *Länge* des Äquatorumfangs – der *Längenkreis* - in **360°** unterteilt. **1°** misst somit:

111,31 km

Die *orthodrome* (geradlinige) Entfernung des Nasca-Piktogramms auf dem **Längenkreis** von Gizeh *(keine Luftlinie)* beträgt **11.812,21** km. Setzt man diese Entfernung ins Verhältnis zu einem gültigen Längengrad *(111,31 km)*, so *reduziert* sich die Länge eines Grades auf **106,11** km.

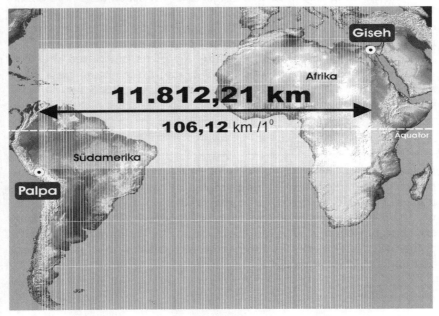

(Abb.79) *Die geradlinige Entfernung Gizeh - Nasca*

Dies machte hinsichtlich meiner Hypothese jedoch keinen Sinn, da eine derart hohe Differenz von **5,19** km pro Längengrad eindeutig zu groß war. Eine derartig hohe Abweichung summierte sich bei einem vollen Äquatorumfang bereits auf satte **1869** km oder **4,6 %** ! Wenn es also eine beabsichtigte Ausrichtung der Entfernung *Giseh-Nasca* am *Längenmaß Meter* tatsächlich geben sollte, so sollte die Fehlertoleranz wenigstens **1%** nicht übersteigen. Schließlich wurde mir klar, dass in meiner Über-legung, die geradlinige, nicht-räumliche Entfernung zu messen, ein Fehler steckte, denn die Entfernungsmessung entlang der *geradlinigen* Längengrade spiegelten ja nicht die *tatsächliche* Entfernung wider. Ein Weltenbummler, der zu Fuß die *kürzeste* Strecke GizehNasca (Luftlinie) auf der *Erdoberfläche* zurücklegen wollte, würde ja nicht zuerst im rech-ten Winkel zum Äquator wandern, um von dort aus parallel zum Läng-enkreis zu seinem Ziel zu gelangen. Die richtige Rechnung zeigte, dass die *(sphärisch gekrümmte) Luftlinie*, bezogen auf die *Gradeinteilung von* **360° x 111,31** km, nun eine Übereinstimmung offenbarte, die über-zeugendes *Indiz* für die *Hypothese 111* lieferte. Die Entfernung Gizeh-Nasca musste also auf der Grundlage des *Wissens* um den *Erdumfang* des 360° Grad Kreises (**1°/111,31** km) und der Zahl **11** *(der 11-Meter-Erde)* beruhen. Einen „*Zufall"* zu unterstellen würde bedeuten, für alle bisher gefun-denen Indizien blind zu zeigen. Die Fehldifferenz bei einem vollen 360° Äquatorumfang betrug jetzt **82,8** km, oder nur noch ganze **0,2%**, welche letzten Endes auch durch die Kontinentaldrift er-klärbar wäre. Es drängte sich nun förmlich auf, in den hier darge-stellten Anhaltspunkten mehr zu sehen, als nur einen weiteren „*Zufall"*. Vielmehr stellte sich der Eindruck ein, einer ähnlichen „Hand-schrift" zu begegnen, wie sie uns beim Siebeneck auf dem Mars und der verblüffenden *Mars-Nasca-Geometrie* schon einmal begegnet ist. *Raum* und *Zeit* schienen bei der Konzeption und Ausführung dieses Zusam-menhanges offensichtlich keine Rolle gespielt zu haben. Dem gesamten Mars-Nasca-Gizeh-Konzept eine *hermetische Bedeutung* zu unterstellen, in der die **111/11** eine der Schlüsselsignaturen darstellt, dürfte nun re-lativ deutlich auf der Hand liegen. Wer auch immer für die hier be-sprochenen Phänomene verantwortlich ist, für den sollte demnach auch ein 12.365 km entferntes „Hinweisschild" (Piktogramm) mit Sicherheit kein besonderes Problem darstellen, denn es war *Absicht*!

...würde die Hypothese 111 nur einen winzigen Funken Bestand haben, so bedeutete dies, dass die Erbauer der Cheopspyramide in Beziehung zu den Schöpfern des Piktogrammes standen, möglicherweise sogar mit ihnen identisch gewesen sind.

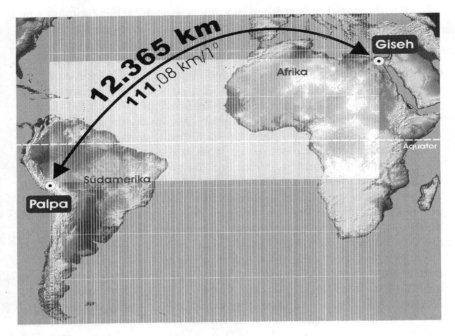

(Abb.80)

Misst man, der Krümmung der Erdoberfläche folgend, die kürzeste Strecke Gizeh – Nasca, so frägt man sich wie es nur möglich sein kann, dass das Nasca-Piktogramm auf derart präzise Weise **111 x 111,08 km Luftlinie** von Gizeh entfernt liegt? Wenn der moderne Mensch wissen will, wie groß der mittlere Äquatorumfang ist, so blättert er bequem in einem Lexikon oder holt sich die Information ganz einfach online. Die Geschichtsschreibung enthält keine Hinweise darauf, dass vor fast 5000 Jahren das Längenmaß Meter in seiner heutigen Form schon existiert hätte. Zudem, wie hätten die alten Ägypter es bewerkstelligen sollen, diese Strecke – zudem Luftlinie – den geodätischen Standort des Piktogramms zu bestimmen, der durch den tausende von Kilo-metern breiten Atlantischen Ozean, undurchdringlichen Urwäldern und unbe-kannten, unbezwungenen Gebirgsmassiven etc. pp., getrennt lag, wenn nicht durch eine Fortbewegungsart durch den Luftraum?

Auf der Internetseite:
www.grahamhancock.com/forum/AlisonJ1-p1.htm von *Graham Hancock*, publizierte im Jahre 2005 *Jim Alison* einen spannenden Artikel mit der Überschrift: *„Exploring Geographic and Geometric Relationships Along a Line of Ancient Sites Around the World."*

Darin stellt der Autor die Entdeckung einer gemeinsamen Verbindung zwischen den sieben Stätten alter Kulturen u.a. wie den *großen Pyramiden, Machu Picchu,* den *Osterinseln, Ankor* und den *Nascalinien* zur Diskussion. Tenor dieser äußerst verblüffenden Entdeckung ist das Merkmal, das alle *geodätischen Positionen* unabhängig von der Präzession der Erdachse auf *einer geraden Linie* liegen. *Einige der bedeutsamsten Zeugnisse alter Kulturen liegen wie auf einer Perlschnur aufgereiht auf einer gedachten, geraden Linie. Jim Alisons* Suche nach Zusammenhängen bzgl. der geodätischen Standorte berühmter früher Bauwerke führt ihn zur Feststellung, dass die dahinter stehende Grundlage eine noch uns unbekannte *geometrische Absicht* widerspiegelt, welche sich in den *Entfernungsabständen* zwischen den einzelnen Orten offenbart. Diese Abstände, und die, durch Alison in einen plausiblen Zusammenhang gestellte „*Absicht*" der Urheber zeugen einmal mehr von einem bewusst angelegten geodätischen Plan, bzw. die Existenz des *Meters* (11-Meter-Erde) lange vor unserer Zeitrechnung. Doch findet *J.Alison* in Folge seiner Recherchen nicht nur dieses eine Phänomen. Er vervollständigt seinen neuen Ansatz mit weiteren Standorten alter Kulturen und stellt fest, dass fast alle auch durch verschiedene, virtuelle *Sinuskurven* miteinander in Verbindung gebracht werden können. Das besondere an den von ihm gefundenen Streckenverhältnissen ist jedoch die nachweisliche Tatsache, dass darin eine der bekanntesten harmonischen Proportion enthalten ist:

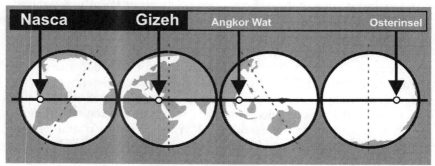

der *goldene Schnitt.*

Der sog. „goldene Schnitt" 1:2:3. Bereits in der Antike orientierte sich jegliche kultische Baugestaltung an dieser Proportion, die aufgrund ihres ausgeglich-

enen Streckenverhältnisses als Symbol für eine an göttlichen Massen ausgerichtete Architektur galt.

Die Anwendung des *goldenen Schnittes* in Architektur, Kunst und *Handwerk* ist seit langem üblich und relativ unspektakulär. Doch die Anwendung auf die Festlegung von gewaltigen Strecken zwischen geodätischen Standorten vorantiker Monumente ist bislang nur von wenigen Forschern *(wie z.b. Erich v. Däniken)* überhaupt erwähnt, bzw. untersucht worden. *Jim Alisons* Forschungsergebnisse fand ich bzgl. des Nascapiktogramms zwar erst recht spät, doch nicht zu spät, um die untersuchte Distanz *Nasca-Gizeh* als bestätigendes Indiz hinzu zu fügen. Wer mehr dazu erfahren möchte, findet unter der angebenen Website eine ausführliche Darstellung von Alisons Ergebnissen, in der u.a. die Zahlen **108 – 72 – 36** eine bedeutende Rolle spielen, wie sie uns in der Betrachtungen des *Nasca-Piktogramms* ebenfalls begegnet sind.

Eines mag am Ende dieser Indiziensammlung sich verdichten: dass die allgemeine naturwissenschaftliche Ablehnung der Vorstellung einer „extraterrestrischen Urheberschaft" – bei der definitiv die Erde von außen umfassend gekannt worden sein muss – langfristig nicht mehr bekämpft werden muss. Die zunächst unglaublich erscheinenden Phänomene wie der *Mars-Nasca-Geometrie* oder das *virtuelle Siebeneck* usw., werden eines fernen Tages möglicherweise sich gleichfalls als Teile dieser universellen Konzeption erweisen, welche ein gemeinsames Band zwischen den, auf der Erde noch existierenden Kulturzeugnissen knüpfen werden. Die im Nascapiktogramm codierten Informationen sind unter diesem Blickwinkel betrachtet, *Signaturen* dieser Konzeption, die u.a. Verwendung als machtgeladene *heilige Primzahl* **7** beim Bau der Cheopspyramide fand. Warum huldigte der für den Bau der großen Pyramide verantwortliche „Jemand", in derart unvergleichlicher Weise den drei grundlegenden Primzahlen **3 - 7** und **11**? Lag es etwa an dem (überbrachten) Wissen, dass *Primzahlen* den transzendenten, *göttlichen Aspekt* der Schöpfung repräsentierten? Wäre dies im Zusammenhang mit dem Piktogramm ein Hinweis darauf, warum im berühmten Tal der Könige **64** Pharaone [84] [85] in eingelassenen Felsengräbern bestattet wurden:

die <u>Zahl des Merkurgrundquadrats des Nasca-Piktogramms?</u>

---

[84] *http://www.selket.de*
[85] *63 von insgesamt **64** bekannten Gräbern wurden bis heute entdeckt und dokumentiert. Das älteste Grab ist das des Thutmosis I. (1530 - 1520 v.Chr), welches erst 1899 gefunden wurde. Das berühmteste ist das unberührt aufgefundene Grab des Tot-Ankh-Aton (später Tut-Anch-Amun 1354-1345, XVIII. Dynastie), das 1922 der Engländer, Howard Carter entdeckte. (dito)*

Das Nasca-Piktogramm mag dem einen oder anderen nach dieser kontroversen Auslegung jetzt etwas verständlicher, aber auch vielleicht noch bizarrer erscheinen lassen als zuvor. Der Autor ist sich dessen voll bewusst. Greifen gewohnt automatische Erklärungsmodelle nicht, sind experimentelle Wege in diesem Stadium legitim.

Der Aufbau der Geoglyphe beginnt in einem *Nullpunkt*, dem *Alpha*, um den herum sich alles Weitere einfindet. Nahezu alle Proportionen stehen zueinander in einem intelligent strukturierten Verhältnis, dessen Signum die alles durchdringende *Quersumme* **9** ist. *Drei universell-quali-tative Seinszustände* und *vier fundamentale Arten von Zahlenverknüpfungen* bilden das metaphysisch-irdische Grundgerüst unserer Welt. So trivial dieser einfachste aller Grundschulinhalte am Ende auch erscheinen mag, gehört er doch zusammen mit den *Archetypen der Geometrie* und *Zahlenqualität* zur elementaren *Basis unserer dreigliedrigen, trinitären Welt*, in der wir alle leben. Das Piktogramm erzählt uns davon. *Dr. M. Stelzner* und *Dr. P. Plichta* sind Erneuerer einer Realität, die in ab-sehbarer Zukunft mit ihren Grundlagen die Tür zu einem neuen Verständnis unserer Welt öffnen werden. In der Soziologie ist es bekannt, dass das Bewusstsein das *Sein* bestimmt und nicht umgekehrt. Die „Urheber" des „Mandalas" bleiben wie so oft, unbekannt. Bewusst enthalte ich mich einer spekulativen Zuschreibung was die Quelle der Urheber betrifft. Eines scheint jedoch relativ gewiss: SIE waren nicht unbedingt von unserer Welt. Das Bildzeichen spricht in seiner geo-metrisch-arithmetischen Sprache so klar, wie es die 10 Gebote der Bibel tun. Nach meinem Dafürhalten kann das Volk der Nasca als Schöpfer der Geoglyphe, wie auch die alten Ägypter als Schöpfer der grossen Pyramide ausgeschlossen werden.

Es existiert ein Schöpfungsplan von dem das Piktogramm als Teil eines Ganzen zeugt Dieser geht weit über die begrenzte Vorstellungskraft unseres allgemeinen Verständnisses hinaus. Das was wir be-reits davon wissen giessen Wissenschaftler in *Formeln*, die Esoteriker in *metaphysische Systeme*, die Kirchen in *Dogmen*. Es ist wie mit den Blinden und dem Elefanten. Jeder einzelne behauptet als sie ihn betasten, dass die Gestalt eines Elefanten eine Säule (Fuß), eine Schlange (Rüssel) oder eine Kugel (Bauch) sein müsse usw. Letztendlich haben aber *alle* Blinden „Recht", denn <u>Realität</u> findet auf dem Erdenausflug durch unseren *„Lebenswald"* im schmalen Kegel unserer *„Bewusstseinstaschenlampe"* statt, die jeweils immer nur *Teilaspekte* erleuchten und uns zur Erscheinung bringen kann. Das *Piktogramm* erzählt von einer Möglichkeit, diesen Licht- oder „Erkennntiskegel" zu *erweitern*.

Thomas Moser, Mai 2007

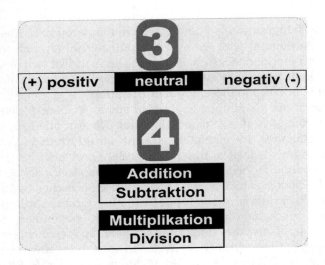

Warum bestehen die Atome <u>aller Elemente</u> aus 3 Kernteilchen: Proton, Neutron und Elektron? Warum besitzen die Elektronen 4 Quantenzahlen? [PP2]

P. Plichta, Das Primzahlkreuz

Warum besteht der Raum aus 3 räumlichen Dimensionen und 4 Himmelsrichtungen? Warum bilden genau diese beiden Zahlen die Dimension Zeit, die 7 ab (3 + 4)?

Warum gibt es auf dem Mars 3 und 4 Mega-Schildvulkane? Warum ist in Ihnen ein Siebeneck einschreibbar (3 + 4)?

Das irdische Jahr beinhaltet 4 Jahreszeiten zu je 3 Monaten (Quartal)

3 Sterne, welche gleichzeitig die drei großen Gizehpyramiden repräsentieren sollen, bilden den Gürtel des Sternbildes Orion mit seinen insgesamt 7 Hauptsternen. (3 + 4)

*Die **Erde** ist von unserem Zentralgestirn, der Sonne aus, der **3**te und der **Mars** der **4**te Planet.*

Warum ist die Erde von ¼ Land und ¾ Wasser bedeckt usw....?

In der Dezemberausgabe `05 der Zeitschrift, „mysteries" erschien ein Artikel über das „Mandala", wie das Nascapiktogramm auch genannt wird. Darin wird die Frage nach der Echtheit der Geoglyphe aufgeworfen, nachdem der in diesem Buch schon mehrfach genannte deutsche Archäologe Markus Reindel, das riesige Mandala als eine neuzeitliche Fälschung erkannt haben will. Im Katalog zu einer Nasca-Ausstellung in Zürich/CH, stellte Reindel 1999 überraschend fest, das nach seiner Sichtung des staatlichen Luftbildmaterials von Peru aus dem Jahr 1994 keine Mandalas zu sehen sei. Seine Schlussfolgerung: das Mandala stelle eine Produktion neueren Datums dar hinter dem – so Reindels scharfsinnige Mutmaßungen – „irgendwelche ominösen Esoterikergruppen" stehen müssen. Demzufolge hätten bereits clevere Fälscher vor dem Zutrittsverbot im Jahr 1974, schier unglaubliches zustande gebracht, das zudem 25 Jahre benötigte um überhaupt erst einmal von der globalen Öffentlichkeit wahrgenommen zu werden. Ganz abgesehen von den kaum zu vermeidenden Produktionsspuren am Boden, der schwierigen Topologie, dem (heutigen) Zutrittsverbot mit Aussicht auf eine langjährige Gefängnisstrafe usw. Publicity zu erzeugen, indem man auf eine kompetente Ratlosigkeit mit der Beschuldigung undifferenzierter Randgruppen antwortet, mag auch einem zielorientierten Archäologen nicht ungelegen kommen. Gleichwohl vermochte Reindel auch sechs Jahre später seine Behauptungen nicht weiter zu verifizieren. Er nimmt weiterhin nur an, dass das Nasca-Piktogramm/Mandala zwischen 1960 und 1980 entstanden sein muss. Mehr noch. Einige Steinsetzungen von Palpa schreibt er zudem noch einem „verwirrten Lehrer" zu, welcher dafür verantwortlich sein soll. Reindel: „Mir wurde von einem Lehrer aus dem Ingenio-Tal berichtet. Neben den schönen geometrischen Mandalas gibt es noch viele lineare Steinsetzungen, Kreise und vieles mehr. Welche von dem Lehrer sind, kann ich nicht sagen." Der Artikel in „mysteries" endet mit dem Hinweis auf E. v. Däniken, der, im Gegensatz zu Reindel, den Lehrer damals persönlich aufsuchte und mit ihm gesprochen hat. Dieser bekräftigte, er habe die alten und teilweise schon verwitterten Strukturen seinerzeit lediglich nachgezeichnet um sie der Nachwelt zu erhalten.

Nachtrag

Am *27.02.2006* veröffentlichte der *Internetprovider Freenet* eine bislang relativ unbeachtete, stille Sensation:

www.freenet.de/freenet/wissenschaft/paranormal/mystery/argentinien/index.html
Unter der Überschrift: *„Rätselhaftes Liniennetz"* berichtet der Artikel über ein offensichtlich noch größeres Rätsel als es die Hochebene von Nasca jetzt schon ist. In ungleich gewaltigeren Dimensionen findet sich in *Argentinien* ein fast technisch anmutendes Gitternetz aus Linien, Strahlenzentren und Schachbrettartigen Mustern. Einem gigantischen Millimeterpapier gleich, durchziehen Linien von oftmals unvorstellbarer Länge von bis zu 80 – 200 Kilometern derart präzise die bizzarsten Landschaften, sodass im Vergleich mit der eher winzigen Fläche von Nasca das Rätsel um die Geoglyphen, statt sich zu erhellen, sich aberwitzig steigert. Als hätte man vom Weltraum aus ein Maßgitter auf die Erdoberfläche gelasert, um wie beim Stadtplan in Sektoren eingeteilt, eine Art zuschreibbare Einteilung zu erhalten, liegen diese Gitternetzlinien unübersehbar in den Flächen, die vom Einfluß des Menschen noch relativ unberührt sind. Angesichts dieser noch völlig unerforschten Tatsache eines noch größerem Mysteriums im nahegelegenem Argentinien, mag mein hier vorgetragener Versuch einer Annäherung an das Geheimnis der Geoglyphen, in seiner potentiellen Möglichkeit zumindest die Gewissheit beinhalten, in der eingeschlagenen Richtung meiner Piktogrammdeutung nicht ganz falsch zu liegen. Warum markierte jemand die Erdoberfläche mit einem abstrakten Gitternetz dieses unerhörten Ausmaßes? Definitiv klar damit dürfte nun sein, dass sämtliche Theorien, welche sich auf kultisch-religiöse Argumente berufen, komplett neu überdacht, wenn nicht sogar völlig revidiert werden müssen.

Versuche bei dem Internetgiganten „Google" eine Abdrucklizenz für Bildbeispiele zu erhalten schlugen komplett fehl. Von „Google" hörte ich nach mehrmaliger Eingabe vor zweieinhalb Jahren nichts mehr. Bis heute. Mit dem Programm „Googleearth" können Interessierte jedoch unter folgender Adresse das Gebiet zu Erkundungszwecken aufrufen:

Quelle: *www.googleearth.com*:

37°13`01`` Süd, 69°01`12`` West

Anhang

Die Zahlenqualitäten
Dr. Michael Stelzner

Die Eins (1) - *steht repräsentativ für die Einheit. In ihr existieren keine Unterschiede, da ihr die zweite Seite der nachfolgenden Polarität der Zwei (2) noch fehlt. Die **1** ist der Urgrund, der Punkt, der Hintergrund aller Vielheit. Sie ist eindeutig und stellvertretend für Gott. Ihre immanente „Polarität" besteht nur aus einer Aussage: Das **Ja**!*

Die Zwei (2) - *Der erste Schritt in die räumliche Welt ist der Dimensionssprung in zwei (2) Ebenen, X, Y. Die dritte Ebene der Tiefe, Z fehlt noch. Zwischen diesen beiden ersten gegensätzlichen Polen spannt sich bereits all das, was sich in ihrer Verschiedenheit als, Gespaltenheit, Zweifel, Zwist und Gegen-Teil beschreiben lässt. Der andere Mensch tritt zum ersten Male als „Nicht-Ich" ins eigene Bewusstsein. Diese, die Wahrnehmung begrenzende Zweidimensionalität beinhaltet noch keine „Zwischentöne." Sie ist die Welt von Schwarz/weiß, hell/dunkel, heiß/kalt, trägt aber bereits den Keim zur Erkenntnisbildung in sich. Aus ihr geht das „Gute" und das „Böse" hervor, die Zweifache Realität eines Seinszustandes. Die „Bi-Bel", die zwei Bücher künden davon. Durch das Erkennen des Nicht-Lichts, wird das Licht erst geboren. Durch den „Diabolos, dem Teufel", wird Erkenntnis erst möglich. Ihre immanente Polarität besteht ebenfalls nur aus einer Aussage: Dem **Nein**!*

Die Drei (3) - *stellt die verbindende Funktion von **1-2** dar. Mit ihr findet der erste dynamische Ebenenwechsel statt: die Vereinigung von Gegensätzen und zur Ein(1)sicht benutzte Unterscheidungsfähigkeit des Denkens. Die räumliche Tiefe Z entsteht. Die Drei repräsentiert die geistige Grundlage, das Auge Gottes, den erhöhten Standpunkt von wo aus der Mensch seine Handlungen und Taten betrachten kann. Erlöst aus der Gefangenschaft der Polarität und dennoch als integraler Bestandteil vorhanden, macht der Standpunkt der 3 eine räumliche, seelische und gedankliche Differenzierung erst möglich. Der Regenbogen erhält seine Farben und die Seele ihren „Raum". Die Gedanken lösen sich aus ihren extremen Positionen und machen die Einnahme unzähliger, neuer Standpunkte und Blickwinkel fruchtbringend möglich. Mit der Drei entsteht Raum und Zeit. Der Begriff der Ewigkeit wird vollstellbar.*

Die Vier (4) - *steht wie keine andere Zahl für die Erde, die Materie (Mater = Mutter). Mit ihr tritt der rechte Winkel 90° in Erscheinung, der die konkrete Welt in vier gleichmäßige Teile scheidet und dennoch sie in sich vereint. In diesem Paradoxon lebt unverkennbar eine erhöhte symmetrische Polarität in zweifacher Art. $2 \times 2 = 4$. Mit der Vier entsteht irdische Ordnung, Grenze und Bestimmbarkeit, aber auch das Gegenteil der von der drei gezeugten lebendigen Bewegung: der Starre.*

Die Fünf (5) *steht in ihrer Einmaligkeit wie er selbst für den Menschen. In ihr wird er sich des Gewahrwerdens der Schöpfung erst möglich. Die Quadratur des Kreises, versinnbildlicht durch den von Michelangelo eingeschriebenen Menschen in den Kreis mit seinen 5 Gliedern, zeugt durch seine transzendente, unbestimmbare Verbindung von der Vier zur Fünf vom nichtlinearen Wirken schöpferischer Gesetze. Der Mensch steht im Bewusstwerden seines Individuums (seiner Unteilbarkeit) genau auf der*

Spiegelachse der Zahlen 1 – 5 – 10 und ist fähig auf beide Seiten der gleichen „Medaille" zu schauen.

Die Sechs (6) - In ihrer Funktion als schöpferisches Lebensprinzip schlechthin, ist sie auf dem Additionsgesetz aufbauend der kreativste Pol. In ihr verschmelzen in Begegnung und Schönheit gegensätzliches wie Mann und Frau (Sex). Eine künstlerische Begegnung in Richtung auf eine Vervollkommnung hin, die innen und außen transzendiert und aus der Polarität kommend sie neu verwandelt. Sie steht auch für die sich bewusst werdende Schöpfung und generiert die 3, die Spitze der Pyramide.

Die Seiben (7) - Die Chiffre für das Jenseits, das Antimaterielle und seine Funktion als Bewahrer der (vergangenen) Ordnung. Das Siebeneck als Ausnahme in der Reihe der Vielflächner. Galt lange Zeit als nicht konstruierbar und steht für die Dimension der Zeit.

Die Acht (8) - steht für die Oktave der 4. Etwas „achten" bedeutet, ein umfassendes Bewusstsein dessen zu haben. Es repräsentiert den Verwandlungsweg von der Form zur Formel, vom Ungewissen zur Orientierung. Es bedeutet auch Macht über die Achtung und der in ihr innewohnenden 8-tung zu erlangen.

Die Neun (9) - Sie versinnbildlicht die Auflösung und Erneuerung durch ihre neutralisierende Kraft. Furchterregend durch die Dynamik ihrer destruktiven Kräfte, aus der jedoch nach dem Durchgang durch ihren Nullpunkt wieder neue Früchte erwachsen können, vereinigt sie sich wieder mit der Einheit (1) und erzeugt somit den fortlaufenden Strom einer beständigen Wiederholung auf immer neuen und anderen Ebenen.

Aus: *„Die Weltformel der Unsterblichkeit"*, M. Stelzner, VAP Verlag

Dr. M. Stelzner fasst die *drei Dimensionen* des von ihm gefundenen Weltgesetzes wie folgt zusammen:

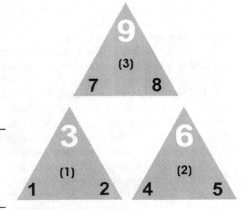

> „Die Trinität, die Dreigliederung ist (...) die Struktur der Schöpfung."
>
> Dr. Michael Stelzner

„Wir leben deshalb in einer dreidimensionalen Welt, dem euklidischen Raum. (...) Die erste Dimension sind die Zahlen selbst. Ihr Geheimnis wiederholt sich *in der zweiten und dritten Dimension. (...) In der Zweidimensionalität offenbart sich die Gesetzlichkeit in den ebenen Formen der Geometrie, der Fläche, vom Kreis bis zu seinen aus ihm abgeleiteten Vielecken. (...) Die dritte Dimension, die Dimension unserer Körperwelt, zeigt ihre Gesetze in Reinform in den einfachen, nicht mehr reduzierbaren symmetrischen und harmonischen Körpern, die uns als Platonische Körper bekannt sind und schon von Sokrates im Timaios als die Bausteine der Welt erwähnt wurden."* MZ3

Die **Kernstruktur** des Weltzahlengesetzes baut, den Erkenntnissen des deutschen *Chemikers und Mathematikers*, Dr. Peter Plichta, zufolge auf *Primzahlen* auf. Ihnen liegt die Erscheinung der Welt zugrunde.

Das **Weltzahlengesetz**, welche ich als Grundlage der *Piktogramminterpretation* zugrunde lege, stellt sich nach Dr. Stelzner wie folgt dar:

Im Urzyklus des ersten Dreierschrittes (1) manifestiert sich der Punkt 1 die Einheit, das Ein-Deutige, aber auch „die größte" aller Zahlen. Ein Baum, aber viele Blätter. Ein Gebirge, aber viele Steine.

Aus dieser allumfassenden Einheit entspringt die Dualität (Länge-Breite), Pol/Gegenpol 2 und schafft die erste Ebene der Unterscheidung, aber auch des Zweifels und die Spannung des Diabolos. Plus/Minus, kalt/warm etc. kennzeichnen diese neue Ebene der, in China als polare männlich-weibliche Ying/Yang-Aspekte bezeichnete Energienformen.

Da die Dualität wegen der ihr fehlenden Überschau noch keine Erkenntnis, (Sündenfall) kennt, verbindet die (göttliche) Funktion 3 die Einheit und Polarität zu einer neuen Dimension des geistigen und physischen Raumes: (Länge-Breite-Tiefe/ X/Y/Z).

Dieser *Dreischritt* wiederholt sich in immer neuen Metamorphoseschritten und bedingt einen stetig aufsteigenden Wechsel in neue Dimensions*ebenen*. Allein der menschliche Geist ist in der Lage, die Grenze zur metaphysischen Welt zu überschreiten, die dem physischen Leib durch seine Gebundenheit an die irdische Ebene versagt bleiben muss. Das „Sehnen", nach dem *Ein*-deutigen, nach der Ur-heimat erzeugt seit Jahrtausenden die „Sehnsucht" nach einem *höheren Wesen*, nach *Gott*. Das Erreichen eines kontemplativen, eines „überschauenden" Zustandes gehört sicherlich mit zu den beständigsten Motivationen des Menschen im Suchen nach Antworten auf seine immerwährenden existenziellen Fragen.

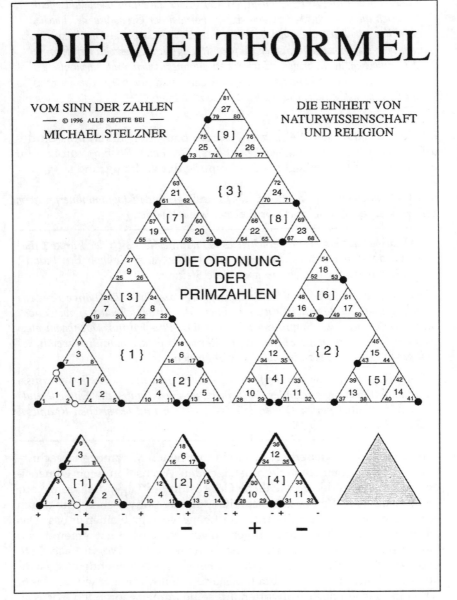

Abdruck der Inlaytafel mit freundlicher Erlaubnis des Autors, Dr. M. Stelzner, „Die Weltformel der Unsterblichkeit", Verlag Aussergewöhnliche Perspektiven, 1996, ISBN 3-922367-70-4

Das Primzahlkreuz
nach Dr. P. Plichta

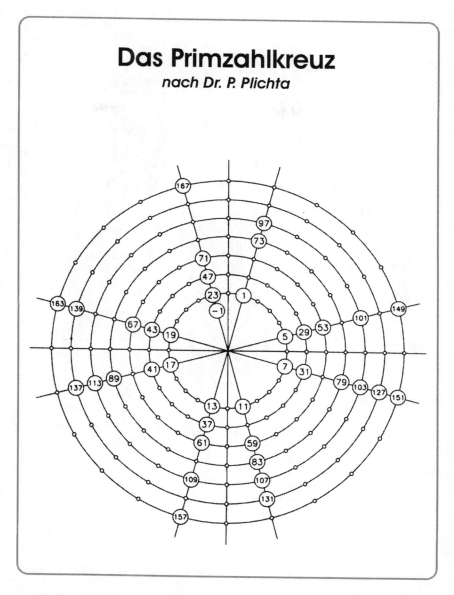

Abdruck mit freundlicher Erlaubnis des Autors, Dr. P. Plichta
„Das Primzahlkreuz", Quadropol Verlag Düsseldorf, 1991, Bd.1, S.316,
ISBN 3-9802808-0-2

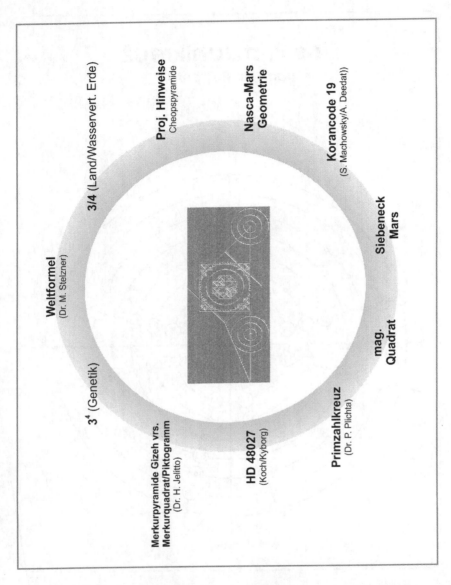

Eine Übersicht über die wichtigsten Piktogrammaspekte.

Quellenangabe

(AA1 S.62)   **Aveni, Anthony F.**
Das Rätsel von Nasca, 2000

Bindel, Ernst
Die geistigen Grundlagen der Zahlen, 1998

Bauval, Robert / Hancock, Graham
Der Schlüssel zur Sphinx, 1996

(B1 S.223-224), (B2 S.226), (B3 S.120)   **Bauval, Robert / Gilbert, Adrian**
Das Geheimnis des Orion, 1994

Berger, Lutz
Musik, Magie & Medizin, 1997

(D1 S.153-160), (D2 S.165)   **Däniken, Erich v.**
Zeichen für die Ewigkeit, 1999

Däniken, Erich v.
Die Spuren der außerirdischen, 1990

(H1 S.87-89)   **Hain, Walter**
Wir vom Mars, 1979

(JE1 S. 3-4), (JE2 S. 5-6), (JE3 S. 41)
(JE4 S. 60), (JE5 S. 61), (JE6 S. 62)
(JE 7 S. 121)   **Jelitto, Hans Albert**
Pyramiden und Planeten, 1999

(K1 S.292-293)   **Koch, Klaus**
Geschichte der ägyptischen Religion, 1993

(KK1 S.262-264), (KK2 S.246),
(KK3 S.247)   **Koch, Joachim / Kyborg, H.-J.**
Die Antwort des Orion

Lehner, Mark
Das erste Weltwunder, 1997

Makowsky, Stefan
Die Weltformel 19, Der universale Code ist entdeckt.
www.sufiportal.de

(MRU1, S.19)   **Rochholz, Matthias**
Untersuchung zum Symbolgehalt der macht-geladenen Zahl Sieben im alten Ägypten, 2002

(PP1 S.182), (PP2 S.173), (PP3 S.175)
(PP4 S.176)   **Plichta, Peter**
Gottes geheime Formel, 1995

(CR1 *S.39*), (CR2 *S.29*), (CR3 *S.48*) **Rohrbach, Carmen**
Botschaften im Sand, 1992

Schuberth, Ernst
Der Geometrieunterricht an Waldorfschulen, 2001

(MZ1 *S.11*), (MZ2 *S.14*), (MZ3 *S.19*), **Stelzner, Michael Dr.**
(MZ4 *S.132-133*), (MZ5 *S.49*), *Die Weltformel der Unsterblichkeit, 1996*
(MZ6 *S.107-109*), (MZ7 *S.256*)
(MZ8 *S.32*), (MZ9 *S.48*)
(MZ11 *S.101*), (MZ12 *S.197*),
(MZ13 *S.262*), (MZ14 *S.24*),
(MZ15 *S.132-133*)

(ST1 *S.108*), (ST2 *S.114*), (ST3 *S.111*) **Stadelmann, Rainer**
Die ägyptischen Pyramiden, 1997

Werner, Helmut Lexikon der Numerologie und Zahlenmystik, 1995

„Die in diesem Buch vorgestellten Indizien wurden mir in einem Zeitraum von ca. 2 Jahren in Form eines Channelings übermittelt. Persönlich hatte ich bis zur Hälfte der Niederschrift nicht einmal daran gedacht es zu veröffentlichen, bis mir durch den roten Faden der sich auch für mich überraschend durch die Analyse zog klar wurde, dass trotz aller zu erwartender harschen Kritik seitens der Rationalisten und Skeptiker es zur Diskussion gestellt werden musste. Nach Auskunft der „Quelle" war dies auch Bedingung der Übermittlung, der ich mich auch verpflichtet fühle. Die Entscheidung für oder gegen die Niederschrift/Veröffentlichung stand daher im Grunde nie in Frage. Wer jemals durch einen plötzlich unerwartet hereinbrechenden Strom aus tiefer ahnungsvoller Begeisterung zu etwas erfasst wurde, weiß um die Gewissheit dessen was er erfahren hat."

T. Moser Juni 2007

Bohmeier Verlag ...damit Sie erleben, worüber Sie sonst nur lesen!
Bestellen Sie unseren kostenlosen Gesamtkatalog unter...
Fon: 0700-62 44 25 78

Aktuellste Informationen im Internet: **www.magick-pur.de**
oder per Mail: **info@magick-pur.de**

Fachbücher für Magie und...

...Alternative Weltsichten